智慧沟通

有滋有味做班主任

孙亦华 —— 著

长江出版传媒　长江文艺出版社

优秀班主任成长之道：与学生共同生长

每个孩子都是一本书，需要班主任用心去阅读。而与此同时，在孩子们眼中，班主任则是一个随时可以打电话求助的人，一个能够给予安全感、幸福感的人，一个拥有童心和智慧的人，一个充满着人格魅力的人，一个多年以后回忆起校园生活仍印象深刻的人。读着这本书，这样鲜活的班主任形象跃然纸上。孙亦华老师的前一本书叫《一间自由生长的教室：41个创意班级管理智慧》。再读她这第二本书稿，我最真切的感受就是：教室是学生生命成长之地，亦是班主任价值展现之场。优秀班主任的成长之道，便是与学生共生共长。

优秀班主任是情感丰盈的人

每每与孙老师聊起她的班级，她总是喜上眉梢，神采奕奕，我能感觉到她发自内心对班主任事业的那份情感。她从生命的内在性上支持着班主任的工作，因为情感是班主任工作创造性的根本来源。

班主任的情感首先表现在对自身岗位的尊重和热爱。开学第一次见面，孙老师精心设计的着装、高质量的演讲、细心的姓名签等等，不仅让孩子们感受到了重视，也让孩子们感觉到老师对工作的喜爱与珍视；面对一些教育问题，孙老师用一份份真诚而恳切的调查问卷与学生及家长对话，把教育场域中的一切他人都变成了重要的教育资源；遭遇自身成长困境时，孙老师勇于刀刃向内，主动突围，最终收获欣喜的突破……这一切均是她对班主任这一岗位的热情回应。

班主任的情感还表现在对学生情绪、情感的体察。问题发生时，孙老师既能敏锐地意识到学生的情绪，同时又能觉察到学生情绪波动背后的动因，并及时做出反应。比如，面对无端情绪暴躁的玲子，孙老师用"心语日记"拨动了孩子的心弦，洞悉了孩子极端情绪背后的呐喊，并通过一系列专业化的干预，帮助孩子走出抑郁。

班主任的情感更表现在通过具体的情境，创设一个个充满仪式感的"场景记忆"。比如，她用颁奖词为每个孩子打造"峰值体验"，用不拘形式的生日礼物为师生关系储值蓄能，用师生共读的每一个晨间时光助力农村娃娃们养成"阅读体质"，用"优势积累"引领每一个孩子看见自身的独特能量……

优秀班主任是具有专业能力的人

情感是做好班主任工作的底色，除此之外，班主任的专业能力至关重要。班主任的专业能力外化为具体的班级管理行为，是班级持续发展、学生健康成长的关键所在。我们从孙亦华老师的班级管理行为，看到了一位优秀的班主任应该具有的核心能力——班集体建设能力、班级活动组织能力、学生发展指导能力、综合素质评价能力和沟通合作能力。这些能力相互独立又相互融合。

如，为了了解教育对象、优化师生关系，孙老师在班级中开展了许许多多极具创意的活动；为了与家长建立教育同盟，她又推动了序列化的家校对话。这些无不彰显着孙老师精湛的班集体建设和活动组织能力。

又如，面对"不肯做家庭作业"的小美同学，孙老师以马斯洛需要层次理论为依据进行家校携手，为孩子层层搭建起"安全""归属和爱""尊重"等成长阶梯，这就是学生发展指导能力的体现。

当然，这些能力中最为重要的便是沟通合作能力，即需要班主任学会"智慧沟通"。孙老师与学生、家长及同事的沟通方式，一定程度上已经跳脱出了一线班主任常规的沟通思路，她会进行更多的系统性思考：本次沟通的目的是什么？作为教育专业人士，如何做才能实现真正意义上的共生共长？哪些沟通策略能支持一场智慧沟通的高效达成？……有了这样的专业化视角，再配以孙老师海量阅读后博采众长的沟通技能，便生成了本书中一个个趣味盎然又极具借鉴性的沟通案例。

优秀班主任是具有大教育观的人

儿童生活中的道德教育最常见的方式是"接受暗示"，即儿童接受某种影响而不自知。那么，怎样的正向暗示更容易被儿童接收到呢？那就是生活场域中各方高度一致的暗示。这就意味着，学校和家庭应始终从同样的原则出发，在教育的目的、过程和方式上保持高度的一致性，这样的教育对儿童的成长是最为有利的。孙老师正是基于这样的认识创设了家校、科任协同育人的班级教育场。书中所呈现的"沟通"是多维度、多视角的，包含师生和家校，还包括同事与自我，体现着班主任的大教育观。

比如，针对已经成为家校沟通常态形式的电话沟通，孙老师摒弃常规的工作思维，而是以研究者的心态积极建构每一次亲师对话：电话沟通前，她会精心"备课"，让对话的时间选择成为沟通质量的赋分项，让沟通内容精准锚定家长真实诉求；电话沟通时，她会关照不同家长的不同心理状态，主动靠近情绪对立的家长，温情呵护弱势的家长，把一位位游离于学生教育场域之外的家长带入孩子的成长全域，真正发挥家长作为教育同盟军的应然价值。

在与同事的沟通中，孙老师研究如何用"积极回应"策略化解与科任的情绪摩擦，探寻与不同科任的不同相处之道。这一切探索与生长，皆因她总能秉持大教育观，以建构优质教育生态、助力学生健康成长为指引，不断纠偏并优化她作为班主任的一切言与行。

优秀班主任是具有反思和学习能力的人

孙老师在班主任专业成长过程中始终有一颗专注而纯粹的心。她的专业成长起步并不早，用她自己的话来说，是"人到中年才算有点活明白了"。这"活明白"的注解，是她开始了每年至少 50 本教育书籍的海量阅读，是她扎根一间农村教室的躬耕实践，也是她闲暇时光一篇又一篇的沉潜与反思。

孙老师提出了四条班主任专业成长的底层逻辑：先做再说、时间的投入、自律和聚焦。专业成长是由各个能力积累期组成的。从撰写第一篇论文时的极其艰难，到后来洋洋洒洒一年写作 20 万字，以及个人专著的出版，每个阶段的她都表现出不凡的拼搏精神与勤恳能力。她不断发现自己的成长点，确定目标，寻找办法，并付诸行动。这样的反思与学习正是优秀班主任得以生成的主要途径。

在这个常听到人们说有职业倦怠的当下，孙亦华老师全身心投入班主任工作，师生共生共长。她葆有教育之心，培养儿童求真、向善、趋美的心灵，在美好教育中诗意前行。

严昕（嘉兴市德育教研员，嘉兴市名师）
2023 年 12 月 9 日

自　序

自 2018 年开始做"班主任沟通能力"的专题探究，至今为止已经整整五年时间。这里谈的"班主任沟通能力"，是指为了完成班主任工作，班主任在与学生、家长、科任教师等相关他人进行沟通的过程中，通过有效的沟通行为，传递知识、技能和情感等信息的能力。

为什么进行这项研究，是因为我自己在沟通上，曾跌过不少的坑。"其实，在入职后的很长很长一段时间里，我都是个不善沟通的人。"每当我有机会与省内外的一线班主任们聊"班主任沟通能力"这个话题时，总会不由自主地讲出这句话，也总会引来现场班主任们的一脸难以置信。但我说的是真的。

在我班主任职业的前十年中，因为不会说话，不懂沟通技巧，曾不止一次遭遇这样的窘境：

想把欺负女生的男娃子拎到教室外狠狠处理一下，结果人家自己跑回家去了，我只能沿着田埂在他屁股后面一路追到他家里；因为处理一学生的课堂纪律问题，第二天家长冲进我教室，当着全班学生面气势汹汹来问责，囧得我恨不得挖个地洞钻进去；傍晚我好心好意给学困生补课，却在校门口遭遇孩子爷爷"你怎么不留他吃晚饭"的戏谑；因为经常说话不经大脑，尽管我的教学质量好，但年终民意测评、评先评优，却经常榜上无名……

那时的我很想不明白，我的事必躬亲，为什么却换来学生对我的"敬而远之"？我的全心全意付出，为什么却换来家长的误解怨怼？我的一颗坦诚之心，为什么却换不来同事的以心换心？

这种挫败感甚至一度让我萌生辞职的念头，当然后来没有实践。2015年，学校德育管理岗位需要选拔新人，我便借此机会，"逃离"了班主任岗位。调任后，随着角色与视角的转变，尤其是前前后后又吃了很多次"不会说话"的亏，我开始深刻意识到，如果不提升自己的专业能力，即便不做班主任，我依然会跌进曾经的"坑"，摔得鼻青脸肿，甚至更加狼狈。

于是，从那时起，我先后围绕包括"人际沟通能力"在内的自身专业痛点，陆陆续续读了一些书，写了不少文章，效果也非常明显：我的教科研成果年年丰收，在县域范围内有了一些知名度，各种职场关系好像也在一点点好起来。就在我为自己的成长而沾沾自喜之时，老天又给了我当头一棒——

2018年，已荣获全国少先队辅导员技能赛一等奖的我，报名参加了班主任基本功大赛，并顺利拿下县赛第一名、市赛第一名。那时的我是如此志得意满啊，满心以为浙江省赛一等奖也非我莫属。

然而现实很打脸，在面试现场，我遭遇了一道"家校沟通"的题目。面对情绪激动的"家长"（上一届省赛一等奖选手扮演），我立刻本能地还原了自己早年"怼天怼地怼家长"的一幕幕……其结果自然可想而知。尽管我的笔试分数很高，但面试成绩一塌糊涂，最终只拿回了省赛二等奖。

直到那一刻，我才真正意识到，自己此前长达十余年中随性而为、任性发挥的师生、家校、同事沟通方式，已在低层次的无数次重复中，深深印刻进我的大脑神经系统中，成为我处理沟通问题的"操作系统"。在赛场上紧张的状态下，这一"操作系统"便被本能地激活了。而之前读的那些书，写的那些文章，因为缺乏持续性的实践，没有真正内化，也就根本不可能在关键时刻帮助我。

于是，这次失利也让我正式开启了对"班主任沟通能力"的系统性学习与研究。在海量的阅读过程中，我愈发意识到"沟通能力"之于班主任的重要性。

首先，班主任在工作中面对的是复杂的沟通对象。其中包括学生、家长、科任教师，还包括学校领导、社会人士等等诸多教育相关者。即便只是学生这一个角色，也具有因其个性、成长环境、认知水平、过往经历等等方面的不同而形成的差异性。所以，呈现在班主任面前的，是一个个独特的、具体的、千差万别的生命样态。而且，在处理具体事件时，班主任很多时候要同时面对不同的沟通对象，不断切换沟通模式，其难度之大，可以想见。

其次，沟通对象的复杂决定了班主任沟通内容的多样。作为班级工作的组织者、班集体建设的指导者、学生健康成长的引领者，班主任日常与学生、科任、家长的沟通内容，几乎涵盖了学生成长的所有维度：学生的学业成绩、身体状况、品行动态、心理状态，还有对家长家庭教育的指导干预，以及上级布置的各类行政事务。各种工作又往往交织在一起，错综复杂，有时一项工作需要多次反复沟通，这对班主任的沟通能力提出了很高的挑战。

第三，班主任的沟通场景具有不可预知性。班主任工作是实践性很强的工作，很多沟通场景是在教育现场随机生成的，大部分情况下很难提前做好预设。相信几乎所有班主任都会遇到类似这样的情况：明明刚从教室回办公室，还没捧起水杯喝口水呢，就有学生来报告，某某和某某打起来了；或者自己压根不知道发生了什么，突然就有家长在群中@我们并责问某事的前因后果……此时，就需要班主任立刻做出处理。无论是了解具体情况，还是安抚当事人情绪，抑或是与当事人进行对话，给出最终处理意见，其中任何一个环节出现沟通不当，都会影响事态的走向。而在我们班主任的日常工作中，这样的突发性事件其实层出不穷，很多时候让我们陷入困境，不仅影响工作效能，更影响自身的情绪状态，最终影响职业幸福感。

第四，班主任工作的容错率低。班主任的职业特性不同于其他行业，其工作指向学生的健康成长，承担的是学生人生导师的职责。毫不夸张地讲，班主任日常在与学生及家长沟通中的一言一行，都会影响学生的成长，这种影响有时候是巨大的。因班主任一句话或一件事而改变学生人生走向的事件，正面的，反面的，我们都已听到太多了。因此，班主任工作的容错率其实是非常低的，我们只有具备良好的沟通能力，才能最大程度地实现高效沟通，助力学生健康成长。

可以说，沟通能力在班主任工作中的专业价值，是怎么提，怎么重视，都不为过的！那么，班主任沟通能力的相关研究现状又是如何呢？

我在知网以"沟通能力"为关键词进行检索，发现相关内容有2.4万条之多。但以"教师沟通能力"作为关键词时，获得的相关内容只有423条，若把范围再缩小到"班主任沟通能力"，则仅有259条。可见，在各行各业对"沟通能力"作为职业技能之一高度重视并进行了较多研究的同时，"吃开口饭"的教师尤其是班主任群体的"沟通能力"研究，却是不被重视甚至是忽视的。同时，缺乏与职业标准相匹配的沟通能力，很可能是当下班主任普遍性职业倦怠的重要内因之一。

这样的现状，不能完全归责于班主任个人层面。但回到教育现场，却又不得不从班主任自身找原因。

班主任工作有赖于与学生、家长、其他同事及自我之间的正向联系。其中，联系的形式多种多样。作为核心的沟通者，班主任有时并没有，或者说，很少会真正思考，该如何建立和维护这些联系。我们通常把沟通看作是再自然不过的事情，认为给家长发个信息提醒关注孩子学习情况，把学生叫到办公室谈一次话，或者随性而起地向同事吐槽一下，就是一次完整的沟通。然而，"发个信息""谈一次话""吐槽一下"是否就是一次有效沟通呢？什么才算优质沟通呢？

我的观点是，由于班主任工作的专业性、复杂性，班主任的沟通能力，不只是把话说出口的能力，而是一种需要后天刻意学习与训练，才能真正习得的专业素养。

基于这种认知，在伏案苦读的同时，我开始把从专业书籍上学到的沟通理论和技能，实践创生于教育现场。甚至是，原本最害怕家长"校访"的我，在2019年担任学校德育副校长后，会比较兴奋于接手家校矛盾的调解。因为我知道，这样高难度的现场，就是我最好的练兵场。唯有把书本上学到的东西，不断在教育现场中实践验证，才有可能逐步真正成为我自己专业能力拼图的其中一块，在关键时刻成为我的本能反应。

在边阅读、边实践的同时，我也坚持文字记录，不断在书写中复盘，接着再回到教育场景中进行二度实践验证……这样反复的阅读、实践、梳理，看似简单重复，却帮我渐渐打破了很多认知壁垒，重构了师生观、家校观，也让那些曾经跌过的跤和读过的书，很容易地就与某一个当下产生联结，让我在教育现场不断生长出实践智慧。

于是，曾经心心念念逃离班主任岗位的我，又开始心心念念回归班主任岗位。在那片曾经让我跌倒过无数次的土地上，我想让自己开成一朵花。

2021年秋，在我的再三申请后，我实现了回归一线班主任岗位的梦想——德育副校长兼班主任。一年后，2022年7月，我向教育局递交了辞呈，辞去副校长，正式回归一线班主任岗位。

不再抱着"走一步看一步"的心态，不再"脚踩西瓜皮"式的沟通，事前敏锐预见，遇事运用技巧，事后多些跟进，我的班主任工作似乎告别了之前四处救火、疲于应付的消极状态，变得得心应手。

也正因如此，在业界已经不乏高质量班主任沟通主题书籍的现实面前，我依然坚定地要写作这样一本书。因为我在阅读这些专著的过程中，不断深刻地意识到，与很多作者相比，我的成长明显坎坷许多，我的"黑料"也明显丰富许多。但也正是因为有了这些早年并不光鲜的经历，我的经历和反思，我的成长和蜕变，才更值得去记录，去分享，让更多正苦恼于班主任工作无处突破的同行们，从我的经历中，寻找到一些突围的方法和途径。

我特别想通过这本书，告诉我的读者朋友、同行朋友们：

班主任的沟通能力，是可以后天习得的。

现在，展现在读者朋友们面前的，是我近20年班主任工作的凝练总结。其中，有我流过的泪和跌过的跟头，也有我过经专业学习、草根实践后的成功经验和理性思考。我把这些内容梳理归类成了"师生沟通""家校沟通""同事沟通"和"自我沟通"四个维度，共五个章节。在阅读这些内容的过程中，读者朋友能不断看到一个"低情商"的我，是如何在与过去自己的对话中，如何在与专业书籍、名师大家，与学生、家长、同事的对话中，一步步认清自我，纠偏自我，更新自我，获得巨大成长的。

班主任的沟通技巧，需要创生性运用。

很有可能，在阅读本书的过程中，读者朋友会发现其中哪个沟通策略您在别处读到过。但细读，您又会发现，本书故事中的沟通策略，又不完全符合任何一个沟通流派或系统。换句话说，本书中的所有沟通策略，从本质上讲，都是我向曾经读过的一百多本沟通类专业书籍学习而来的，但这些沟通技巧与方法，都已经被我重构进了我的教育现场里。因为个体经历的不同，我们形成了迥然各异的性格特征，也因此形成了不同的沟通风格。又因为我所面对的沟通对象，与书籍案例中的主角也存在着差异。所以，我不是简单的照搬照抄，而是具体问题具体分析，一个学生一把钥匙，一位家长一种策略。不同的沟通主体，沟通的技巧包括重难点，都是不同的。

因此，也希望阅读本书的朋友们，一定不能拘泥于书中的方法，而要辩证地看待我的分享，取我精华，去我糟粕，灵活创生地运用于您的教育实践。

作为一线班主任，个人的理论水平总是有限，文字功力很是一般，实践智慧也还欠缺。拙著即将面试，我怀着惶恐与激动的心情期待大家的批评斧正，您的意见就是我不断成长的动力！

孙亦华

2023 年 10 月 23 日

目 录 | CONTENTS

第一辑　师生沟通 1——了解教育的对象

开学第一面，我们这样见 / 003

美好新学期：从记住每个孩子的名字开始 / 009

调查问卷：助力优质沟通 / 013

心语日记：用文字照亮彼此 / 021

颁奖词：为每一个孩子打造"峰值体验" / 029

一岁一礼：储值情感，蓄能成长 / 036

优势积累：点亮每个孩子眼里的光 / 041

师生共读：独特的沟通密码 / 049

学生评语：唤醒孩子内心的种子 / 056

第二辑　师生沟通 2——化解教育的隔膜

缺爱的孩子，我该如何去爱你 / 065

"不一样小孩",其实也一样 / 071

"喷火龙"灭火记 / 082

当遭遇"搜题软件" / 091

老师,我不想欠你人情 / 097

老师,请你把话说清楚 / 102

当学生来"行贿" / 106

是"制造痛苦",还是"追寻幸福"? / 110

第三辑　家校沟通——打造共赢的同盟

家校云沟通,隔空不隔爱 / 117

与家长电话沟通的艺术 / 123

家访备课:拨动心弦的艺术 / 131

如此"校访",走心动情 / 141

当祖辈家长说:你等着!我要来找你! / 152

遭遇"贪玩"家长——韧字当头 / 158

离异再婚家庭:让亲情堂堂正正回归 / 165

活用"谈判术",巧治"校闹" / 171

学生打架之后 / 179

当家长来问责 / 189

罚站之后 / 196

第四辑　同事沟通——构建和谐的氛围

不同类型科任,不同的相处之道 / 205

积极回应:巧妙化解与科任的"情绪摩擦" / 213

当科任与学生发生了矛盾 / 221

科任的课堂纪律出问题，班主任怎么办 / 228

赞美同事，是个技术活 / 235

做高"拒商"教师 / 240

当遭遇强势同事：苛责他人？强大自我！ / 247

沟通设计：让职场沟通既有效度又有温度 / 250

第五辑　自我沟通——厚植成长的土壤

班主任专业成长的底层逻辑 / 257

教育职场中的"深度思考" / 265

"边界意识"加持，化解班主任情绪压力 / 270

班主任的"松弛感"，从做好时间管理开始 / 278

专业阅读，时间哪里来 / 286

如何写出一篇可用稿
　　——《中国教师报》谈写作栏目采访 / 291

后　记 / 297

第一辑

师生沟通
——了解教育的对象

开学第一面，我们这样见

每到开学季，我们班主任便总是忙到飞起来，尤其是新接班，对接前任了解班情学情、班级清卫、教室布置、准备开学典礼、策划始业教育……一桩桩一件件，如何精心构思、全盘统筹，都关乎后续教育工作的推进效度。

在心理学中有一个词叫"首因效应"，指的是第一次接触陌生人或事物时，通过情绪反应形成的印象，对人们后来的认识起到了先入为主的作用，且这种印象很难改变，甚至会左右对后面获得的新信息的解释。因此，在开学工作的千头万绪中，我以"见好开学第一面"为各项工作的中心。因为开学这一天，就如同班主任、学生、家长彼此间的第一次"相亲"，能否一见钟情久处不厌，很大程度取决于这"开学第一面"。我期待着通过这"第一面"，为学生营造快乐美好的初体验，给家长留下用心、专业的初印象，让积极正向的师生和家校关系在开学第一面就开始生根发芽。

下面以我的 2022 届毕业班为例，说一说我们的开学第一面是怎样见的。

一、赏心悦目，悦人悦己

爱美之心，人皆有之。特别是随着时代的发展，社会尤其是学生和家长群体对教师的要求也在不断提升，除了学识修养外，也开始注重对教师外在形象的要求。这是时代的产物，也是时代进步的体现，全媒体时代成长起来的小学生，从小就对"审美"有了一定的标准。因此，开学第一天班主任的着装和仪容，以及由此传递的个人气质，会给学生留下深刻的印象，也会影响学生及家长对老师的评价，因此也就特别值得我们班主任精心打扮一把，用心准备一番。

由我历年对小学高段学生做的问卷数据显示，学生更喜欢有亲和力、能与他们打成一片的老师，因此我开学第一天比较多地选择穿白色衣服。因为有相关研究发现，穿白色衣服往往会给人留下更友善的印象。当然，除开白色，红、黄、橙等暖色系也是不错的选择，一则因为小学生普遍喜欢明快的颜色，二则暖色系会刺激人的副交感神经，使血液循环加速，让身体不由自主地热起来，给人温暖欢快之感，能从心理上带给学生一种愉悦的体验。

鞋子也是我精心装扮的一项内容，作为女教师，皮鞋是不二的选择。毕竟皮鞋一穿，身板自然就挺拔了许多，整个人的精气神也就跟着起来了。但鞋跟不宜过高，开学第一天工作量大、走动多，鞋跟高了满楼道满教室都是高跟鞋的"咯噔咯噔"声，有碍形象，给学生留下的印象也就不会太好。3厘米左右的粗跟皮鞋是最合适不过的，粗跟皮鞋走路声音比较稳重，且这个高度的鞋跟稳定性好，不累人，站在学生面前也能恰到好处地呈现教师自身仪态的美感，又不会像细高跟那样给人距离感。

化个淡妆也是非常有必要的。做老师久了，或是因忙于工作疏于自我形象管理，或因身体亚健康，不少女教师的气色都偏黄偏暗沉。我也一样。因此人近中年后，我便也开始格外注重自己的"面子工程"，尤其是在开学第一天。五官周正与否虽是爸妈给的，但眉眼间的灵动和优雅，却是自己后天可以练成的。事实上，当我们将自己打扮得精致且得体时，这种热爱生活的精神状态不仅能为留给学生的第一印象加分，连我们自己都会更加喜爱新学期新气象的自己，工作都能更带劲呢！

二、激情演讲，动情走心

我常常喜欢把自己换位到学生和家长视角去看待自己的行事方式，如此思考，工作中便会多了一些妥帖和到位。准备开学工作时，我就这样问自己：如果我是家长，如果我是学生，对于开学第一天的期待是什么？答案也许有很多，但最聚焦的一项一定是——对新一任老师的学识、能力、人品和班级管理措施的好奇，对成长目标的期待，对新一年学校生活的憧憬。那么，如何想学生所想，急家长所急，给他们一个满意而归的开学第一天呢？

于是，我利用自己的演讲特长，策划了一次高质量的演讲：几易其稿写成演讲稿，反复雕琢课件，力求在初见那一天给孩子一剂甜蜜的兴奋剂，给家长一颗大大的定心丸。

我的开学演讲主要由两个部分组成——

第一部分，进行个人信息介绍：具体包括我的家庭情况、联系方式、兴趣爱好等等，都一一呈现，全方位展示我热爱生活、勤奋努力的积极形象。开学第一面如此高调行事，不是标榜和炫耀，而是引领和激励。美是人类永恒的追求。我始终相信，教师自身的美好，就是学生美好成长环境的一个重要组成部分，教师自身呈现的美好精神世界，能吸引学生不由自主想靠近，想学习与模仿。

当然啦，除了正面展示，我也和他们分享了自己时不时犯点小迷糊的经历，惹得他们一次次捧腹大笑。心理学中有一个词叫"仰八脚效应"，放到教育现场，就是指端着师道尊严架子的老师容易给孩子高高在上难以接近的感觉，而有时犯一点小错误的老师反而比较有亲和力，更容易被学生接纳和喜欢，也就更容易"亲其师，信其道"。

如此，既精神明亮又灵魂有趣的班主任形象，便在孩子们的心中树立起来了。更关键的是，根据心理学中情绪二因素理论的规律，在孩子们这样时而惊叹时而爆笑的情绪激动时刻，恰恰也是最能拉近师生关系的时刻。

第二部分，分享带班育人理念：我首先介绍自己的带班育人理念、管理常规要求和对学生的成长期望等，其次视频呈现我上届班级开展的活动、取得的成绩，尤其是后进生的进步情况。视频、照片配以我的解说，严谨中不失活泼，憧憬中满是期待，既帮学优生看见"学哥学姐如此优秀"的差距，也让学困生看见"每一次努力都会被孙老师看见"的希望，更是让调皮捣蛋的孩子提前做好"这个老师不好惹"的心理建设。

尽管不能夸大开学第一天激情演讲的教育作用，但我始终相信教师洋溢着激情和自信的笑脸，是自带力量的，能感染学生和家长。在我既诙谐幽默又真诚恳切的演讲中，他们一定能体味到我对他们的喜爱，对教育工作的热爱。假以时日，我的这份激情，一定也会点燃更多激情，一起热爱生活，一起享受学习。

三、开学大礼，仪式加持

在教学日常中，我很注重仪式感的营造，每一份用心经营的仪式感背后，都饱含着我对教育和孩子们的庄重与虔诚，赋予着独特的企盼、祝福和意义。开学第一天，是师生彼此生命历程中都意义非凡的时刻，当然值得以一份特别的仪式感来浓墨重彩地见证和记录。开学大礼，由此应运而生。

这些年中，我给一届又一届学生准备过各种形式、各富创意的开学礼。如给2018届学生每人准备了一个新学期"红包"，内含各种新学期祝福；给2019届学生每人三件小礼物，包括一本阅读存折、一封书信和一根棒棒糖，寓意在热爱与甜蜜中开启新一年的学习之旅；而给2022届的，则是每人一根棒棒糖、一本笔记本、一支学霸笔和一个席卡，还给全班准备了一本相册和几套课外读物，我们相约新的学期从热爱阅读、享受学习开始，温馨相伴每一天。

师爱的方式有千万种，物质方式恰是看起来世俗却自带人间烟火气的别样一种。你看这礼物很寻常，都是孩子日常触手可及之物；这礼物很廉价，加在一起也花不了老师几百块钱。但这寻常之物被老师以开学和祝福的名义隆重赠送，孩子接过去的，是一整个童年乃至一辈子的动情回忆。礼物带来的感动，经由孩子分享给家长，便会加倍。其中的师生情义，便如种子入土，假以时日，必然深深扎根，如这一个个娃娃一般恣意生长。

四、成长档案，存储美好

演讲结束，礼物赠送完毕，重头戏开始——我给孩子们呈现自己假期中准备好的《毕业季成长档案》：其中包括一本纸质笔记本，内含每生2页的纸质空白档案，以及我电脑中已建档的一生一档文件夹，还有一本名为《相亲相爱一家人》的实物相册。

打开电子档案，我为孩子展示了开学前自主报名来为班级打扫卫生、布置环境的几位热心同学的照片、视频材料，又把我随机拍摄到的开学第一天的众生相一一呈现、点评，只见孩子们或主动搬运发放新书，或埋头尽情品味书香，或热情帮助同学整理，一张张依然稚嫩的脸庞如此美好。我边表扬边存档，同时还不忘把我灿烂的笑容和竖起的大拇指送给每一位主角。然后我又将笔记本和实物相册展示给孩子们看，告诉他们：此后每一天，他们的良好表现，或偶尔的小调皮，都会被我记录在笔记本中，而此后他们制造的高光时刻，则会被我冲印成照片，放入相册供全班同学欣赏学习。

这样的做法，既是提醒，也是鞭策，更是一种价值观的植入：让学生开学第一天便了解我的管理风格，明白在班级里哪些行为被尊重，哪些做法被赞扬，哪些做法要摒弃。而此后，这项工作也将常态化开展，不定期向学生呈现存档的照片、视频及背后的故事，以积跬步的姿态助推学生在日常生活细节中积淀成长的力量。

五、期初问卷，赋能成长

新学期新起点，一切都是新的，每个人都需要清零重启，方能轻装上阵，迈向更高的目标。尤其对于那些暂时落后的孩子来说，新学期就意味着新希望，"今年我要从头开始"的美好期待充盈着他们的内心。基于此理念，每个新学年的第一次见面，我都会将一份《新学期调查问卷》下发给学生和家长，这一届也是。我告诉孩子们："新的学期，一切都是新的。无论上一个学年的你是优秀还是后进，都已经代表过去。我们都站在了新的起跑线上，因此，老师需要重新了解你，走近你，和你以及你的家长结成同盟，我们一起，快乐向未来！"

而这份《新学期调查问卷》中，不仅涉及孩子在家的学习情况，也关注孩子的兴趣特长、健康状况、亲子关系、社交情况等方面，最后一个版块还设置了"家长的新学期畅想和困惑"这一开放性对话。如此设计，一方面能帮我更快了解学生的具体情况，有助于提升今后教育工作的针对性；另一方面，也能引导家长科学适度地卷入孩子的学习，并在一定程度上通过与教师的对话缓解学生和家长的开学焦虑；更重要的是，通过这份问卷的家校互动，能让学生和家长看见我的工作态度和能力，让家长感受到我对孩子的关心是全方位的，能短平快地在家长心目中树立起我的专业形象，为家校关系储值。

需要补充的一点是，网络时代，这样的调查问卷也可以与时俱进，借助各大手机软件助力，让数据分析和整理更快捷高效。但我还是更倾向于用纸质的问卷。从家长的视角看，纸质材料可触可感，家校师生之间更有亲近感；从我个人视角看，装订成册后放在办公室桌上，也能常常提醒自己日后开展工作中须更多看见学生表象背后的错综复杂，凡事多一些追根求源的专业思考；从学科联动的视角看，这份资料也能更方便地为学科老师教育教学工作提供参考。

开学第一面，我如此精心策划，目的就在于通过这非常重要的时刻，将自己带班育人的理念和方式，包括自己的专业和能力、外在和内心，向我的成长合伙人们和盘托出，用一种完全打开自我的方式，张开双臂，欢迎我的孩子们和家长们，一步步靠近我，喜欢我，信任我……以积极正向的情感链接为基础，此后朝夕相伴的每一天，必将一路成长一路歌。

美好新学期：从记住每个孩子的名字开始

自己的名字，无疑是每个人心中最美好最动听的词汇。美国《优秀教师行为守则26条》中的第1条便是"记住孩子的名字"。于是，这一届，接了新班级拿到学生名单后，我便给自己定下了目标：一周之内，记住每个孩子的名字。

试想，开学初没几天，我便能欢快地呼唤出每个孩子的名字，那种我在乎他、重视他的美好感觉，一定也会在孩子身上发生化学反应。带着此番期待，我做了这样几件事——

一、下笨功夫，熟记名单

如今，家长的文化水平普遍高了，孩子们名字中拗口的生僻字也普遍多了。我就曾因事先没做好功课扫清读音障碍，制造了一些低质量"笑点"。所以这回拿到学生名单后，我第一时间便进行了通读，查询不确定的字的读音，了解字的意思，为师生对话积累素材。

但仅有这一步还远远不够。根据以往的惨痛教训，在开学初甚至到开学后很长一段时间里，因学生姓名中如"梓""轩""涵"等字使用率极高，我常出现张冠李戴替学生改名易姓的状况，学生们哄堂大笑，主角和我则一脸尴尬。除了我的记性不好，更主要原因是我没有花时间精力去记忆分辨。因此，我好好下了一番笨功夫，"谐音法""拆字法""换字法"等等方法齐上阵，想尽办法背诵学生名单。

一番操作下来，虽然还没见到学生，但大部分孩子的名字已经印刻在我脑海里。这样下一步我只需把人名和人脸对上号，相对而言就轻松多了。

二、"个性台签"助力，敞现积极自我

开学前，我为每个孩子网购了台签。开学第一天，我便将一个台签和一张粉色 A4 纸送到了每位孩子手上，邀请他们个性化设计台签。当然，我也有大致要求：台签一面呈现醒目的姓名，方便新任老师点名和记忆；另一面个性发挥，必选内容为——个人特长爱好、最期待提升的某门功课及目标、最喜欢的励志名言。

台签的"姓名面"朝向教师，给学生一种"老师能看见我"的积极心理暗示。台签"个性设计面"朝向学生自己，那些描绘特长、目标和励志信息的文字，时刻影响着孩子的积极认知。特别是这些文字的书写表达，其实是学生面向教师的自我真诚坦白，这种与他人分享自我的体验，能让师生之间很快产生认同感和亲近感，营造安全的心理氛围。

三、记忆关键信息，克服"脸盲症"

有了台签的加持，我上课与学生对话自然不会再喊错名字，但脱离了台签，我如何尽快克服"脸盲症"呢？

于是，利用学生作业时间，我便开始一个个细致观察，找寻每个孩子与众不同的信息：国焱特别秀气特别安静，锦皓板寸头大眼睛，妍珊白净皮肤女神颜值……同时，我把观察到的有价值的信息，随时记录在笔记本上，方便我时时查阅记忆。

渐渐地，我发现当我对每一个孩子进行观察分析、提炼信息后，每一个曾经只浮在名单上的姓名，慢慢成了我脑海里各具特色的鲜活个体。原来"记名字"这活儿啊，和学生时代的记学科知识点，其实是一样的道理：反复记忆，新旧知识链接，加工重组，便形成了具有个人烙印的自我

建构后的牢固知识。

四、开展研究性学习，点亮美好期待

每一个名字的背后，都饱含了家长对孩子的美好愿望。新学期的孩子包括家长，也都对新一年的学习生活充满了期待。只是到了小学高段，由于学业难度的提升，检测分数的递减，在一部分孩子和家长身上，这种期待感正在逐渐幻灭。

新学期初，我在学生姓名上真正想做的文章，不止于记住每个孩子的名字，更希望经由每个被寄寓厚望的名字，重新点燃每位孩子和家长的希望，呵护并放大每个孩子都渴望"优于过去自己"的美好期待。

我设计了"名字的故事"研究性学习单，引导孩子利用周末开展如下研究活动：

"名字的故事"研究性学习记录单

主题一	有关你的姓氏的起源故事、历史有哪些？
	你的姓氏名人有哪些？几句话简单记录名人故事。
主题二	你的名字背后的寓意是什么？
	在现实生活中你的名字给你带来哪些有趣的体验？

我告诉孩子们，在我出生的那个物资匮乏的年代，父亲用"华"字期待我能"过上富足日子"。而我初中的班主任赋予了我的"华"字"春华秋实"的新寓意，她希望我内外兼修，学有所成。父母师长的祝福和期望，这些年一直影响着我的人生方向。

琐碎日常中，名字常常被我们忽略为只是一个代号一串编码。但如果深入挖掘，那些美好寄寓便会被唤醒，自身力量也会被重新看见。当我把我名字的故事讲述给孩子们，当孩子们也一个个仰着笑脸分享自己名字的故事时，那眼里闪烁的光芒，那集体送上的掌声，让我无比期待：一如当年的我被我的班主任点亮一般，也许我们今天的小小探究活动，也能点亮某些孩子的多彩人生。

五、建立成长档案，把每个孩子都装进心里

记名字的真正意义，并非只是让孩子觉得我们已经认识他并且在意他，而是真正从教育的视角出发，把每个孩子都装进教师自己的心里。

开学第一天，我便在自己的电脑中给每个孩子建立了电子成长档案。学生一到校，我的手机就没闲过，从领取开学礼到发新书，从练习路队到文明午餐等等，我不断用照片记录下孩子在校生活的点滴，分享到家长群的同时，我也及时存进每个孩子的电子档案中。

我很享受这个"转存"的过程，这是一种聚焦欣赏，也是一种积极认同。因为举起手机时，我的关注点在集体群像上，在按动的快门和照片的清晰度上。而再次打开照片转存时，我的眼睛更多地就落到了孩子的脸上和行为动作上。孩子身上容易被忽略的光芒，在转存的那一刻，再次闪亮在我的眼前。在那一刻，孩子的名字，也不再仅仅是一个简单的文字组合，而是一张活泼的脸庞，一个丰满的个体，一个丰富的灵魂。

而一年后即将毕业时，这四十多个转发给家长的文件夹，也很有可能成为孩子童年记忆的重要篇章，见证孩子，见证童年，见证成长的力量。

从学期初就尽快记住每个孩子的名字，其实只是教育的小细节。但细节之上，是"把自己装进每个孩子的心里，也把每个孩子请进自己的心里"的教育初心，是在相识的最初里，一种看见孩子也被孩子看见的双向奔赴，更是一种唤醒激励孩子也被孩子不断唤醒激励的共生共长的美好姿态。

调查问卷：助力优质沟通

班主任工作专业性强，工作量大，很多时候因为对学生情况、班级动态缺乏足够了解，我们常常不得不扮演"消防员"的角色，跟在各项常规事务和突发状况后面疲于应付，陷入盲人瞎马的低效忙碌中。

破局之法其实有很多，我在日常工作中较多采用的其中一种方法是调查问卷——无论是电子问卷还是传统的纸质问卷，均能帮我在短时间内掌握大量信息，助力我高效处理班级日常事务，同时也成了师生之间沟通的有效途径之一。

一、期初问卷：新学期，标注每一个新形象

每每新接班，我习惯于只向前任班主任简单了解一下身体及家庭结构特殊的学生情况，至于其他，我一概不问不听。因为我始终相信：每个孩子都想做好孩子。特别是对于那些暂时落后的孩子来说，新的学期，新的老师，他们满满地期待自己可以"重新开始"。而对于我来说，如果接班初期便已掌握了张三李四的斑斑劣迹，也就很容易受首因效应影响，刚开学便给这些孩子贴上了负向标签。这样的标签，其实是有悖于教育常识的。

但如此一来，我对学生的具体情况便知之甚少了，高效带班又从何谈起呢？于是就有了开学第一天的《新学期调查问卷》。此问卷分"家长卷"和"学生卷"两个部分，从学生的兴趣爱好到亲子关系，从学习环境到工作能力，从阅读情况到社交现状等方面，均设置一定量的问题，进行系统

了解，方便我充分挖掘每一个孩子的成长点，帮助孩子遇见全新的自我。

家校携手，共赢孩子美好未来
——滨海小学六（7）班学生成长问卷

亲爱的家长（同学）：

你好！新学期又开始啦，一切都是全新的！为了让新老师对每位同学有一个客观全面的了解，辛苦认真填写本问卷哦。

本资料只限于任课老师阅读，将严格保密。请您放心！

学生姓名：_____ 家长联系电话：_____

卷一：家长问卷

1. 您是孩子的？
A. 父亲　　　　B. 母亲　　　　C. 祖辈　　　　D. 其他家人

2. 您的年龄？
A. 30—35　　　B. 36—40　　　C. 40—45　　　D. 46 以上

3. 您的学历？
A. 初中及以下　　　　　　　B. 高中
C. 大学（专科、本科）　　　D. 研究生

4. 您有几个孩子？_____ 您这个孩子排行第几？_____

5. 在您孩子的教育中，主要由_____承担教育陪伴的责任？

6. 孩子能否在校完成家庭作业？_____若不能，是否一回到家就做作业？_____

7. 孩子作业时，能自主管理自觉完成？还是需要家长督促？_____

8. 孩子非双休日作业完成时间一般需要多少时间？_____

9. 您的孩子有自己的手机（或电话手表）吗？_____

10. 孩子平时有玩手机（电脑）的习惯吗？_____如果有，大概

时长_____

11. 您的孩子周日至周四晚上会看电视吗？_____如果有，大概时长_____

12. 您的孩子一周零花钱大概_____元。

13. 孩子经常_____有时_____从不_____跟父母聊天。（三选一，打√）

14. 孩子在身体方面有需要老师特别关注的方面吗？有_____没有_____（二选一，打√）

如果有，请通过钉钉与班主任私聊。

15. 在家庭教育方面，您最大的困惑是什么，希望得到老师哪些方面的帮助？

_____
_____

16. 您对各科老师有怎样的期待和建议？

_____
_____

问卷二：学生问卷

1. 你的家庭作业环境安静吗？（无喧闹、电视等声音）_____

2. 你的家中现有课外书有_____本。

3. 你每天课外阅读时间？_____

4. 你擅长的才艺？_____你擅长的运动项目？_____

5. 你每晚入睡时间一般在_____

6. 你在周中（周日一晚至周四晚）有校外辅导班吗？_____如有，请填写辅导班辅导内容_____

7. 你周末参加哪些课外兴趣班？_____

8. 你曾经担任过哪些班级服务岗位？_____

9. 新学期，你最期待担任哪个服务岗位？_____
10. 你在班级中的闺蜜、兄弟、死党是？_____
11. 你觉得自己最擅长的学科是_____新学期，你最期待在哪门学科有所突破？_____
12. 你对各科老师有怎样的期待和建议？
_____
_____

这份问卷我已经使用了数年，每一年都只微调其中部分题目。而每一年家长和学生填写的信息，也都为我后期针对性开展工作提供了宝贵的第一手资料。

如，新学期初不知道该找谁临时参与班级管理怎么办？调查问卷上找志愿者呀！"最期待的服务岗位"一题就是最好的线索，不要去管孩子的服务能力强不强，关键是内部动机足不足。临时性的管理工作，没有实质性的难度，不管成绩好差，但凡想干的，老师背后一指导、面上一扶持，基本都能干得不错。而如此一来，"老干部"群体之外，往往我还能物色培养出一批得力干将。

另一个维度来说，往往这些在问卷中勇于毛遂自荐的娃，不乏性格开朗外向平日调皮捣蛋的主儿。这些孩子曾经是被班干部管理指挥的对象，如今新学期中因为自荐了一把，便摇身一变成了老师眼里的红人，同学们羡慕的榜样，这份价值感，很多时候是可以深层次改变一个孩子的成长走向的。这样的例子，我在每一届都何止一二。其实，这些孩子做事往往比那些连任数年的"老干部"更卖力。因为有了这样一支庞大的"服务大军"，我的工作量便轻了很多。

那，如果尽管我不想了解孩子们的黑历史，依然有家长自我爆料，我又该如何给这些孩子撕去旧标签标注新形象呢？小瑞的故事就很有代表性。

小瑞的父亲告诉我："孩子爱玩游戏，已经上瘾，每晚都要玩一会儿才肯做作业。"开学第一晚,家长就如此着急跟我自爆孩子的黑料,可见这"游戏上瘾"的问题困扰孩子和家长已经不是一天两天了,也可见这"游戏上瘾"的标签已经深刻影响了孩子的成长。该如何帮助孩子重新定义自我形象呢?

开学没多久,我就找到了时机。因为各科老师接连跟我交流,说这孩子的家庭作业情况不容乐观,且上课常走神,尤其上午时就哈欠连天。于是我上门进行了家访,与小瑞父母深入交流后,我终于了解到小瑞游戏成瘾背后的真正原因——家庭教养方式以及父母的自身习惯。于是,我在与家长建立了安全沟通氛围的前提下,正色告诫家长"孩子就是家长的影子",并要求家长第一不能再用言语给孩子贴各种负向标签,评价以正面肯定为主;二要当着孩子的面少碰甚至不碰手机,并把"玩手机"的说法改成"用手机",给孩子植入"手机是工具,而非玩具"的观念;三要多陪伴孩子,经营高质量的家庭生活。同时,我则在班级里为小瑞创造更多的参与服务和获得表扬的机会。

经过一段时间的家校合力,小瑞终于不再每晚玩游戏了。一次习作中,孩子说:"后来想想,其实游戏也没啥意思,生活中快乐的事情多着呢!"为了帮助孩子标注全新自我,我请他用红笔划去了家长写在问卷中的反馈问题,并替换成了他的那句:"其实游戏也没啥意思,生活中快乐的事情多着呢!"而我在后面跟进的评语是:"一个能战胜游戏瘾的孩子,还有什么困难是能把他打倒的呢?"

二、主题问卷:常态化,倾听每一句心声

很喜欢苏霍姆林斯基《给教师的建议》中首篇文章的主题——"没有也不可能有抽象的学生"。在近几年的班主任工作中,我越发领悟到这句话的高妙。在一个班级中,无论是每一位学生,抑或是每一位家长,其实都是各具性格、各有思想的灵动个体,因此,其实也都可以成为班主任开展管理工作的助手和智囊团。于是,我在班级管理中,常利用各类主题问

卷邀请他们表达观点、分享看法。而这些鲜活又个性化的真实表达，也总能让我从中获取有益信息，让我的班主任工作做得高效又不乏趣味和创意。

如每次准备家长会时，我会利用"你最期待的家长会"主题调查问卷，了解家长们的真实诉求，最终整合成既落实学校工作又富有班本特色的家长会主题方案。而每一次我们班家长会的参会率总是超标，常有父母两人都来参与，只能去专用教室搬凳子来"加座"。而在家长会过程中，无论是教师主讲形式，还是家校互动模式，家长都非常专注，不少家长还会边听边记录，像极了他们孩子好学的样子。

我想家长这样的热情参与，前期问卷一定是功不可没的。因为有了前期调研，给了家长"站到教育中心"的重要感，家长会便由从前的"要我来""老师说啥便是啥"变成了"我要来""今天的话题我做主"。而其实，倾听家长，看见孩子，让家长和孩子的成长诉求为我们指引工作方向，才是教育本真的样貌吧！

又如在校门口值周时，我连续多天看到自己班好几个孩子站在路边冷风中吃早餐，那匆忙的样子，叫人看了很不是滋味。我此前从未关心过孩子们的早餐问题，他们早餐有没有吃？吃得如何？在哪里吃的？……一连串的问题在我的心中来回激荡，为人母为人师的双重使命感推动着我，很快编制了"早餐，不能不聊的话题"问卷，内容涵盖"你每天都吃早餐吗？""你不吃早餐的原因是？""你每天在哪里用早餐？""你曾经有过胃痛的经历吗？""关于早餐的学问，你自我评价知道得多吗？"等十余个问题。

在得知班级中居然有3个孩子经常性胃痛，17个孩子有时会胃痛，而每天都吃早餐的孩子仅28人，有21个孩子表示不吃早餐的原因是"来不及"时，我震惊不已。于是，我把调查数据分享到家长群，并以一封书信的形式和家长探讨了孩子的早餐问题。同时还召开了问卷同名主题班会，通过观点碰撞、视频学习、现身说法、亲子对话等形式，帮助孩子们纠偏观念，找寻解决问题的办法。为了巩固教育效果，我还组织了"晒晒我的早餐"每日打卡活动，以活动倒逼改变，用曝光率引发重视度。

在连续一个多月的"盯管跟"模式后，我又组织了第二次问卷。这一次，数据明显比第一次调研好看了很多。尽管真实性有待考证，但至少说明无论是家长和孩子，对于早餐问题都已经重视起来了，我便也觉得自己的操心忙碌是很值得的。毕竟，孩子的健康成长，永远是我们班主任最需要最应该首要关心的。

此外，我还在组织过"聊聊生气这件小事儿""亲子关系，我有话说""我的班徽我做主""咱班的班干部们"等不同主题的问卷调查。有的是电子的，方便我统计数据；有些是纸质的，方便后期工作时翻阅参看。不同主题的问卷，既帮我走进了学生和家长内心，向他们展示了一位亲和民主的班主任形象，又帮我在开展工作时能很快洞悉班级情况，明晰教育目标，快速科学地开展工作，也不断赢得了孩子们和家长们的喜爱和信任。

三、教师评估问卷：促反思，优化教育行为

以上两种类型的问卷，都是站立在管理者视角对学生、班级及家长的动态了解，被调查和评价的主体是学生和家长。但理想的教育生态应是学生、家长及教师之间的多维互动和共生共长。作为教育场域中的"平等中的首席"，我近几年也开始尝试抱持真正民主的姿态，通过问卷邀请学生和家长对我的教育教学工作做出评价，帮助我不断纠偏、调整和更新自我。

如去年临近寒假的期末复习阶段，我发现课堂上打哈欠的孩子渐渐多了。按理说复习阶段的课堂节奏其实比新授课快，孩子们应该注意力都特别集中才对啊？难道是期末作业量偏多，影响孩子们睡眠了？于是我编制了"期末语文作业问卷调查表"，其中既调查了孩子回家的语文作业时间，也调查了他们的入睡时间。经数据分析发现，的确不少孩子的作业时间偏长，一些后进孩子的入睡时间甚至超过了10点。

我立刻调整了自己语文学科的作业量，还跟孩子们约定："最后做语文作业，如果实在来不及，可以不做语文；如果已经到了9：30，无论是

否完成作业，必须上床睡觉！"这一做法得到了孩子和家长们的连连点赞，后来其他科任老师也受我影响，及时调整了作业量，充分保证了每一个孩子的睡眠质量。而课堂上打哈欠的身影，也渐渐消失了。

又如为了优化自己的课堂教学，我向每一届学生都发起过"聊聊你的'心头好'老师"主题问卷，而调查的结果则让我很庆幸自己做了这样的问卷。因为原本我猜想学生会喜欢诸如"年轻漂亮""温柔好说话"等类型的老师，结果学生投票显示他们最喜欢的是"风趣幽默"的老师，而紧随其后的居然是"严格要求"，且每一届的调查结果惊人相似。

经由一届又一届这样的调查反馈信息，我也在不断改变自己原本不苟言笑的课堂风格，甚至去读了好几本幽默学的书籍，努力让自己的灵魂有趣起来，好与这些新新人类学生的心理磁场同频共振。我也不会再在"罚"与"不罚"之间摇摆不定，不会再担心会不会一着不慎被学生和家长抓住小辫子，落得好心没好报。因为孩子们已经在问卷中告诉了我："严格要求的老师能让我们知道是非对错……老师严格要求我们是为我们好，我们懂……"是他们让我明白了：学生从来不反感老师的惩戒。他们反感的是没有原则没有标准的惩罚。若你能科学且艺术地处理问题，你的真心真意为孩子们好，其实他们的内心是懂得的。而家长也一样懂。

不过，最后还须强调的是，问卷调查虽然是一种有效高效的班级管理手段，但在实际操作中，班主任还是需要在科学化、规范化、系统化、保密性等方面予以综合考量，尤其不可完全代替其他了解学生的有效方法，不能唯问卷论，不对问卷信息抱过高期望，毕竟小学生认识问题必然有一定局限性，也毕竟存在部分家长不愿如实相告的情况。

因此其实我们不妨如此看待，调查问卷更大的价值，是通过这种沟通方式，师生之间建立起一种被安全感和信任感包围的优质沟通磁场，由此产生源源不断的合作共赢，真正经营好共生共长的优质教育生态。

心语日记：用文字照亮彼此

语言交流是师生之间日常最方便、最快捷、最高效的沟通方式。而文字交流虽不及语言交流便捷高效，却因它特有的含蓄诗意，常能在安静书写和阅读中，让思考变得更多元，让心态变得更平和，因此总能带给人柔软又自带温度的力量，在无声中酝酿美好。

因此，每一届毕业班，我都会在开学初便为每个孩子赠送一本我精心选购的笔记本，名曰"心语日记"，用作师生笔谈。虽叫"日记"，但并不是日日都得记，毕竟毕业班学生学业负担本就不轻，所以这"日记"是择日记还是日日记，全随小主人的意。哪天想和我聊个天说说心里话了，就哪天记一记。至于字数多少，主题内容，也全部自定义。如此，"心语日记"也就不会成为他们的心理负担，书写的时候也才有可能放下顾虑直抒胸臆，让我洞见孩子真实的内心，发现教育的契机。

于是，在一日日的记录和交流中，很多故事温暖发生——

一、故事一："不肯做家庭作业"的背后

六年级新接班没多久，我便领教了小美的"强大内心"——一个长得极水灵的女孩子，却每天不完成家庭作业，无论老师们如何批评教育，甚至她做幼儿园老师的妈妈多次动用"家法"，都无甚效果。她情愿在每一个课间，到每一位科任老师办公室去，补没完成的每一项家庭作业，反正她已经习惯了这样的模式，反正老师们会盯着她最终补齐作业，甚至不惜牺牲所有技能课的时间。

而我就显得有点"不负责任"了，我不愿意把没完成作业的孩子拖在身边补啊补，一则觉得这样的做法很可能导致孩子完全失去内驱力；二则我还是比较希望课间十分钟孩子们都能放下作业走出教室，真真正正放松调整一下。

或许是因为我不会每天盯着她补补补，也不会疾言厉色地指责她，小美有时倒是也会做一点语文家庭作业，也算是给足了我面子。尤其是"心语日记"，大概这算不得作业吧，写不写全由她自己做主，所以这孩子倒是常常主动写了拿给我批阅。

她写得不长，主题也不聚焦，很多时候都像几句毫无逻辑的自言自语。讲真，批她日记的时候，我心头也常常泛起"把这精力用到作业上该多好啊"的感慨。但转念一想，好歹日记这事她能主动写，总得一码归一码地认可她的这一行为吧。

如此转念后，对于她的日记，我便总是刻意地多给一些评语，有时甚至写得比她的日记本身还长。就这样，每一周至少三四天里，我和小美都在通过"心语日记"的形式进行对话，一来二去地，仿佛我们之间有什么东西在发生变化，说不清，但我进教室时常会多给她一个笑脸，而她有时也会主动来帮我发个本子搬点材料。

10月11日，小美在短到只有四行的日记里写："今晚回家吃到了红烧肉，很开心。"我读得想笑，六年级的女孩子了，一碗红烧肉都要写进日记，大概是觉得没话题可写了吧。可是，没话题可写的情况下，她依然在努力坚持着与我笔谈呀。当换个视角看孩子后，我的内心着实多了几分莫名的温暖，便留言："美食，有时就是家的味道，爱的味道呀！你有一双善于发现美的眼睛哦！"

10月12日，小美日记的主角变成了"榴莲千层"，说她本来心情不好，可放学时发现妈妈给买了蛋糕，于是内心阳光灿烂。我回复："小吃货呀！快乐其实如此简单！"

没想到的是，10月13日，小美日记的主题依然是吃，依然是美食如何带给她快乐。而这一次，我笑不出来了——

马斯洛需要层次理论告诉我们，人的各层次需求之间不但有高低之分，而且有前后顺序之别；只有低一层需求获得满足之后，高一层的需求才会产生和发展，就像生物的进化一样。

如果用需要层次理论来解读小美的行为表现：老师和家长期待小美能每天主动完成作业，这一行为其实属于第五层次"自我实现"，而小美日记中接连记录的美食快乐则属于最低层次"生理需要"。换句话说，很有可能小美目前的心理能量还只能支持她停留在一楼，而我们却要求她必须奋力攀到五楼，可是中间三层楼的巨大差距——"安全需要""归属和爱的需要""尊重需要"，我们非但没有给予她支持力量，反而在不断用各种打击抽离掉她向上爬的阶梯，另一边却又同时不断指责她为什么爬不上"自我实现"这一层楼！

趋利避害是人的本性，与其说小美是根本不在意各种批评指责，倒不如说她是在退行中为自己建造了一个避难所，她在学业上无法获得的快乐，变相地从美食中获得了补偿。而这一切，用直接面对面的"谈心""谈话"甚至是"批评教育"，是不可能获得答案的。孩子未必愿意敞开心扉讲述她内心的苦恼，而且她自身也根本意识不到这一点，而只盯住孩子问题行为的大人们也往往看不清。直到那些日记向我揭开了谜团。

我第一时间与小美妈妈取得了联系，同为教师，她非常认同我的观点，也坦言此前没有意识到这一点。我安慰她我也忽略了，好在现在开始，从改变家长和教师的行为开始，一切为时未晚。在与家长协商后，我们约定一起把对孩子的关注点，从原先的作业问题中移开，转而着力去弥补孩子内心缺失的心理营养。

"心语日记"中，我依旧给她很多回复，但主题切换成了对她每一天闪光点的剖析，她上课专注地听讲，她主动整理讲台，她解答了一个难题……再细微的亮点，我都尽力放大了描绘，像语文课教给孩子们的"细节描写""特写镜头"那般，努力把她的每一个正确行为具象化，引导小美通过我的文字，看见那个她自己从来未曾看见过的闪闪发光的自己。

教育的痕迹淡了，效果早晚会出来的，只是需要时间罢了。我一边不断自我安慰，一边继续着和小美的笔谈。也不知从哪一天开始，反正已经是第二个学期了，小美终于能和其他同学一样，按时完成每一科的作业了！

有一次我翻阅小美的日记本，大略估计了一下我和她对话的文字数量，然后和她玩笑："咱俩的笔谈打印下来，差不多可以出一本书了！"

不过，如果真要出一本这样的书，我想扉页上一定要写上这样一段话：

亲爱的老师啊，请你看见孩子问题行为的同时，也要去努力看见问题行为背后，孩子内心的呼唤吧！然后，把标准定低一点，能顺应孩子的成长节奏；把对话的内容变积极正向一点，能链接孩子的成长诉求。如此，堵在孩子心头的石头便能悄悄被她自己搬开了，而堵在我们心里的那口气，也能顺畅很多，眼前的孩子也会可爱很多。

而这一切，是小美这个孩子，通过她的日记，教会我的。

二、故事二：满手臂刀疤的"刺猬女孩"

刚接班没多久，英语老师便对我说，感觉玲子比五年级时开朗多了，脸上有了笑容，眼神也灵动了。英语老师自四年级时就带这个班，对孩子们的了解比我这个新班主任可多多了。听她这样说，我便喜悦不已，许是新学期新环境，对这孩子也有所触动吧。

但这样的喜悦没延续多久，就被现实击破了。

玲子的脾气日渐暴躁起来，我进教室时，常能看到她黑着脸，仿佛谁欠了她似的。非得我用微笑锁定她好一会儿，才好不容易换回她的一个笑容。

一次，我让坐在窗边的她拉一下窗帘，她居然就跟窗帘结了怨，特别用力地拉扯了一回又一回，大有不扯下来不罢休的架势。直到我疾步走上前连声问"怎么了"，她才铁青着脸停了下来，却一言不发。

与情绪状态同样令我担心的，还有她的学习状态。上课总是发呆，作业倒是能完成，但书写飞起来了，根本不能看，单元检测成绩也掉得很快。数学老师跟我反馈，玲子已经只能考二三十分了。

我找她谈话，她闷头不说话。我问英语老师，被告知只知道孩子父母很早就离异了，孩子在四年级那一年，出现过连续一周不肯上学的情况。其他情况就一概不知了。再联系前任班主任，得到的信息量也差不多。

一筹莫展的我准备家访。

然而，正当我为家访做着准备时，玲子却在"心语日记"中给我爆了惊天大料：

> 今天晚上从亲戚家做客回来已经快9点了，我打算赶家庭作业，又想起来还没吃药，就先去吃药。
>
> 吃完药，我想着先洗澡再做作业可能大脑会清醒一点，所以又决定去洗澡。
>
> 可是就在我洗完澡刚回到房间时，我忽然感觉自己全身僵硬起来，我连举起水杯的力气都没有。好不容易拿起了水杯，却手抖得水全部洒到了地上。
>
> 我想叫爷爷奶奶来帮我看看到底什么情况，但不知道为什么，自己就不由自主走到了阳台上。等我清醒过来，意识到自己在阳台已经站了一会儿了。
>
> 我哭着给妈妈打了电话。妈妈安慰我说，可能是药的副作用，过一会儿就好了。
>
> 过了好一会儿，爷爷奶奶听到我的动静，也从房里出来安慰我。
>
> 哎，我可真倒霉啊！直到晚上11点左右，我才基本上恢复过来。所以现在赶着给您写日记，字很丑，对不起哦！
>
> 不过，不用担心我啦，我已经去看过心理医生了，也正在吃药，应该很快就会好起来的。

"阳台""吃药""心理医生""全身僵硬"……我无法想象玲子在写这

些文字时，是怎样的心情。而读着这些文字的我，却惊出了一身冷汗，带着一阵阵后怕。

这孩子究竟怎么了？联系此前她的种种反常表现，我的大脑里有不祥的猜测，却又碍于自己浅薄的专业知识无法真正解惑。

于是，我斟酌再三，在她的日记本上写下："宝贝，谢谢你信任我。只要你需要，随时可以找我，我会一直陪在你身边。"同时又把自己的电话和微信号都留给了她。

第二天，在我的焦急等待中，她又把"心语日记"悄悄放到了我办公桌上。这一次，除了日记，还有一份地级市医院的诊断书，一行行触目惊心的文字再一次让我的整颗心都揪在了一起。

原来，她已经被诊断为重度抑郁症。其实她从四年级起就有自残行为，起因是爸爸第三次结婚，她无法接受现实，更无法接受后母。其父为了让她叫后母"妈妈"，有一次甚至掐她脖子到几乎窒息。于是她从家里搬了出来，跟爷爷奶奶同住。她的生母也再婚了，很少有时间联系她陪伴她。爸爸对她又不闻不问。直到她开始用刀片划自己的手臂，情况越来越严重，爸爸才惊慌起来。但等她伤口好一些了，爸爸就又自顾自吃喝玩乐了。

她在日记里问我："我是多余的吧？如果没有我，是不是他们会过得更好一点？"

她说："我爸是渣男！但是我还是希望他不要再离婚了，否则我会对这个世界完全失望的！"

读完她的日记，心疼和内疚交织的无力感，锥心一般。我自责于带她几个月了，至今才知道她原来一直在这样的绝境中苦苦挣扎，同时却又庆幸，好在孩子信任我，我觉得我一定可以为她做点什么。

于是，我立刻网购了《儿童青少年抑郁症的父母指南》《你的抑郁，90%可以靠食物改善》《拥抱抑郁小孩》等专业书籍。此前对"抑郁症"这块我几乎一无所知，如今要陪伴玲子，我得先用专业知识强大自己。

另一边，我继续着手准备家访，玲子的症结在家庭，介入家庭教育和养育，也是当务之急。

同时，我也继续着与玲子每一天的"笔谈"。

我告诉她，真正幸福的家庭是极少的，大部分家庭都各有各的不幸。我也把我童年的成长困境写给她看，让她意识到苦难其实是人生常态，谁的成长都要经历疼痛。

我告诉她："每个人都值得被爱，尤其值得被自己好好宠爱。我们的肩膀太小，所以不必更无须承担不属于我们的'甜蜜的负担'。"

我还告诉她："天要热起来了，穿短袖要露手臂了，我们得赶在夏天到来前赶跑所有刀疤，所以我给你买了去疤痕药膏，接下来每天两次要到我办公室涂药膏。"

我甚至告诉她："宝贝你记住，我永远站在你这边！如果你爹再因后母事情跟你闹，我会对他不客气！"

当然，我也不断和她聊作为父亲的苦衷，作为后母的难堪，以及生母的不得已。

令人喜悦的是，到了六月，露手臂的季节，她原本密密麻麻的刀疤已恢复得若有似无了。我买了她最爱的粉色短袖送给她，作为见证她新生的礼物。

她在日记里感谢我，说：老师，遇见你，我很幸福！

我回复她：宝贝，这何尝不是我的幸福呢！

三、故事 N：在文字的交流中，激荡生命花火

当然，《心语日记》中发生的故事可远不止这些，每一天，我和孩子们之间都用文字在交流彼此，碰撞出生命的七彩花火——

帅气的景鹏写给我："她下课总是盯着我看，有时上课也看我，看得我很烦！"我回复他："阳光的男孩子谁都喜欢呀！感谢她这份喜欢吧，然后不打搅不伤害，就是最大的温柔和善意啦！"……

正步入叛逆期的晓宇对我说："我妈真的烦死了，一天八百遍各种提

醒，我感觉自己耳朵都要起茧子了！"我立刻化身妈妈本尊："啊呀不好意思啊，我就是你口中'一天八百遍各种唠叨'的妈妈呀！那是因为我家那臭小子自己不长记性呀！如果他自己能张罗好一切，我才懒得多嘴一句呢！"……

热心的玉婷在日记中提醒我："老师你之前承诺了我们如果连续一个月不扣分，就奖励我们看一次电影。但是你好像忘记了……"我读得一脸红，连忙回复她："感谢提醒感谢提醒！下不为例下不为例！"……

……

在一天又一天的笔谈中，孩子们似乎越来越喜欢这种特殊的师生沟通方式，课堂上愿意举手的孩子越来越多了，课间喜欢围着我东拉西扯各种聊天的越来越多了，而我发现自己逗留教室的时间也越来越多了。心和心，因为这样的沟通，不断彼此靠近；情和情，因为这样的交流，不断相互交融。

更重要的是，这些处于成长关键期的孩子，愿意通过"心语日记"让我看见他们正在经历的青春期阵痛，愿意把他们的问题和困惑展开给我。而我在与他们的日常对话中，也学会了耐心等待，学会了包容体谅，学会了悦纳教育的不完美和期待成长的无限可能性。

颁奖词：为每一个孩子打造"峰值体验"

新学期初，和孩子们商定了每月各类评比事宜，有学科类的"书写之星""阅读之星""作文之星"等，以积分制形式评选产生。与此同时，我又特别设置了"进步之星"一项，评价标准只有一条，就是"自己跟自己比，这个月的自己跟上个月的自己比。"过程性评价的价值，并非甄别选拔，而是唤醒激励。所以，不能托举起"这一个"，却遮盖了"那一群"，特别是"小透明"的那一群。

当我把想法分享给孩子们时，立刻得到了他们的热烈响应。甚至那几个总是调皮惹事的男娃儿，还不止一次地来问我："什么时候评进步之星啊？"这里头的意蕴啊，很耐人寻味呢。

时间来到了九月底，当我把纸片发给每个孩子，邀请他们"站起来好好欣赏一下每一位同学，选出你心目中本月进步最大的五位同学"时，定睛瞅去，好多孩子的脸色是凝重的。在意，期待，抉择，担忧，分明都写在了脸上：有的孩子一口气写了一长串名字，才惊觉超额，于是一脸着急；有的孩子写一个名字，咧嘴笑一会儿，仿佛自己心仪的同学已经稳稳站在了领奖台上；还有的孩子正犹犹豫豫着要不要把自己的名字也写上去……

原本我是打算各类"之星"都发一张小奖状，让孩子带回家和家长一起乐呵一下，自我感觉也算是用心了。但当看着孩子们如此郑重对待"进步之星"的诞生过程时，我忽然意识到自己的"打算"还是潦草了一点。

不由得回想自己的童年——最难忘的经历是什么？那些经历给我留下的美好回忆是什么？毫无疑问，自然是那些让我充满荣耀感的高光瞬间。

某种程度上来说，我的童年就是被这些瞬间所定义的，它们告诉我到底该做个怎样的孩子，暗示我也许我能成长为如何模样。而当我看着我的孩子们此刻正在经历的忐忑与期待时，忽然就明白了：也许，教育的意义，就在于让每一个孩子都能体验这些童年的美好瞬间，从中汲取成长的养分。

"峰值体验"这个词一下子跃入了我的脑海。"峰值体验"，就是超越平日体验之上的欣喜时刻。心理学研究表明，这种体验能让人们更加专注、享受于某事，会更加干劲十足。

既然孩子们如此在意"进步之星"这项荣誉，我何不再多花点心思设计一下，替每一个孩子，特别是那些"小透明"们，经营一份专属于他们的"峰值体验"，为他们的童年制造多一点的可能性呢？

峰值体验1.0版：老师的私人定制"颁奖词"

打造"峰值体验"，很重要的一个元素就是提升感官享受，增加过程的刺激性。于是，我制作PPT，准备颁奖音乐，并参考《感动中国》节目组的创意，给十三个获评"进步之星"的孩子都写了一份个性化的颁奖词，以"奖状+评语"的方式讲述孩子一个月的成长。

在将近半天的书写中，我一边不断复盘着每个孩子开学第一个月的各种表现，一边反复思考如何让每一个句子甚至每一个标点都产生力量。毕竟，这十三个获评的孩子中，好几个是真真非常后进的娃儿。

给曾经被家长们联名要求转班或转校的那个俊杰，我写下了——

你是一个如此阳光、善良、热爱班级的男孩子啊！开学初，班级图书馆建设，你一次又一次把自己的新书拿来分享给大家。谢谢你！你也是个努力学习积极进取的孩子！作业越来越认真主动，字迹越来越端正，上课听讲也越来越专注，发言质量越来越高。为你骄傲！所以，九月，你以全班第一的票数当选进步之星。恭喜你！期待十月里，你可以在自习时更安静更专注，这样你就会变得更加优秀哦！

给那个连字都不认识，更不会听课的小文，我写下了——

  你是个安静的可爱的男孩子，大家都很喜欢你哦！课间，你文明休息，从不违反纪律；课堂上，你认真写字，一笔一画都像艺术品，同学们可羡慕你能写这样一手漂亮的字啦！期待小文十月继续努力，老师还等着给你出书法专版呢！

  每一则颁奖词，我都努力做到情景化、个性化的评价，指向"信心+方向+支持+高标准"4个部分。童年时代的自我理解，是一个极其缓慢而艰辛的过程。而想要加速认知理解自我，一个重要的方法就是突破认知。因此，我希望每一则颁奖词都能对孩子产生镜像作用，帮助孩子通过这些文字找到自己的光彩，引导孩子认识到他的能力其实要比他想象的更强，引领孩子坚信：只要肯下功夫，就能一步一步越来越出色。

  每一则颁奖词我都打印在粉色的纸上，一式两份。一份张贴在班级文化墙上，以"标杆"的姿态让全班同学欣赏学习。另一份请孩子带回家与家长分享，并也建议他们张贴在家中醒目的地方，用以激励肯定自我。

  这样的峰值时刻，有炫酷的颁奖音乐，有老师热情洋溢的颁奖词，还有同学们一阵阵满是羡慕的"哇"，完全打破孩子们对颁奖环节的预期。那一刻，领奖者面色绯红，观礼者掌声雷动，我也被带得一阵阵心潮澎湃。

  这样的时刻一定也被很多孩子反复回味了。因为国庆节一回来，就有好几个孩子来问我："下一次颁奖典礼还发'颁奖词'吗？"

峰值体验2.0版：同学的多人众筹"颁奖词"

  转眼间，到了十一月末。或许是连续两个月一张张粉色颁奖词一直在拨动着孩子们的心弦，整个十一月中，各方面表现上佳的孩子特别多，我们评出了20多个"进步之星"。

在准备写作第三个月颁奖词时,我问自己:究竟是我大包大揽的"颁奖词"有价值,还是权力下放更有意义?老师的欣赏和鼓励,对学生来说自然是极大的动力。但如果评价的主体更多维,评价的角度更丰富,每个孩子是不是也就能更加"立体"地被看见?

班会课上,宣布完"进步之星"名单后,我首先大声喊出了其中最弱势的孩子的名字:"谁也跟我一样,想要好好夸一夸小涛,送他一份你的私人定制颁奖词?"话音刚落,一片小手高高举起。

"能以欣赏的眼光看待世界,说明你本身就是个美好的人儿!"我很担心那些弱势的孩子没人选择,才把他们的名字排在最前面。而此刻,那些林立的小手,那些热切地要为小涛送上颁奖词的眼神,融化了我的心。

"我太羡慕小涛了,居然有那么多粉丝追捧!小明、子云、玲佳,有请你们三位给小涛写颁奖词。其他同学,你们就'另觅良人'吧!"欢笑声中,每个孩子都选择了两三位"进步之星"送颁奖词,而每位"进步之星",也都至少拥有两三位"粉丝"追捧。

至于颁奖词如何写,我没有给出标准。对于孩子,放权和信任,很多时候就是赋能。事实也是如此,他们的颁奖词精彩得甩我几条街。

给俊杰的颁奖词,三位粉丝是这样写的——

课堂上,你举手发言的次数越来越多。课下你有时也会帮助一些有困难的同学……你的表现让我们十分惊喜。你那幽默的风格,总会给我们带来一些笑点。在我们的夸奖中,你也越来越自信。相信你在十二月中,表现会更上一层楼!

颁奖人:小鹏

在低年级的时候,你总是爱打人、爱骂人,但这个学期你在老师同学的帮助,和你自己的努力下,逐渐在成长。以前你的成绩经常不及格。现在你不但及格了,甚至有时候都能考到七八十分!你的努力，同学们都看到了！继续加油哦！

颁奖人：晨旭

以前的时候，你总是无缘无故地打人和骂人，可现在你的变化很大。以前那个调皮的你让人有点讨厌，但现在热爱学习的你让我感受到了你的改变。希望你以后继续这样努力！相信总有一天，你可以迈着六亲不认的步子，向你的家人去展现出你那优秀的成绩单！继续努力哦，加油超越自我吧！

颁奖人：涵悦

当这样多人众筹式的颁奖词再一次被我打印张贴时，下课时不时去"文化墙"边转悠一下的孩子越发多了。

他们是在欣赏？学习？还是在羡慕？或是在暗暗发誓也要让自己闪耀登场一次？我不得而知。但我知道，他们喜欢这种峰值体验，他们也都或多或少地在被这种美好的体验感染着，推动着。

峰值体验3.0版：把期待和祝福DIY进奖状里

第一个学期的"进步之星"评价活动，以"一个都不少"完美收官。期末习作训练写"难忘的一节课"时，好几个孩子写到了这一活动。

自我陶醉的同时，我又开始思考：评"进步之星"，打造峰值体验，我的目的是让每个孩子在非比寻常的高光时刻中，见证自己非比寻常的样子。一个学期下来，"奖状+颁奖词"的豪华组合，见证了每一个孩子的荣耀时刻，这份美好一定程度上会加深延长，并滋养每个孩子。这种经历，一次两次，自然带来欣喜与难忘，但如果第二个学期依然如此，难免会产生审美疲劳，教育效果自然也就会大打折扣了。

评比"进步之星"，不是对过去的简单总结，而是饱含期待地指向每个孩子不可估量的未来。当这么思考的时候，我决定把峰值体验的打造再次升级。

我和孩子们聊："新学期的'进步之星'继续评奖，颁奖词继续写。至于奖状，你们更希望是我成百打印好的同款？还是大家自己动手 DIY 的全世界独一份？"

他们当然要独此一份的，就好像每个独一无二的自己。

我又说："我需要很多很多大家手工绘制的奖状，用来奖励新一轮的'进步之星'。希望大家把最美好的心愿和祝福凝聚在自己的设计中，给同学带去最美好的童年记忆。"

于是，班会课上，课余时间，周末时候，不管美术功底好的，还是美术作业只能得三星的，都铆足了劲脑洞大开。因为他们都笃信我的话——"这份全世界唯一的奖状，将激励你的同学几天，几个月，或几年，甚至漫长一生！"

收手绘奖状时，45 个孩子，一共交了 60 多份。有些孩子绘制了 2 份，说希望看见更多同学获奖。看着这 60 多张手绘奖状，体味着孩子们的用心用情，我比自己拿奖状还享受。而这份享受，自然是要放大了分享给每个孩子的。每一天的午餐后，我都安排两个孩子展示自己的奖状：

小鹏设计的是红艳艳的帷幕拉开，俏皮的"喜报"二字中间还配上了个大拇指。他告诉大家："我觉得只要肯努力，咱们班的每位同学都是棒棒哒。"

子俊以竹子、红梅做背景，活学活用了语文课上的"托物言志"。他说："让我们学习红梅品格，拥有竹子气节，遇见更好的自己！"

学习上一直落后的诗佳，特地交了两张设计稿，简单的花纹边框，配上彩铅的渐变色背景。她说："我会努力的，我相信我也可以成为'进步之星'！"

搭班老师笑我这是"每天都给学生打鸡血"，我也跟着笑。鸡血也好，鸡汤也罢，只要能助推学生成长，我就觉得值得。这些奖状虽然并不精致，但无论对制作者抑或观众来说，都已超越了奖状本身的价值。

奖状玩出了花样，颁奖的过程可不能输啊。我们将其拆解成了"抽奖""编写"和"颁奖"三个环节：首先由获奖同学从60多份奖状中随机抽取一张；再从45个学号中随机抽取四位同学合作写一份颁奖词，并由书写最漂亮的同学负责誊抄；最后由四人联合为获奖同学颁发奖状。

孩子们直呼好玩。而我则不住地拿起手机拍摄下这一个个欢乐的画面，然后分享到家长群。

有孩子问我："老师下次轮到我，你还这样玩吗？""老师你还会不会有新的创意？"

我笑而不答。只要这点时间和精力的投入，可以对某个孩子的成长起到积极的影响，可以为他打造一段美丽童年记忆，这样的"峰值体验"，我当然是要不断升级的！

一岁一礼：储值情感，蓄能成长

在人际交往中，一些关键的时间和关键事件很多时候会影响双方关系的走向。师生关系也是如此。因此，在与学生相处的日常中，我很注重寻找那些关键时刻和关键事件，总是期待用心经营的某一时某一事，可以成为妆点孩子童年的一抹亮色，甚至成为触动某个孩子成长的关键因素。

这样的活动，大大小小我带着孩子们搞了不少。而没想到最令孩子们期待的，却是我计划之外的、来自"民间"的创意之举——"一岁一礼"。

一、灵光一现的惊喜

这天晚托课时，机灵鬼小昊悄悄走到我身边耳语："老师，今天是俊凯生日！我可不可以倡议全班同学对他说一句'生日快乐'？"

我瞬间被这家伙温暖到了，同时不由得自责：孩子们彼此间牢记生日，我怎么就从来没对这事上心呢？恍然间又想起自己人生的第一张生日贺卡，便是六年级班主任陈全法老师赠送的。而我的学业表现，也是自那开始脱胎换骨的。改变我的，不是那一张早就不知踪迹的生日卡片，而是班级"小透明"的我，内心忽然产生了一种被陈老师捧到了众星拱月高度的荣耀感，某种小火苗在心中急不可耐地乱窜。那一张生日卡片，如今依然是我小学生涯的高光时刻。

当回忆勾连现实，我的眼神便无限温润起来。可是，手头没有现成的小礼可以赠送给俊凯，如何是好？

我一边思索着，一边感谢小昊的主动告知，并叮嘱他："一定保密，孙老师要给俊凯一个惊喜!"

晚托还在继续,小寿星俊凯正埋头作业,很认真的样子。这家伙是我又喜又忧的孩子,喜的是他性格极好脑子也极灵活,忧的是他自四年级开始迷上打游戏,夜夜打得天昏地暗,家长根本管不住,因此不仅耽误了学业,而且消磨了眼里的光。六年级开学至今一个多月中,下课他总很喜欢帮班级做事,常常抢着来问我"需不需要帮忙",但一到上课却又总是伏在桌上,连与我目光对视的勇气都没有,倒是哈欠常常不请自来。他的自卑,他的颓废,隔着几个桌子,依然在我眼里无处躲藏。他急于在老师同学面前刷存在感,又在因学业成绩的落后而在课堂上急于掩藏自我。这份纠结与矛盾,在他那里如千斤重担,在我这里也如鲠在喉。

如此分析着,我的脑洞忽然就打开了——何不利用"生日"这个契机,用"重锤"敲一下俊凯这面"响鼓"呢?

不多久后,时钟也已指向下课时间。俊凯是参加晚晚托的,因此还蒙在鼓里的他跟我道了"再见",便拎着书包去了晚晚托教室。

见主角已离开,我示意正在排队的孩子们围拢到我身边,把我的计划告诉了他们,小家伙们听得一个个眼睛放光。安排停当后,我带着队伍绕道走向了俊凯晚晚托课的教室。一到教室门口,43个孩子蜂拥而入,把正准备上晚晚托的各班孩子吓了一大跳,也看傻了俊凯。

"俊凯,祝你——""生日快乐!""生日快乐!""生日快乐!"……尽管约好了,总归没有排练,因此预先约定的集体祝福,现场成了几重唱,一浪接一浪地如排山倒海般涌向一脸蒙圈看向同学们的俊凯,倒有了超越预想的冲击力。

而那一边,小寿星俊凯先是涨红了脸,再是不由自主双手捂住了脸,再后来居然躲到了卫生角里去了。这呆萌的举动,惹得同学们咔咔咔狂乐。

尽管主角已经躲起来了,但我依然不依不饶,带着孩子们一起朝俊凯高喊:"俊凯,祝你生日快乐!每天快乐!我们都爱你呦!"说着,44只手,44个比心的动作,齐刷刷亮向正从卫生角里探出头来偷瞧我们的俊凯……

不知怎的，晚晚托班其他的孩子们，居然东一个西一个地，三三两两鼓起掌来，最后，掌声连成一片，笑声也连成了一片。

事情的结局是，这天的放学路队纪律完全失控，孩子们一路叽叽喳喳，嘴巴根本就停不下来。有孩子说："下次我也要老师给我惊喜！"有孩子说："老师我的生日也快到了！"还有的孩子一脸着急："老师我的生日在寒假，那是不是就没有惊喜了?!"……

于是，这天的挥手作别之时，我允诺了孩子们："接下来无论谁生日，记得提前告知老师，一岁一礼，人人欢喜！"

二、46 张飞来的卡片

几天后，小昊又来找我了："老师，今天是我和宇哲、小童三个人共同的生日，我们可以申请也有一份像俊凯那样的惊喜吗？"

我连连点头，心里有点过意不去。早先不是都计划好了，要梳理一下孩子们的生日，提前为他们做准备，但一忙起来，这事便搁置了。自责之余，便立刻着手准备，得为这三位有幸同一天生日的小寿星送一份既简单又隆重的礼物呀！

循着上回的思路，我首先开始分析起三个孩子目前的状态，试图让这"一岁一礼"兼具娱乐性和教育性。小昊热情，但学业上也差了一口气，内驱力始终不足。宇哲学习优异，但由于体相原因，喜欢把自己藏于人后。小童因家庭结构特殊，尽管学业尚佳，但平日里也拘谨得很。如此想来，他们最需要的，一样是被放大优点，点亮自信。

锁定目标后，我立刻找来一沓粉色 A4 纸进行裁剪，计划给全班同学每人发三张粉色小纸片，请他们每人给三位小寿星各寻找三个闪光点，并送上一句生日祝福语。至于三位小寿星呢？也是一样操作，当然唯一不同的是，其中一份闪光点就需要自己对自己的充分肯定。

"生日，意味着成长，也意味着新生。这样一个美好的时刻，很荣幸我们能陪三位小寿星一起度过，很荣幸我们能用最真挚的话语见证他们的新生！"而当我把这一想法分享给孩子们后，教室里又兴奋得炸锅了。

于是，这一天的晚托课，场面再次失控了。时不时有孩子写完一张卡片，忙不迭地送到其中一位寿星手上。而那被祝福团团包围的小寿星们呢，脸上兴奋、期待、羞涩各种表情交织着轮番着上演，红晕怎么都褪不去。

"老师，我怎么感觉比数钱还激动啊！"淘气包小昊一边整理着同学们飞来的祝福卡片，一边咧着嘴傻乐，俏皮的话语再次引来笑声一片。

"珍藏起来，以后给你们的儿子女儿看看，他爹当年在同学们眼中如何光彩夺目！"我也笑着打趣他们，故意把重音落在"同学们眼中"这几个字上。尽管很多时候我们所期待的教育效果未必就能如愿达成，但是，付出着期待着，不也是一种美好吗？这么想着，我眼里的笑便也跟着孩子们一起，漾得特别浓。

三、私人订制的一岁一礼

这一次以后，我老老实实地按着学籍资料的信息，把孩子们的生日誊抄在了台历对应的那一页上。好记性总是不如烂笔头，不特地记录一下，万一忘记了哪个孩子，万一人家又不好意思来提醒我，这好心办的坏事，怕是孩子要伤心难过很久的。

也是从这一次以后，日历上提前被我圈出的那一天，便在我的心中也有了特别分量。我也在延续着最初给出的口头承诺，给每个寿星在生日当天都送上一份特殊的礼物。除开个别已经过了当年生日的孩子，大部分孩子都在那一个特殊的日子里，被特殊宠爱了一回——

如那个和我约定了"只要一次听写全对就可以得到老师一杯奶茶奖励"、却始终也没能做到一次全对的小妞，生日当天，我给她叫了外卖，并当着全班同学面给她送上了奶茶，引得孩子们羡慕得直喊"老师偏心"。

如那个特别喜欢帮我做事，却连单元考都没法及格的小子，生日那天，我特聘他担任了一天班主任助理，全方位过了一把"瘾"，并在傍晚时邀请全班同学送上对他这一天值岗的高度赞美。

又如那个和爹妈矛盾得要我做"老娘舅"的臭脾气娃，我请家长提前录制了生日 VCR，看得娃儿泪水涟涟。

还有那个终于爱上了看课外书的调皮鬼，我则给他送上了亲笔签名的我的专著，再次引发孩子们羡慕口水流一地……

也许你要问我，为什么要这样费心费力甚至费钱地做这些事情呢？答案可能很功利——为情感账户储值，为生命成长赋能。

一次赞许，一份小礼，对于那些学优生来说，常常算不得什么。因为他们的成长中从来不缺鲜花掌声。但是对于那些中不溜秋的孩子，尤其是陷于成长困境的学生而言，来自教师或集体的馈赠，常常是触不可及的美好。

而这一份以生日之名的特殊礼物，也许就成了孩子这一年生命成长的高光时刻，让他能充分体验到，自己一直在被集体被老师无条件包容接纳着，关心爱护着。也许这一刻，就能在这一个孩子的内心储存能量，一如当年的我一样。这一份感动与感恩，也许就成为改变一个孩子的关键时间和关键事件。

而对于更多负责送祝福的孩子，一样在感受爱、表达爱、传递爱的过程中，不断储值对集体的认同，对同伴的悦纳和对老师的喜爱。当身边人都因一次次情感链接而不断变得温暖可亲起来，他们自然会喜欢学校、喜欢老师、喜欢同学，进而喜欢学习了。

尽管教育不能如此功利，但如果用心去经营与孩子们相处日常的更多这些微小瞬间，日积月累中，也许这样的"功利"也是一种功德。

优势积累：点亮每个孩子眼里的光

"你能立刻罗列出你家孩子的'5个优点'和'5个缺点'吗？"

近年来，无论是在给各地家长的讲学中，还是在与自己班级家长的对话中，我曾请不同群体的家长来做这道问答题，结果无一例外，家长们几乎都是"纠错"高手：绝大部分家长都表示，列缺点，15个都不在话下！而要说孩子的5个优点，却好像真的有难度……

的确，随着家庭教育越来越受重视，家长们也的确一届比一届更舍得在子女的教育上投入时间、精力，包括金钱。但由此带来的新问题是，高关注度引发的高期待值，使得许许多多家长秉持着"纠错+讲道理"的教养模式：习惯于一直在挑剔，一直在提醒，一直在纠错。很多时候孩子事情还没做，错误还没犯，家长就已经在以"好心提醒"的名义进行"预先纠错"了。

殊不知，在家长持之以恒的纠错努力中，诸如"懒惰""不诚实""游戏上瘾"等等负向标签早已一点一点由孩子的皮肤渗透到了肌肉、内脏、血液，甚至灵魂。但真正的问题在于，这些带着各种负向标签的孩子进了学校，很有可能也会被老师们贴上相同的标签，甚至很难分清楚，这些标签最初是来自家庭教育，还是学校教育。

那么，是家长或者教师不爱这些孩子吗？答案自然是否定的，非但爱，而且很可能非常爱。

但是我们常常忽略了，如果我们爱这个孩子，却总在时时处处否定这个孩子的行为，那么我们的爱，他能感觉得到吗？他非但感觉不到爱意，反而会生出对自己的深深厌恶，觉得自己很差劲很糟糕。因为那些纠错和否定，可是来自他生命中最最重要的重要他人——父母和老师呀！

我们还忽略了，如果我们只是一味地指出孩子的错误，却并没有给出很科学合理的建议，或者在明明孩子可以自我纠正的前提下，强硬地给孩子很多建议照搬，孩子内心又是如何感受？他会在一次次被否定、被规定动作中，看不见自身的力量，自我变得越来越小，或者越来越叛逆。

由此，作为教育工作者，我常常问自己：我又该如何给那些孩子开辟一方真正意义上的成长沃土，让他们在"纠错"笼罩的家庭教育之外，找到自身的价值和意义感？

正是基于这样的自我反思，我在班级里不遗余力地开展了"优势积累"活动，即基于专业视角，忽略学生身上不触及原则底线的问题，转而去关注他们身上那些可复制的正确行为，对其进行及时的官宣和强化，从而帮助学生明晰自己做对了什么，并由此不断积累正确行为，积小善为好习惯，在不断体验成就感的同时健康快乐成长。

一、关注可复制的行为过程

"纠错"教育收效甚微甚至副作用巨大，其中一个很重要的原因是，从心理学上的视角看，教育者重复什么，就会在受教育者身上强化什么。正如心理学家贝科尔说："人们一旦被贴上某种标签，就会成为标签所标定的人。"就如在课堂上，我们习惯性提醒那些上课神游的学生"你又开小差了！"这句话中，"开小差"就是一个负面标签，教师反复提，就是反复负向强化，久而久之，反倒固化了学生的这一行为，"开小差"成了这类孩子上课的标配，而如何改变这一现象的能力，却并未习得。

而"优势积累"这一师生沟通方法的关键，就是放弃对学生固有消极行为的关注，转而去帮助孩子去发现和累积那些哪怕微小但正向的关键点，积量变为质变，最终培养一个又一个好习惯。这里的"关键点"，特指那些可复制的行为过程。

如小雨，是我们班语文学科上不折不扣的后进生，每次单元检测基本在十几二十分之间徘徊，因为他绝大部分题目都会开天窗，理由是"不会"。这个孩子从小学一年级起就掉在了班级最后面，到了六年级，身上已经贴满了各种负面标签，几乎哪儿哪儿都成了班级里垫底的孩子。他已经把自己如一坨烂泥一样瘫在那里了。一个对自己已毫无信心的孩子，你再多的纠错对他来说也只不过是多年狂风暴雨"洗礼"中的某一次而已，他已经无所谓了，你能拿他怎么办吧。

然而有一次单元检测，他的成绩居然破天荒到了五十多分。我意识到机会来了，立刻决定隆重表扬他。但是，表扬他什么呢？我仅仅夸奖他的"进步大"显然是不合适的，因为这样的进步对他来说，也许带有偶然性，很难复制，而且他自己很可能不知道自己进步的原因在哪里，所以仅仅围绕事情的结果进行夸奖，就很难帮助孩子发现自身力量，进行优势积累。

于是，我在夸他"进步大"的同时，重点关注了他试卷上的过程性行为：首先他这次检测基本上从头到尾都答题了，于是我夸他"很耐心，从头做到尾，所以拿到了更多分数"；其次他这次的"看拼音写词语"一题正确率比之前高，我于是夸他"这个单元的词语表一定花时间去读和听默写了"；第三他的书写很端正，于是我夸他"能认真书写，说明对自己有要求，这是爱学习的表现呀"。

我把所有关注点都放在他做得好的可重复的行为上，帮助他进行总结梳理，而刻意忽略了他"句子练习"和"课内外阅读"几乎全错的部分。在此后的每天作业中，他的书写质量真的就一直都很不错，我也就每天给他打五颗星，及时肯定他的正确行为。后来，他词语抄写和听写的正确率一点点也跟上来了，我又继续大张旗鼓地充分肯定他这一方面的进步。同时，我也一直在寻找他其他题型和其他知识点上的优势能量，不断引导小雨发现自身进步的关键点，并在不断标注正确行为的过程中，帮助孩子不断积累成功经验。

最终，小雨的语文成绩在反反复复中，终于呈现了螺旋上升的态势，他也真正体验到"成功是成功之母"的甜蜜了。

二、不拘形式，"花式"赋能

如上文所述，这种"优势积累"的教育方法似乎很简单，就是把关注点放到学生的正确行为上，并告诉学生教师看到了他们做得正确的地方，看到了他们的努力和进步，并通过这种"告诉"帮助孩子把正确的行为固定下来。

但这里的"告诉"，具体要怎么操作，其实还是很有一些讲究的。

操作方法一：巧用"沟通话术"，日常对话中赋能。

讲到这里，可能不少同行会心生疑问：难道教育就只能贴小红花，不能批评纠错了吗？当然不是。没有批评的教育肯定是不完整的教育。但是我们也讨论过了，以批评为主的教育，其危害性是很大的。而且，说"不"的分量来自说"是"。仅凭职业权威就能让学生心甘情愿接受教师教育的时代已经过去了。文化反哺时代，学生个性张扬，自我意识强烈，想要我们的教育真正能拨动学生心弦，很重要的前提是，我们对学生的关爱能为学生所感知，我们能与学生的情感同频共振，学生愿意把我们请进他们的心里。

那么如何既保留批评教育的纠偏作用，又能很好地让它软着陆，让孩子既看见自身的不足，又能乐呵地接受我们的教育引导，同时还能看到自身的长处呢？合理运用人际沟通中的各种话术，就是非常好的日常对话赋能方式。

比如，"但是"句式。

如我们教室的黑板一度总是擦不干净，每次上课写板书时就多多少少会影响心情。于是最初我常习惯性这样批评值日生："虽然一下课就能及时擦黑板，但总是擦得一塌糊涂。"但凡听得懂中文的，都明白我这句话的重点落在"但是"后面，主要是奔着批评去的。于是，那"一下课就能及时擦黑板"的好行为，也因后面的批评而被遮盖了，非但无功，反而有过。

我发现自己这样反复唠叨也不见效，黑板隔三岔五依然"一塌糊涂"，但我却总也找不到问题所在。直到在人际沟通的专业书籍上学到了"但是"句式，我才恍然大悟。于是我学着改变了语序："虽然今天黑板擦得不太干净，但我看到值日生一下课就撸起袖子干得很卖力，还是要表扬的！"话语内容依然是那些，但我自己说的时候，内心的阴霾早已一扫而空，因为我"但是"后面强调的是值得肯定的"一下课就撸起袖子干得很卖力"，而被点名的值日生，也不会再因擦不干净黑板而惴惴不安，反倒生出了几分认真做事被看见的小激动，同时也会暗暗提醒自己下次不仅要及时擦，还要擦干净。

事实也正如我所揣摩的一般，只没过几天，我们班擦黑板的值日生就一直能把黑板擦得干干净净，因为他们居然在劳动委员的组织下，凑一起研究出了擦黑板三部曲——"干，湿，干"，即先用干抹布擦去粉笔灰，再用湿抹布擦净污渍，最后用干抹布擦干水渍。

更为夸张的是，自从我多次着重肯定值日生擦黑板的认真尽责后，其他值日岗位的孩子有时会抢着下课去擦黑板，也期待得到我这样的当众表扬。真真可爱！

这是我的功劳吗？不，这是沟通话术的功劳！像这样的话术，各类沟通主题的书籍中有大量的介绍。只要我们刻意练习一段时间后，各种沟通话术便能成为一种习惯，在与学生的对话中，让自己变得眼神更加柔和，内心更加平和，话语更有能量。

操作方法二：常用"书面沟通"，以文字赋能。

即便我再有心有意识，毕竟一个班级 45 位学生，而每天课间能与孩子当面对话的时间总量是额定的，因此无法做到每天和每个孩子都一对一沟通交流，针对他们的正确可复制行为进行及时肯定。于是，我充分利用练习本、能量便条等，开辟师生沟通的更多途径。

练习本就是那种语文课每天都要使用到的本子，主要用来完成抄默写、小练笔等作业。在批改完学生当次作业后，我常会针对该生近日表现中可圈可点的具体行为进行点赞，一两句话而已，文字不多，工作量也不大，但发挥的作用却着实不小。

如慧儿最近课堂发言积极，我便写上一句："因为你的参与，老师上课好开心呀！"俊杰晨间课外阅读比之前静心了，我便附上一句："喜欢你晨间安静阅读的样子，帅！"调皮捣蛋的佳豪最近课间不忙着捣蛋了，反而总抢在课代表之前来问："老师有没有活儿要干？"我便在抄写本上感谢他："有你帮着做事，孙老师轻松很多哦！"……

于是，原本平平无奇的练习本，成了孩子们争相传阅的宝贝，他们不仅喜滋滋读着自己的评语，也爱找好朋友去交流分享快乐。而孩子们的这些可复制正确行为，也在我的浓墨重彩描绘和他们自发开展的交流展示中，不断被强化着。

再说"能量便条"，其实就是很普通的便利贴，只不过被我赋予了其特殊作用。前面提到的练习本强化，很多时候评价语已经有一定的延后性，而便利贴就很好地弥补了这一不足。无论课间还是课堂上，发现尤其是那些后进孩子的可强化正向行为，我便会随手记录在便利贴上，并在方便的时候立刻去贴到这个孩子的课桌上。

每一次我把便条送到某个孩子面前时，有的孩子会激动到喊"哇"，有的孩子则小脸红红的，摩挲着便条想笑又不好意思笑，还有的孩子会装作若无其事般直接藏进了文具盒。而那些吃瓜群众呢？除了羡慕，总有满心的好奇，他们就会围拢过去看个究竟。如此，班级里向上向善的正气，就慢慢越来越浓郁了。

三、网络传播，借外力赋能

在优势积累教育上，我也充分借力了网络的强大功能，利用微信朋友圈、钉钉等媒介，把更多群体引入我的教育，成为我的合伙人和助力者。

"杰哥"本名豪杰，杰哥是班级同学给他起的绰号。他是我们班的喷火龙，动不动就暴脾气发作，破坏力极强，甚至掀翻过讲台。不发飙的时候，他又常常带着班里一部分男生"大错不犯小错不断"，真有点"带头大哥"的味道。

在他毛遂自荐担任电管员初期，常忘了及时关灯，导致教室总有"无人灯"。最初，我也是有点不悦的。毕竟是你毛遂自荐的，可是却做成了"半拉子工程"，叫我说你什么好呢？

可转念一想，学生做不好的事，未必都是学生的错。尽管有时的确是态度问题，但更多时候可能是能力问题，没有掌握好方法，就如杰哥电管员这件事。他能毛遂自荐，说明他态度是极其积极主动的。总是忘记，是因为他还没有把"全体同学离开教室"和"关灯"这两件事情在大脑里建立起神经回路，无法做到如习惯成自然般随手关灯。如果某件事情还没有成为习惯，却要求他时刻不忘，显然是要求太高了。

于是，根据习惯回路"暗示→惯常行为→奖赏"的建构原则，我暗示杰哥想些办法提醒自己。没想到这位"带头大哥"倒真还有点担当意识，他不但给自己写了便利贴每天贴在桌角上自我提醒，还拜托同桌帮着提醒，也算是动足了脑子。

有了这些暗示信号，杰哥关灯这件事就很少再忘记了。为了帮助他巩固这个行为，我便抓拍了某次他关灯的照片，配文"小岗位中可见大格局，小事件中可见大智慧！"发了朋友圈，获得朋友们纷纷点赞。我又利用钉钉，把这些内容反馈给其父母，然后又请杰哥看我的朋友圈及与他父母的聊天记录。他很不好意思，说自己有时还是会忘记，但是一定会继续努力想办法提醒自己，争取班级再也没有"无人灯"。

后来杰哥真的很少再忘记随手关灯了。而他也因为对班级工作的尽心尽责，在期末获同学们高票评选为"最爱班级之星"，而他曾经动不动就喷火和带头捣蛋的行为，也不知道从什么时候开始就销声匿迹了。

杰哥，终于成长为了同学们名副其实的"哥"。

四、优势日记，在自我复盘中积累能量

所谓"优势"，从积极心理学的视角看，是一种积极的品格特征。一

个看得见自我优势的人，往往会比较乐观，且内心充满力量。因此，除了借助教师、同伴、家长、社会等多方外力帮助学生建立优势积累的支持系统外，我还着力培养学生自我发掘优势的能力：自己看得见自己做得好且可复制的行为，自觉自发地将这些行为不断重复，最终成了习惯，成为个人积极的品格特征。

"优势日记"是我已经使用了多年且效果颇为不错的方法。所谓优势日记，就是请学生每天晚上对自己一天的表现做一个复盘。主要复盘两个部分：第一个部分是根据自己制定的每月成长目标（即每月行规训练点），梳理当日值得肯定的行为表现；第二部分是寻找出自己做得颇为得意的一件或几件事进行记录，均以"事件+感受"形式简单呈现。

这样的记录，学生一开始是非常感兴趣的，因为我也会每天及时给予他们热情的回复。但时间一长，记录的内容大致雷同，他们也会渐渐懈怠起来。这时，我就会搬出曾国藩"日课十二条"和每天写日记反省自己的故事，也会给他们分享我自己坚持每天写教育笔记的收获，鼓励他们不断挑战自我，不断悦纳自我，一定会成长为连自己都忍不住喜欢的自己。

师生共读：独特的沟通密码

2023年全国教育工作会议的一大亮点，就是提出了"要把开展读书活动作为一件大事来抓，引导学生爱读书、读好书、善读书"。教育部部长首次如此旗帜鲜明、掷地有声地提出要高度重视读书活动，让作为一名热爱阅读的班主任，同时也是学生阅读活动的组织者和呐喊者的我，内心特别欢欣鼓舞。因为多年来我一直认为，好的教育，一定是书香四溢的。在这一理念的指引下，多年来我也一直在自己的班级里推动着"书香滋养灵魂"的阅读活动，让阅读成为沟通师生情感、实现共生共长的独特沟通密码。

现以新接手的六年级班为例，谈一谈我是如何以师生共读作为独特的沟通方式，在农村教室里推动阅读行动的。

一、师生笔谈，洞见问题成因

刚接手这班娃娃，我便被惊到了。当然，不是惊艳，而是惊吓。按理说因着对新班主任的几分忌惮，晨间即便吵闹，也不至于闹得太过了。但这班娃显然一点都不给我面子——

咱班教室在三楼，每天只要我前脚刚跨出车门，就准能听到咱们教学楼传来突兀的喧闹声。而每每等我飞速上楼，心跳便也跟着飞速提升频率——那动静最大的，总是我那个不省心的班和那群不省心的娃。非但男生爱吵闹，就连不少女生也是大嗓门的话痨！

起初我当然是沉着脸的，也多次批评教育，顺便不忘一次次从脑科学、学科学习等角度大谈晨间阅读的好处。但尽管我一个又一个早晨均沉醉于自我演说能力的高妙中，却依然如拳头打在棉花上一般，教育效果微乎其微。

问题究竟出在哪里了呢？利用周记，我以"聊聊咱们班的晨间阅读问题"为主题，和孩子们开展了一次笔谈。

周记中，有担任过班干部的孩子建议我："咱班纪律一直不好，老师你需要用'高压政策'，反正我们都习惯了挨批评！你不凶，不管用！"

有的孩子跟我实话实说："看不进大部头的书，觉得不如和同学聊天来得更放松和开心！"

还有孩子说，其他同学吵吵闹闹，自己也就想跟着说话聊天……

细细梳理分析，我意识到自己此前的教育之所以无效，是用错了力气——孩子们并非不知道晨间静心阅读的好处，只是他们还没有经历过阅读的美好体验，因此没有养成入座即读的阅读习惯。凡是孩子做不到的事情，是不能怪他们的。想要把他们对阅读的正向认知升级为阅读习惯，中间还要经历很多步骤，且必须是我这个教育者陪伴引导他们一步步去落实的。

二、身教示范，建立积极暗示

能自觉主动学习，就如这一到校就自发阅读的行为，其实本就是一件逆人性的事情。人性本懒，小孩子贪玩不愿阅读，是本性。别说孩子了，又有多少成人是做得到每天自觉进行一定量阅读的呢？

由我吼着催着推着读，到由孩子自发自觉自愿读，其中最关键的，是让孩子内心真正认同阅读"不仅对自己有好处而且是一件很快乐的事情"，产生"我也想这样做"的冲动。

于是，我首先闭起了嘴。说到底，最终能让孩子改变行为的，无非两个原因：第一，逃避痛苦；第二，追求快乐。如果我总是企图通过批评来让他们自主阅读，其实在他们潜意识里留下的恰恰是"阅读"是"痛苦"

的负面印象。这样一来，为了逃避痛苦，他们的潜意识里也会愈发排斥阅读这件事。

其次，我也迈开了腿。原本总是卡点上班的我，把起床闹钟调早了一个小时，每天 7 点刚过，我便已出现在了教室里。一个又一个晨间，一杯茶，一本书，我坐在讲台边，把自己沉浸到了书里头。我不再提醒"交完作业就读书"，也不再唠叨"一寸光阴一寸金"，我只管读我的书，旁若无人般，有时双眉颦蹙，有时哑然失笑，引逗得孩子们纷纷侧目。我的目的很简单，用我真实自然的对阅读的热爱状态，让孩子看见阅读原来如此快乐甚至美好。

在任何一种习惯的养成过程中，暗示的力量都是极其强大的。心理学中经典的斯金纳箱实验，在我的孩子们身上，一点点被验证了——

在一天又一天里，渐渐多出来了一个又一个一到校便和我一样捧着一本书的孩子。在相同的时间，相同的地点，我们每天早晨一起做着同一件事，相互陪伴着埋头读书，偶尔抬头彼此相视一笑。

三、举起手机，用行动表达赞美

我在给同行做班主任培训时，每每看见台下老师举起手机拍摄，我便会像被打了鸡血般特别兴奋，讲得也会更加卖力一点。因为这种"举起手机"的行为，无疑是一个极强烈极明确的赞美信号。

因此，当孩子们晨间入座即阅读已渐成惯常行为时，我便也用"举起手机"这种行动赞美法来作为对孩子们的奖赏机制。

举起手机，就像打亮了舞台上那束追光灯，每个晨间，我都是那个最热情的追光者，不仅拍下班级静心阅读的集体照，也拍下孩子们阅读的特写镜头，并配以文字发到班级群，供家长们欣赏点赞，也侧面影响带动家长对孩子阅读的重视，营造家校共育的阅读生态。

同时，我还每天都将这些照片存入班级群中的"晨间悦读"文件夹，不断积累孩子们的优秀，而这些入镜的特写照片，最终都会冲洗出来，收入在我们班那本"我们的一家"相册集。

也因此，每次我拿起手机的时候，孩子们就会不由自主地挺一挺身板，脸上隐隐闪过的那一丝或羞怯或得意，分明在表达他们对这种行动赞美法的喜欢和享受。

但他们不知道的是，被镜头锁定那一刻，内心那种因为被关注而产生的价值感，是可以移植到对阅读的积极情感中的。"阅读行为→被看见被赞美→产生快乐体验→阅读行为"，这便是一个完整的"习惯回路"。如此良性循环中，大部分孩子入座即读的习惯便慢慢养成了。

四、激励升级，让阅读习惯可视化

以我个人经验来看，阅读行为要固化为一种习惯，其中非常关键的一个环节，就是不断地正向激励强化，不断增强阅读行为的获得感和成就感。

于是，我请广告公司帮忙制作了一张一米见方的"书海漫游记"海报，张贴在班级前门口的墙壁上，又网购了很多七彩姓名贴。

准备完这一切，我给孩子们看了我历年的"阅读地图"，分"闻道""修业""深耕"和"博采"四项记录我的阅读进度，以及我文件夹中的每月书评。我告诉孩子们："'阅读地图'和'每月书评'，是我的骄傲！他们见证着我的努力和成长！孙老师能出专著，就来自这些阅读给我的营养。如果你们从小就能养成每天阅读的习惯，将来每位同学的成就都能甩孙老师好几条街呢！"

此后，利用各种时间段，我们经常性地开展好书推荐活动：每读完一本书，就可以填写"好书推荐单"，再以微演讲的形式推荐好书，并选择自己喜欢的某色姓名贴，誊写书名后，展示在"书海漫游记"海报上。

一天又一天过去了，海报上的色彩越来越丰富了，孩子们无论晨间还是课间，自主埋头阅读的身影也越来越多了。

五、行为建模，让优秀被不断复制

在每天早早到校陪伴了他们一个多月后，我决定得体退场，让他们成为主角。毕竟，扶上马送一程，最终目的是让孩子们不用扬鞭自奋蹄。毕竟，真正的自律一定来自孩子们内心的自尊自强，来自无人管理下的自觉自发。

而其中，最让我放心不下的，自然是那几个小话痨。虽说大火无湿柴，但目前这把火，要燃到连那几个鬼精娃娃也自觉自主，还需要再加点猛料。

于是，我给他们来了一场"行为建模"，就是把这几个孩子每天晨间阅读中最值得肯定的行为总结成方法论，让这些行为被不断复制、优化、升级，最终产生指数级增长的教育效果。

我分别找来这几个熊孩子，给他们布置了相同的家庭作业："老师发现最近你特别享受晨间阅读时光，读得那么津津有味。从开学初废话连篇，到现在享受阅读的快乐，你是怎么做到如此大进步的？用文字总结出来供大家学习一下吧！"

"怎么做到的？"表面上看，自然是被孙老师盯着不敢吵闹，别无选择只能看书了。但若如此简单归纳，教育行为中孩子自身的力量就会被忽略掉，而教育真正的生长点便也会错失了——即便再是被迫无奈，他好歹也能配合着老师，并逐步由最初的被动接受到后来的主动参与。更重要的是，这一个多月中，这几个孩子的心路历程，都是一部部大戏，是翻天覆地的。

我的"总结"作业，目的就在于引导他们去思考，自己到底做对了什么，去看见自己身上的能量，更看见自我的成长。如此，不仅孩子自身的良好行为能得到复制强化，他们向全班同学展示的过程，还能将这种正确的做法放大，成为其他同学学习模仿的样板。

娃娃们把作业交上来后，尽管条理不甚清楚，归纳也并不到位，但我依然一一高度赞扬,并和他们一对一辅导提炼修改后,请他们在班级里做了经验分享,又把这些带着个人烙印的阅读经验配以孩子的姓名,在班级展示台高调展出。

我和我同桌比赛,看谁先读完同一本书。这样读书就像做游戏一样好玩。

——锦浩

看到大家都安安静静读书,我就觉得自己不能被同学们比下去,就也安静下来认真阅读了。

——瑞祥

当读完一本书,上台分享给同学们的时候,这种自豪感让我非常享受。为了多享受这种感觉,我就越来越能做到一到教室就主动阅读了。

——志昊

老师你总是告诉我们,多读书能越来越聪明。我读不进去的时候,就问自己"要不要变聪明?",然后就又能静下来读书了。

——夏雨

人都有被看见被肯定的内心需求。当在每个晨间的自觉阅读中不断被肯定被放大优点,甚至成为班级标杆人物,原先偷着讲小话带来的低级快乐,还怎么会入得了他们的眼?更高级的自尊自强自我实现的快乐,才是他们当下更渴望追求的。

而今天,当我准备撰文复盘这段经历时,我又将这招"行为建模"用在了全班孩子身上:

"咱们班晨间阅读的纪律越来越好,同学们也越来越热爱阅读了。孙老师打算就此写一篇文章总结一下咱们的做法,分享给更多的班主任老师和他们的学生。"

说着,我拿出了手机,打开语音转换软件:"你们有啥经验可不能私藏,快来快来分享,众乐乐一下呗!"

台下,孩子们小手一片林立,眼里闪着快乐的光。

窗外,杏树的枝头才刚绽出几个小红点,而阅读的春天早已来到了我们班教室。

学生评语：唤醒孩子内心的种子

期末学生评语作为一种质性评价，是班主任的常规工作，也是期末最令班主任们"脑壳痛"的工作：人数多工作量大，且要在短时间内完成，难免陷入雷同和词穷的境地。当然，在困境中突围的班主任也不在少数，特别是各种花式评语近年来常在期末时惊艳朋友圈，的确也是极富个性极有创意，值得学习借鉴。

做班主任近二十年，我一直非常注重评语撰写，即便近些年有了评语集成软件助力，网络上也不乏语词精妙的评语库可搬运照抄，但我一直坚持原创，且一生一特色，绝无雷同。在我看来，评语是一种师生间情感的流动，是一场生命与生命的对话，更是一次学校教育、家庭教育、自我教育之间的传递和接力。

一、功在平时：点滴积累，鲜活灵动

自开学初，我便备好了纸质笔记本，按学号分页码工工整整誊写了学生的姓名，用作学生的成长记录。这本本子是我进教室的随身携带物，但凡学生的进步之处，参与活动的惊艳表现，师生、生生相处的温情瞬间，我都尽量及时记录在册。同时我在笔记本电脑中设立了每生一档的电子相册，把值得珍藏的日常细节用照片、视频的形式记录并存入相册。如此，纸质加电子档案，便能真实及时且较为全面地保存下每位学生一个学期的综合表现。

到了期末撰写评语的时候，随手一翻，一段段文字，一帧帧画面，如电影倒带般呈现了每一个灵动生命鲜活的成长历程，只觉得胸中有千言万语倾泻而出，一两百字的评语又何在话下？

二、合理架构：讲求艺术，纸短情长

有了日常积累，评语撰写已不再是无米之炊。但食材配齐后，能否做出一顿色香味俱全的美味佳肴，既在掌厨者的手艺，亦在掌厨者秉持怎样的专业立场，包括有怎样的思维和观念。评语撰写，亦是这个道理，其中亦大有门道。

德国教育家第斯多惠说过，教学的艺术不在于传授本领，而在于激励、唤醒和鼓舞。我评语撰写围绕的核心理念也是如此——以尊重教育常识和学生成长规律为前提，以"唤醒""激励"为宗旨，以实事求是为基础，兼顾"内容"与"情感"，力求凸显教育的温度与力度。

评语的具体架构分三步走：第一步，凸显学生亮点优点；第二步，辅以生动细节刻画；第三步，提出成长期待。如此，既引导学生及家长看到闪光之处、潜能之点，又用具体事实帮助他们确认优点，形成积极自我概念，同时也帮助学生和家长从发展的眼光看待成长问题，明确成长方向。

小妍是一位性格内向成绩一般的女孩子，脸上也很少有笑容。她的妈妈也不止一次在与我沟通中流露出"孩子不聪明""很努力但是很普通"的消极观念。我也曾不止一次在与她的对话中肯定孩子，引导家长以成长型心态看待孩子。因此，我也在期末评语上大做文章：

> 稳重、专注、努力的女孩子啊，老师太喜欢你啦！老师特别喜欢你上课认真听讲的姿态，特别喜欢批阅你那端正书写的作业，特别喜欢看到你课间沉浸书海的样子，也特别喜欢你遇到难题主动与同学探讨的身影，特别喜欢你默默但尽责地完成擦黑板值日工作的姿态……这些奋进的点滴，这些动人的画面，这些对自我严格要求的品质，助推着你不断进步着成长着！相信只要继续保持努力保持善良，相信你

一定会更加阳光自信，更加幸福快乐！祝福你，好女孩！

瑶瑶是我们班最弱势的女孩子。因先天不足，她很难跟上课业，学科成绩仅在个位数，但为班级服务总是最尽心竭力的那一位。给她的评语，我是这样写的：

> 瑶宝贝，你是如此善良热情又可爱的女孩子啊！记得开学前，你就主动报名来为班级打扫卫生，哪怕汗湿了衣服也不管不顾，依然做得那么开心，笑得那么甜美！开学后，你依然热心地为班级服务，常常主动替植物浇水、为老师整理讲台，老师和同学都感谢你哦！学习上，你也在不断努力着，字写得越来越漂亮了，真好！老师想告诉你的是：拥有善良和真诚，勤劳和努力，你一定会有很幸福很美好的未来呦！

跳出分数，忽略孩子的缺点和不足，立足树人，浓墨重彩放大孩子优点，用更多正向的标签去雕刻孩子，教师所关注所赋能的方向，也会逐渐成为孩子和家长自信的力量源泉。而这份自信，假以时日，或许便会引发由量变到质变的生命状态跃迁。

三、云端发送：借力打力，亲子共长

回想自己的学生时代，班主任一学年只写一次评语，但即便如此，短短两三行的手写体，也是我反复拿出来读了又读的，见字如面的温暖和力量常常能激励我很久很久。

因此我深知一则高质量的评语对学生的影响力，早些年也一直坚持手写在学生的评价手册上。尽管工作量很大字迹也不很漂亮，但我却笃信手写体一定比铅印字更自带力量。

遗憾的是近些年学校评价体系改革后，要求采用电脑操作一键导入直接打印的模式。印刷体的文字，如何赋予其温度呢？我曾一边感慨技术进步对工作量的解放，一边担忧评语效度的打折。然而，2022年冬天，疫情下这个猝不及防的寒假却给了我新的灵感——

还未来得及完成学生的期末评语撰写工作，停课停学的通知便已然降临。期末考不考了，期末评价手册不发了，如此仓促且潦草，让我内心感觉仿佛亏欠了孩子们什么似的。

于是居家办公的日子里，我决定用行动补上心头的遗憾——我一边翻阅孩子的成长档案，一边一条条书写下内心的感动与期待，再朗读又朗读修改又修改，直到自觉满意后，再一条条复制粘贴，发送到了每一位学生家长的钉钉对话框中。

这种情感体验，原本更多是师生之间独有的，如今家长钉钉对话框的借力传递，无疑放大了教育的温情与力量，不仅让封控在家的孩子欣喜于自己被老师如此欣赏与关怀，在老师眼中如此与众不同，更是让家长们激动于孩子被老师如此珍视，于是引发了许许多多家长主动与我沟通教育话题和表达感激之情。

如给本学期高票当选副班长的小璐的评语，我是这样写的：

> 你是个特别懂事且稳重的女孩子，老师特别想说一句：感恩遇见你！犹记得，开学初的班干部竞选，你自信大方，赢得了同学们的一致认可！犹记得，班级日常管理中的大公无私，为班干部们树立了好榜样！犹记得，每一节课中你的专注听讲积极发言，为自己赢得了好成绩！那么多那么多美好的画面，见证着这一个学期中你在如何出色且圆满地完成任职工作！无论个人学业成绩还是班级管理工作，你都是当之无愧的班级领头羊！期待你利用假期多看课外书，做个腹有诗书气自华的美女子！

然而当我把这条评语发给小璐妈妈时，立刻便接到了她满是惊讶的回复："老师，你的评语写得太好了！小璐在学校里真的表现这么好吗？"

"在家真的一天到晚气死人！""做事拖拉，喊她干啥从来喊不动！""脾气又总是那么差！"

一连串的感叹号带着情绪，而"一天到晚""从来""总是"这些词也直白地说明小璐妈妈的描述更多带着她的主观臆断，更暴露了这位家长的家庭教育存在很大的不足。

我一边自责于日常只关注到小璐在校表现的优秀，而忽略了对其成长环境的关心，一边又庆幸于终于洞见了孩子的成长困境。

"或许是因为我总是能看见孩子的优点，所以孩子也就自然而然越来越优秀了吧！毕竟我们嘴里的孩子什么样，她就真的会变成什么样！"我带着玩笑辅以偷笑的表情，把这段文字发给了小璐妈妈。

她沉默了很久回复我："的确，在我和她爸爸眼里她都是缺点。好像越说她不好，她就越不听话，逆反得厉害。看来的确是我们也要改变和她说话的方式了。谢谢老师提醒！"

于是，我一边与小璐妈妈共情，一边热情地与她分享小璐更多的在校优秀表现细节，同时也不断引导她尝试换种思维方式陪伴孩子成长。最后两方相谈甚欢，并约定春暖花开去她家里坐坐，一起多多沟通孩子的教育问题。

而学困生小梦妈妈在接到我发去的评语后，则给我留下了长长一串致谢词，她说感谢我能记得孩子的那么多小细节，感谢我总是看见孩子的长处却很少提孩子的缺点，感谢我帮助孩子日渐自信。

读着这一条条热气腾腾的反馈语，我内心的感恩又何尝少于我的孩子们和家长们呢？在这样的评语传递接力中，不仅激发孩子们的自我认同感，帮助家长拓展教育视角纠偏教育理念，一样反哺了我的教育实践和情怀。评语发送拐了个弯，教育的效果大了N多倍，家校之间、师生之间的联结也愈发紧密了许多！

由此想到，除开把评语誊写或打印在评价手册上，及转发给家长，其实我们还可以尝试张榜公示在教室里，亲自朗读给孩子听，录制成语音发送给孩子保存等等许许多多让评语"飞一会儿"的活动，借仪式感之力，充分放大评语的激励效果，点亮学生的生命。

四、持续跟进：静态评语，动态教育

一般来说，评语撰写打印下发完成，班主任的工作便也完成了，至于评语产生了多大的教育效果，学校不会管，班主任不会过问，一切效果也就全在孩子和家长的个人修为了。但站在教育的立场上看，我们也许该再跟进一步去思考：

一则高质量的期末评语，便是一份很有针对性建设性的成长导航，既指明了学生的长处优点，也点明了学生的待生长点。而这一两个被写进评语的待生长点，往往也是学生成长最受制约的消极因素，同时也是学生依靠个人力量很难克服的困难，急需教师和家长扶一下帮一把。

就如我自己小学多年的期末评语最后，一直有一个词叫"戒骄戒躁"，而我那些年里也一直没有真正理解其含义，因此直到中学也没少吃"骄躁"的亏，直到入职后，才在一次次跌跤中才总算明白了小学班主任当年的用心，可惜那时悟性太差，家长和老师又都未真正点拨我。

因此，从某种程度上来说，期末评语的内容，便是新一个学期班主任个体教育的起始点。若条件允许，班主任可持续关注跟进，把"静态"的期末评语转化为"动态"的教育行为，由"期末评价"变为"教育接力"，从而真正实现期末评语的教育效能最大化。

如我在给调皮鬼小昊的评语最后写下了"自强自律，便得自由"的劝诫，其实是指向孩子期末复习阶段心浮气躁，早自习屡屡违反纪律说小话的现象。而春季学期一开始，我便重点针对孩子的这一问题进行了持续性的关注和教育引导，特别是安排他晨间负责记录班级早读情况，为他戴上了"高帽子"和"紧箍圈"。开学只一个多月的强化训练后，他便彻底改掉了爱说小话的坏习惯，成了名副其实的早读管理员，也因此赢回了自信，学习成绩进步明显。

五、优化升级：常态评价，全程育人

一提及评语，我们往往将其与"期末"这一特殊的时间节点联系起来，一学期一评价，已是约定俗成。但如果从学生的视角看，其实他们是非常期待读到老师对自己的评价语，或眉眼带笑，或羞涩抿嘴，或蹙眉深思，每一个意味深长的表情背后，都掩藏不住孩子真实而热切的期待，期待着从班主任的文字中看见自我的价值，获得成长的力量。我童年曾对班主任一学年只写一次评语颇为失望，便是真实的写照了。

因此，我曾创新尝试过多种形式的评语优化升级活动，将一学期一写作的期末评语分解到每个月，更多维度更常态化地记录学生的成长：如模仿借鉴《感动中国》节目组的做法，为班级评选出的"月度进步之星"撰写"颁奖词"并张榜公示；如教师、学生、家长三方合作，开展"周末评语"行动，每周五由我为每位学生撰写一至两句最有代表性的激励语，再由值周班干部送上同学评价，最后请家长反馈"评议语"，三方合力，让每周评语生成为强大的成长动力；又如拍下"周风云人物"的学校生活照，配上简短评语，打印后在班级相册展出等。

总之，学生评语是班主任与学生心灵沟通的重要途径之一，更是唤醒学生内心成长的重要契机，很值得我们去好好研究用心书写。尽管短短几句评语，或许无法让孩子在短期内就有明显改变，但仅仅为了那一份能在孩子心里产生的暖意和动力，以及家长心头涌动的信任和感恩，也值得我们用心去观察记录，用心去不断实践探索，不断推陈出新。

第二辑

师生沟通 2
——化解教育的隔膜

缺爱的孩子，我该如何去爱你

午餐铃声响起后，我一边埋头走向食堂，一边专注地听着线上讲座。冷不丁，一个高瘦高瘦的身影挡在了我眼前，吓得我连忙止步。

抬头，看见一张既兴奋又带着些许紧张的脸，眼里闪着光："孙老师好！"原来是已经升入初中的小言啊。我正想问问他近况，他却笑着指了指正远去的班级队伍，然后喊了句"老师再见"，便颠儿颠儿跑远了。

而后来的午餐时间里，不知道是不是时间上巧合，我与小言常能在食堂外相遇，而每一次，他都会脱离队伍飞快跑到我面前，喊我一声，再飞速归队，留给我一个快乐的背影。

一次次相遇中，我和小言的那些回忆，带着久别重逢的欢喜，一浪接一浪，将我温柔包裹——

他为什么总是发呆

开学一周有余了，尽管是新接班，但是孩子们和我似乎磨合得很不错，特别是语文课上，我还算轻松活泼的教学风格，很受学生欢迎，课堂气氛相当活跃，孩子们参与度也很高。

但唯独有一个人例外，他就是小言。

高高瘦瘦的他，坐在教室最后一排靠窗的位置。很多时候，我和孩子们正围绕一个话题展开热烈讨论，他听着听着，便把头转向了窗外，看着不知道哪一处风景，出了神。

一开始，我会明示他、暗示他，帮他集中注意力。可也禁不住每节课都这样啊。我去找其他科任老师了解情况，得到的答复是："常发呆！"

于是我把他叫到跟前，各种问：

"是不是孙老师的上课方式你不太适应？"

"是身体不舒服吗？"

"还是有什么心事？"……

他只是摇头，眼神黯淡无光，然后又低下了头。我发出的沟通信号，在小言面前，一直是单向的，有去无回。

我去翻了小言五年级的期末考成绩，各科都在良好以上，看来不是接受能力问题。我又观察他的下课表现，有时会找其他调皮的男生疯玩，有时把头埋在桌肚里看书，和其他男孩子也没啥两样。回忆我和他短暂的接触，好像也没有什么师生矛盾。那么，小言上课总是发呆的症结究竟在哪里呢？

我打算从孩子的家庭着手了解一下情况。打开孩子家长的钉钉对话框，我才意识到，此前有些状况被我忽略了——在小言妈妈的对话框中，只有我发出的一条条催体温打卡的信息，状态是"已读"，但没有只言片语的回复。而小言爸爸的对话框中，我的那些信息更是"未读"状态。消失的父亲和隐身的母亲，背后究竟有怎样的不得已呢？小言的上课走神，和这样一对不卷入他学习的父母，有没有必然的关系呢？

带着一连串疑问，我找到了小言的前任班主任。从她那里，我才惊愕地得知——小言是被领养的孩子，养父母离异了，小言被判给了养父。养父很快再婚，已经有了自己的亲生孩子。小言和养父关系很糟，倒是和养母很亲……

这真相中的每一个词，单独罗列，都曾出现在我往届的不同学生的身上，但当把这些词组合成一个孩子的身世时，那种揪心的感觉，让我拿着手机的手仿佛有了千斤重。

那一瞬间，我的眼前又出现了小言眼神迷茫望向窗外的一幕幕。若非心中有万千惆怅，一个十一二岁的少年眼里又怎么会有那么多忧伤！他课下常常在同学们面前疯狂尬舞的样子，不是在表达自己的欢乐，而是用小丑的姿态博人一笑，以证明自己的存在！想到这些，我的心头越发沉重。

如果我是小言，我最需要什么？如果我是小言的养母，我又需要什么？如果我是小言的养父呢？我所期待的又是什么？我不断切换视角，以一个孩子和一个家长的身份，从人性本善的角度出发，来看其中纠葛不清的关系，尝试理出头绪。

然后，我给小言妈妈发去了信息，表示想和她沟通一下孩子的学习问题。

大半天后，小言妈妈破天荒回复了我信息。她告诉我，尽管小言暑假里跟着她，但开学后孩子学习上的问题，希望我直接联系孩子爸爸。她说，她不方便参与。我猜想，她以为我是去告状的。

一个家庭结构特殊而心神不定无心向学的孩子，一个游离于孩子生活之外的家长，我怎么可能找她去告状？我用告状能解决什么问题？我真正想做的，是把她拉进孩子的生活，帮小言把缺位的母爱和缺失的安全感找回来。当一个孩子满足了安全需要和情感归属的需要，他才有心理能量去发展自我。而这之中，母亲的爱，是一个孩子安全感最直接的来源。

于是我向小言妈妈表示了理解，同时又暗示强化她作为母亲的身份认同，告诉她："孩子非常非常爱你！也非常想念你！"最后又问她："那我以后可以把孩子的学校生活照片分享给你吗？"我的善意，她欣然接受。

那以后，我便开启了疯狂"晒娃"模式：小言午餐负责分餐，我及时拍下照片，发给小言妈妈，配文"能干的帅小伙！"；小言担任背诵组长，我立刻又拍照发送过去，配文"我的得力助手呀！"小言的作文文采不错，我便又发给了小言妈妈"谁家娃？这么有思想！"……

渐渐地，小言养母从最初的只读不回，到后来的能回复我了，也会表示感谢和欣慰。而我呢，又总是及时把我与她的互动记录拿给小言看。此时无须多言，妈妈对他的关注，我对他的在意，读着这些互动画面，孩子心里怎么会不懂得？

在跟小言养母频繁互动的同时，我也一直保持着跟小言养父的联系。在小言复杂的家庭结构中，影响父子感情的因素其实有很多，但我无法一一介入。我不能恶意揣度，但我想为此做点什么。所以我与小言养父的互动主题只有一个，就是引导他不断看见小言身上的优点，暗示他这个孩子其实前途无量，帮助他在这个养子身上看到家庭未来的希望。

时间一天一天地过去，小言上课时的专注度也有了明显的提升。特别是，到了十月份，因各种忙碌和孩子的状态好转后，我渐渐减少了与小言养母的互动，她便常主动来联系我，问我孩子的近况。而负责接送小言的爷爷，有时也会在校门口跟我打听孩子的在校表现，等着我夸上他几句，这一切让我更是欢喜不已。

和我儿子用同款哦

入冬之后，小言的嘴唇因干燥而发了唇炎，口周一圈又红又肿。我估摸着家长可能没注意这事，便给他买了支润唇膏，跟他说："和我儿子用同款哦！"同时嘱咐他每天到我办公室涂两次凡士林杀菌消炎，又在放学时关照他爷爷，每天的水果要保证。

只一个多星期，小言的唇炎便恢复得差不多了。可是没想到，旧问题刚解决，新情况就又来了。

这一回，是他主动来找我，撸起袖子给我看："老师，我的手臂痒得厉害，我上课和睡觉时都忍不住要挠它。"

我凑近一看，好家伙，两条手臂上，指甲的抓痕一道道血红红的。而没被抓破的地方，一颗颗小红点张牙舞爪地凸起着，仿佛在和一些翘起的死皮争夺地盘。

"没妈的孩子真可怜啊！"我的内心忽地就闪过了这句话。小言这孩子的皮肤因干燥而过敏的情况，显然已经不是一天两天了。特别是想象着他晚上抓挠着痒处无法入睡的样子，我的心里说不出的滋味。

"这是干燥引起的皮炎，我儿子也曾经有过这个情况，擦点润肤乳就很快能好的。"我故意轻描淡写，心里好奇的那句"家长知道吗？"最终也没问出口。这些都是他心里最不愿被人碰触的痛，我能避开就避开吧。从我自己的角度想开去，能为他多做一点是一点，来自老师的无条件的爱，也是孩子成长的重要心理能量。这么想着，我便觉得自己既重要又幸福。

我从柜子里找出一支护手霜，示意他把一条胳膊伸过来，然后一边轻轻给他涂抹，一边叮嘱他："这支护手霜就送给你啦！我儿子之前的疹子，用这个涂了几次，就消失了。上午下午各一次，来我这里涂，晚上带回家，睡前再涂一次，自己记住了哈！"

让他到我办公室涂，我是故意的。尽管我是女老师，他是已经进入青春期的男孩子，一般这样的界限感我是很坚守的。但对于小言，我宁可边界模糊一些，因为他是一个渴求母爱的孩子，而我是一位母亲。他在我这里也许找到了一些母亲般的温暖，所以才会起皮疹了不跟家人说，先来寻求我的帮助和关注。如果给他多一些与我沟通的机会，也许就能一定程度上弥补他内心的某些缺失，让他体验到，他是被关注着的，是被宠爱着的。

除了盯着他每天涂凡士林，我还要求他："学校食堂不提供水果的日子，到我这里领一份水果带回家吃。"

同时，我还及时告知了小言养父，我给孩子用凡士林加水果治皮炎，同时提醒他："辛苦你也多关注一下噢，毕竟我不是医生，不知道我的土办法有没有效果！"小言养父向我表示了感谢。其实我这么做，要的根本不是感谢，而是他的重视。我依然不想恶意揣度他的心思，但我必须用我的委婉暗示让他明白，对小言还需要再上心一点。

过了几天，小言开心地来找我，说爸爸带他去医院检查过了，也配了药膏，应该很快就能恢复。

"爸爸多爱你啊，这点小皮炎，我就没带我儿子去看！"我说得眉飞色舞，努力用语言帮助小言建立着对养父的正向认知。

他笑得更好看了。看着他咧开嘴乐呵的样子，我的心里也跟着灿烂了起来。

穿婚礼西装的帅小伙

时光总是很不经用，仿佛我和小言才初识没多久，时间的车轮已经把我们带到了毕业季。

小言主动报名，成了六一活动的主持人，从活动方案的策划，到节目的组合编排，再到串词的撰写，他是主要负责人。历时一个多月的充分准备后，他与另外两位女主持人完成了一次完美的配合，也带给了全班老师同学一场欢乐的盛宴。

我坐在台下看着他，台上幽默中不失风度的主持，台下偶尔忍不住依然会扭起来的尬舞，以及脸上始终洋溢着的笑，我内心的满足感，和一位母亲看着自己儿子的欣慰，一般无二。

当我夸他"穿了西装真帅气"时，他羞涩地笑，然后不无骄傲地告诉我："这套西装是我爸爸和我妈妈结婚时穿的！"那一刻，我感觉自己眼角有东西，暖暖的，仿佛要滚落下来。

联欢会结束后，我给小言拍了好多张特写，连同活动中的精彩花絮，一并发给了他的养父和养母，我配文"小言越来越乐观开朗！越来越自信努力！孩子的每一分进步，离不开爸爸（妈妈）的关注和爱护！请允许我代表所有老师，向您说一声谢谢！"

在书写中，我的心随着回忆起起伏伏，多次泪目。在与小言的一次又一次重逢，在他灿烂的笑脸中，我的心又很快安放妥帖了，如母亲般欣慰。

如此想来，其实很多时候与那些缺爱孩子的沟通之道，最本质也最高效的，莫过于携一颗真挚的心，常常多问自己几句：

"如果我是孩子？"

"如果是我的孩子？"

"不一样小孩"，其实也一样

俊杰是老师、同学，包括同学们家长眼中，都很不一样的小孩。而我跟俊杰的初识画面，也很不一样。

三年前，他不在我班里，但因为"打人"事件，被两位家长拎到了我的办公室。两位家长还联名了全班家长，扬言要么俊杰转班或转校，要么就闹到教育局。因此，我以德育副校长的身份认识了他和他的父母。

在与孩子的班主任及其父母的多方沟通中，我了解了有关俊杰的更多信息：孩子才七个月时，妈妈就外出打工了，爸爸也很少陪伴孩子，爷爷奶奶则近乎溺爱。入幼儿园后，孩子开始出现攻击性行为，老师为了教育他，常罚他单独坐在讲台边上，也常不允许他跟其他小朋友玩。上小学后，孩子的攻击行为越发严重，严厉的爸爸常为此责打他，而祖辈则常会为了保护孩子而责骂俊杰爸爸。幼年母爱缺位造成的心理营养匮乏，规则混乱的家庭教养方式，不友善的班级氛围，不善言辞的个体原因，等等多种因素错综发酵，导致孩子的攻击行为日趋严重，最终引发了家长的集体联名抗议。

当时经多次努力，我最终平息了这件事情。没想到俊杰升入六年级时，申请重新做回班主任的我，居然被安排接手了他在的班级。由此，我和他"相爱相杀"的故事，便也一幕幕开启。

我们不一样，我们都一样

一日午间，我正批作业，手机上小艺家长的留言跳了出来："老师，你给我们小艺换个座儿,只要不是坐在俊杰后面,坐哪里都行!"

我眉头一紧。讲真,我有点抗拒其他家长来反映俊杰的问题。我承认,我是偏心的。但我没法不偏心。

第一学期开学才没几天,俊杰同桌的家长就强烈要求我给孩子换座位,无论我如何沟通都无效,最后差点闹得双方不欢而散。最终俊杰跟我做了同桌。之后的一整个学期里,他没有再与同学有大的矛盾,也连续多个月被评为"进步之星"。我原本还乐观地以为,无论是同学,还是他们的家长,都已经淡忘了这孩子"一直打人"的黑历史,也真的都以发展的眼光来看待他了。没想到,第二学期才开学几天啊,重新调整了座位之后,家长的意见就又来了!

但我也不能怪怨家长不够通情达理。家长有家长的立场,也可以理解。若非万不得已,一般也不会来麻烦老师。

于是我喊来了俊杰了解情况。但这孩子又开始四下翻白眼了。这孩子啊,如果真是他做错了,他是从来不赖账的。但一旦他觉得自己没错,你若批评他,他立刻就会陷入一种近乎癫狂的状态,不看人,不沟通,就是拼命转动眼珠翻白眼,像着了魔一般。

我告诉俊杰我只是了解一下情况,并没有批评他的意思。这孩子才慢慢恢复正常。

送他回教室之后,我又请来了小艺。她支支吾吾地告诉我,是因为俊杰总是爱跟她讲话,不管不顾她有没有时间,有没有兴趣。她不理他,他还要各种捣蛋,让她觉得很烦。

我告诉她,我很理解她的困惑,也许她的想法有一定代表性。我说我想把这件事情放到班级里探讨一下,听听更多同学的想法。她点头。

这样的处理方式,已经成为我们班的惯例。一旦遇到自己解决不了的问题,我们常会开个微班会,邀请同学一起参与话题,一起商量解决办法,让每一个参与的个体都在这样的互动对话中获得成长。

所以,在同样征得俊杰同意之后,利用午休时间,我们开启了这场微班会。

我把我和儿子的故事讲给孩子们听:"前几天,我儿子跟我讲起,他们班有个成绩很差的同学跟其他人'很不一样',他总是打人,也打过我儿子。因为这个同学'很不一样',所以没人愿意跟他做朋友。请大家帮我出出主意:作为母亲,这个时候我该对我的儿子说些什么呢?"

有孩子建议:"不要理他,远离他。惹不起,躲得起。"

有孩子说:"如果他动手打人,就告诉老师,老师会狠狠罚他的。"

也有孩子说:"也可以让自己家长找他家长,让他家长教育他。"

我不置可否,只是默默地把他们的建议用红色粉笔一一写在了黑板上。

"谢谢你们的建议!其实这些话也在我脑海里闪现过。但我是一位母亲,所以我不由自主地就想到了那位'很不一样'同学的母亲。然后我再读这些建议时,心里就很难受了。"

孩子们面面相觑,不知道我究竟想表达什么。

"我们前不久刚学过毕淑敏的《将心比心》,那我们就也来'将心比心',想一想,这位母亲会希望我对我儿子怎么说?"说完,我把"将心比心"四个字,写在了红色板书的右边。

这个问题对于他们来说,其实是有难度的。而这样的难度,恰恰是很有意义的。我当然也可以直接告诉他们,应该怎样想怎样做,如何做是不对的。但这样的单向说教和灌输,能入他们的心吗?能改变他们的思维模式和行为模式吗?答案显然是否定的。

所以,我把难题抛给他们。班级的价值之一,就是让班级成员在群体交往中实现发展。针对班级中像"究竟该如何与俊杰相处"这样真实而有共性的问题,把问题交还给班级,让学生与同学在合作探究问题的过程中,通过个体思考和群体合作来敞现自我,引发新的思考和收获。我相信这样的收获,会是真实而深远的成长。

在近五分钟的小组讨论之后,孩子们开始纷纷举手了。

有孩子建议我告诉儿子:"他有不会的题目,你就教教他。"

有孩子建议:"可以提醒他遵守一些规则,这样就可以玩到一起了。"

还有孩子说:"其实不要总盯着他哪里不好,他也有他的优点的。"

……

这一次,我用绿色粉笔把建议一一呈现红色板书的另一侧。

"如果这位同学的母亲能听见你们如此友善的话语,她一定会很感动,感谢你们的宽容和大度!"我边说,边在绿色粉笔字的边上,写下了"宽容"和"大度"。

我又指着那一行行红色的板书:"宽容大度的同学们,请一起再看看,这里的哪些建议会让那位母亲觉得很受伤?就请你上来把那些会伤人的建议擦去!"

话音刚落,小手一片。几个受邀的孩子健步冲上来,争抢着黑板擦,要擦去那些字。

"小玲,你为什么要擦去'不要理他,远离他'?"我追问着。小玲想了想,告诉我:"他再调皮,也是班级的一员。我们不应该孤立他,而应该帮助他。"

"小明,你为什么要擦去'如果他动手打人,就告诉老师'?""我们可以跟他好好沟通。事情不严重,其实也不需要报告老师的。"

"小强,你为什么要擦去'让自己家长找他家长'?""那样他的家长一定会很伤心。小朋友自己能解决的事情,就不要让家长出面了。"

……

我没有多说话,只是反复追问一个又一个急着要擦去红色板书的孩子们。因为我深信,孩子的思考和回答,自带力量。

当黑板上那一行行红色的字迹都被一一擦去后,我如释重负。再看孩子们,眼角分明也都是上扬的。

到此,我相信对于小艺,包括和小艺一样对俊杰有着别样眼光的孩子来说,也许多多少少会通过我儿子的故事有一些代入感,和一些观念上的动摇。但,这样的动摇,依然只是表层的,即便观念上认同了我,但当面对俊杰的小调皮时,他们固有的思维模式就又会影响他们的判断和行为。

于是,我跟孩子们分享了我当时对儿子说的一段话:

"他是和你们'不一样'！你轻易能背出的课文，他花上几节课也背不出；你轻松拿捏的奥数题，把刀架在他脖子上他也不会做。那些看起来和你们'不一样'的孩子，背后也有跟你们'不一样'的疼痛：他们往往自卑，又往往在班级里没什么朋友。但他们其实和你们'一个样'！他们一样渴望被关注，一样渴望友情，一样渴望被尊重。所以他们就会采用你们看起来'不一样'的行为，来引起大家的注意，来捍卫自己的尊严，来证明他们跟你其实'都一样'。其实这些'不一样'的行为，恰恰是他们缺爱的表现。"

这些话，我那天说给了我的儿子听，今天，我觉得也很有必要说给我的孩子们听：

"所以，我建议我儿子主动去靠近他，主动和他做朋友。第一，因为他需要朋友，而我儿子是个阳光热情的男孩子，他有能力也有精力用友谊温暖他；第二，在尝试跟他做朋友的过程中，我儿子将慢慢学会如何与'很不一样'的人也能好好相处，这些技能是将来踏上社会与人合作的必备技能。所以，与其说是我儿子在帮他，不如说是他在帮助我儿子成长。你们说呢？"

孩子们听得若有所思，纷纷点头。

"一个调皮捣蛋的孩子，就是一个班级的宝贝！他能帮助班级里的每个同学、每位老师成长，当然，也包括每位家长！请你们把孙老师的话带给你们的家长，也请你们今晚和家长一起探讨一下这个话题！"

班级里的家长如何看待俊杰，关键点不在家长，而在他们的孩子——俊杰的这些同学们，是以包容的心态去接纳他，还是以固化思维去否定他。

聊完这些，我没有再找小艺，没再跟小艺家长对话，也没有给他们换座位。我不确定那晚小艺回家跟她家长说了什么，也不确定其他孩子会跟家长怎么聊这个话题。

但是那以后，小艺和她的家长也没再要求换座位。

哪个死老太婆批的？

一天批完词语听写，我先让组长领回下发订正，而后打算进教室批订正。谁知，我前脚还没跨进教室前门呢，就听见教室里传出骂骂咧咧的声音："哪个死老太婆批的？真是气死我了！"

不用把脑袋探进教室，我便辨认出了俊杰这个家伙的声音！又是他！我的心头一股火气腾地就上来了。

"至于吗？你错了一大片，倒成了我认真批改惹的祸？居然还敢这样骂我！简直无法无天！看我怎么收拾你！"我不由得心头火气，这就想冲进教室训他个劈头盖脸，可抬起的前脚终究还是收了回来。

尽管开学至今我一直在努力帮俊杰重立人设，但连续发生家长要求不想让自己孩子和他做同桌的事件，以及课间鲜少有同学主动和他玩耍的画面，一直在提醒我：这个孩子的班级人际环境，依然堪忧。

在这样的局势下，如果今天这件事我处理不当，那么很有可能不仅之前我的那些努力全白费，而且会加剧同学对他的敌意。特别是，万一孩子们再把他"骂老师"的事情拿回家添油加醋一说，这孩子的正面人设，怕是更难立起来了！所以，我这个"死老太婆"今天一定不能被他的情绪牵着鼻子走！

如此一想，我心头的火气早已消了，倒是生出了一些柔软的东西：以我对俊杰这孩子的了解，他这样的口无遮拦，倒真的不能上升到道德层面。他就像小刺猬，一遇到危险就习惯性竖起满身刺，这只不过是他的心理防御机制作祟而已。但这一点，我能看明白，他自己明白吗？其他孩子明白吗？说专业的话，做专业的事。这件事情，就是考验我班主任工作专业性的时刻了！

在给自己做完心理建设后，我假装生气地虎着脸站到了俊杰的面前，一言不发地盯着他看了约莫一分钟。其他孩子则吓得一个个立刻回到了座位。

而俊杰呢，先是两个眼珠子上下左右四处不停转悠，就是不看我，到后来干脆垂头自顾自做作业了。这时，我的脸色缓和起来，内心暗暗发笑。我了解他的，如果他自知做错了事，你批评他，他的眼珠就会开始不停地四个方向转悠，这是他紧张极了的表现。而他低头订正那一举动，其实是在自找台阶下了。

但我没有就此放过他。这孩子的人际沟通能力比班里其他孩子的确要弱很多，常常不懂如何控制情绪，不知道如何表达自己的想法，也因此极大影响了同学们对他的看法。所以，问题行为恰是最佳的教育时机，对他和对其他孩子来说，都是如此。

我让他抬起头看着我，但并没有指责他，而是把自己此刻内心真实的感受暴露给他："听见你叫我死老太婆，我心里很难受。"说完这句，我沉默了一会儿。其实我原本可以习惯性这样斥责他"你怎么可以骂我死老太婆呢！你简直太无礼了！"但对于他这样的孩子，批评指责意味的"你语言"只会激发他的对抗情绪，而表达自我感受的"我语言"也许可以引导他在安全的心理氛围中进行自我反思。

他意识到我的友善，眼珠不再四下转动，抬头看了看我，眼神里似乎带着一丝歉意。

我不忍心再继续拿这事做文章，其实我知道，他口里的怨气，并非真的针对我，只因他不会在遇到问题时进行合理归因，于是心理防御机制的作用下，他把听写错了一大片的责任，推到了我这个批阅人身上，借此来保护他自己的自尊，好让他的内心不那么难受。换句话说，他这样的"骂"，恰是他爱学习的表现。

于是我继续沉默着，走到电脑边，搜索到了"心理防御机制"的小视频，给孩子们，也给俊杰，科普了这一心理学知识。

最后，我告诉他，也是说给全班孩子听的："其实我知道你只是因为错了很多才不开心，这证明你很爱学习，很想上进！但你听写错了拿我出气，同学们就会误会你在骂人了！很多时候你和同学之间发生矛盾，就是这样引起的。其实你都不是故意的，就是没有找到问题真正的原因在哪里，才会惹来很多麻烦！"

我又看向全班同学："我们一起来帮帮俊杰吧，下次他如果听写错了很多，怎么说怎么做更合适呢？"

孩子们纷纷举手，给了他很多建议。有的说要反思自己，有的说抓紧订正，还有的说，实在想骂，就骂自己的水笔实在太不给力，净写错字……

一片笑声中，我与俊杰的第一次正面冲突，画上了一个温馨的句号。

私人定制的班会课

日子不紧不慢地过着，俊杰在班级里也慢慢有了几个朋友，但他课间最常做的事情，依然是找留在教室批作业的我各种聊天，有时聊刚出生的妹妹，有时聊他网上看来的八卦，有时则不断追问我："老师你批到我的作业本了哇？"

有一天，我又在讲台边忙着批作业，他趴在讲台一角，一本正经地对我说："孙老师，我知道你开的是什么牌子的车子了！我跟你说，你这款车子外观是挺好看的，但是其实有很多设计上的问题的……"然后就是语文课上学的"分点列举"现场运用版，把我的爱车贬得不值几个钱。

我早已习惯了他的说话没分寸，因此也没把他的话当回事，于是一边头也不抬继续批作业，一边玩笑他："你就吹吧！你懂车？"

"老师你去查好了，我说的百分百正确！我关注了很多汽车博主的号，我对全世界100多个汽车品牌都了解！"他急了，不带喘气地说了一长串话。

我停住批作业的手，抬头看向他："当真？"

他没有说话，转身回了座位，在课桌洞里翻找着。不一会儿，他拿着一本软面抄到我面前站定，"啪"一声，把本子拍在了讲台上："你看，我做的笔记！"

我一页页翻看，尽管除了认识上面的文字，基本上看不懂那些专业术语，但我已经很肯定也很雀跃，这娃真是个宝藏男孩啊！我怎么现在才知道他还有这一手本事呀！

几乎眼里要闪着小星星了，我咧着嘴朝他乐："如果你连续半个月不与同学发生矛盾，我就给你开个个人专场班会，让你好好展示一下你对全世界100多个汽车品牌的了解！"

其实相比开学初，他一整个学期的表现都已经可圈可点，因此也多次获评"进步之星"，可以说是班级里进步最大的孩子。但班级里一部分孩子似乎对他依然有些敬而远之。所以我也就特别想利用这个机会，一方面再约束一下他的行为，另一方面也给他搭建一个展示自我的舞台。

接下来的课间，俊杰在我身边转悠得更勤快了，他常捧着那本取名为"汽车大全"的软面抄，给我炫新做的功课。

"你这样备课，比孙老师还认真呢！到时候一定能亮瞎同学们的眼！"我总是笑眯眯地夸他，同时，我也更加勤快地喊他帮我做各种小事情。让他有事可做，有存在感可刷，他就不会再因想引人注意而去调皮捣蛋闹误会了。

很快地，一个月就过去了。在2021年的3月10日，班会课时间，俊杰带着些拘谨，带着他精心准备了一个月的笔记本，站到了全班同学面前，向大家展示他对世界名车的如数家珍。而我呢，则做起了他的助教，配合他的讲解播放着PPT。

那一节课上，同学们睁大了眼睛盯着眼前这个曾经在他们眼中"很不一样"的同班同学，而我的内心，很多很多无法用文字形容的感觉，不住涌动交织，百感交集。

特殊的礼物

那节专属班会课后，俊杰来我身边转悠的时间少了，他有时忙着和同学玩闹，有时又埋头在课桌前，不知道在捣鼓啥。而每当我想上前看个究竟时，他又总是把半个身子都挡在课桌上，就是不让我看。这幼稚又调皮的样子，惹得我总想笑出声来。

又有一天，我正在批作业，他又晃悠到了讲台边，又是"啪"的一声，将一张A4纸拍在了讲台上。纸上，一台手绘彩色汽车模型煞是炫酷，边上还写着"新年牛""全球唯一限定版""V10自吸5.2L双电"等词。

"这是什么？"我一脸好奇。

"送给你的！概念车！"他一脸豪气。

"你设计的？"我追问。

"当然啦！我还设计了很多别的款式呢！"他脸上写着得意。

"吹牛皮，早晚会爆的！"我接过话茬，逗弄着他，心里却又打起了算盘，"如果你真会设计这么好看的汽车，不能只送给我呀，要给全班同学每人都设计一辆，将来长大了，说不定真能送他们每人一辆呢！"

把他与全班同学尽可能多地正向关联起来，为他经营一个绿色共生的班级生态，我一直在不懈努力。而眼前的这台车模，则为我提供了一个几乎最佳的切入口。

"但是我有要求，你只能在学校里利用课间进行设计，否则谁知道你是不是回家模仿网图的呢！"我又激他。

"好！"他满口答应着。

那以后的课间，这个曾经爱惹事的臭小子可就忙开了，常见他埋头课桌前，对着一叠白纸画画涂涂。而他的身边，也总是围着一些吃瓜群众，时不时冒出一句："先替我设计啊！"

一个多月的时间里，他陆陆续续交给了我几十张设计稿，均是在同学的注目礼中完成的。

一个多月后的六一节那天，我把请广告公司设计装订的厚厚一本《未来汽车设计师手稿》送到了俊杰的手上，还作为六一联欢会的特殊节目，请全班同学传阅他的手稿。

手稿的背面，我请广告公司打印上了一句话："点燃一个梦想，成就精彩人生。"这句话，其实更大意义上，我是写给我自己的，也是写给班里孩子们看的。

如何通过每一个个体的努力，不断优化班级生态？如何摒弃"小我"，拥抱"大我"，以积极的善意的视角悦纳不同的思想和不同的行为？这些是一个班级中的每一个个体，教师、学生，包括家长，都值得深思的话题。

如今，俊杰已经毕业快一年了，上次看到他，也已经比六年级时高了近一个头。他老远喊我，眼神激动。我也热烈回应，心情激动。我也曾向他的初一班主任打听过他的近况，现任班主任告诉我："虽然有点调皮，但是很聪明，也很可爱，成绩也还不错！"

我对他千恩万谢，就像一位母亲感谢自己孩子的老师。至于俊杰的从前，我只字未提。那些带痛的成长，那些破茧的过往，就让它留在我和俊杰的记忆里，成为我们各自的独家记忆吧！

"喷火龙"灭火记

长得虎头虎脑煞是可爱的小龙，实际人如其名，是一只不折不扣的"喷火龙"。这不，才开学没几天呢，他就接二连三地给我上演了"火烧连营"的戏码——

为什么非要我吃花菜？

六年级起，孩子们都到食堂用餐了。几次午餐下来，各餐桌长纷纷反馈挑食问题严重。我权衡再三后，强势推进了一条班规——"午餐菜品务必平均分，争取人人光盘。"

没想到只第二天，因不爱吃花菜，小龙怒吼着"为什么非要让我吃花菜？"就掀翻了餐盘又大哭起来，吓傻了同餐桌的其他孩子。

考虑到食堂人多，且正是饭点，不是对话的最佳时机，我便选择了冷处理，让其他同学自顾自吃饭，不评论不参与。见无人理会他，他怒眼圆睁泪流满面了一会儿之后，便擦擦眼泪自己处理了餐桌，然后跟着队伍回了教室。

他那里安生了，我这里便也不想再找他谈话了。已经六年级，还会因"不吃花菜"这样的小事如此大发脾气，这样的情况肯定不会是第一次，所以这个问题也就不是我和他的一次谈话就能解决的。因此我更关心的是，小龙这样问题的成因是什么？之前已经采用过哪些教育方法？

那天下午我还有个会。临离校前，我估摸着他也饿得够可以了，自然惩罚法也该发挥作用了，便把他叫到了教室外，告知他："我办公室窗台上给你放了几包饼干,如果饿了,就去吃!"同时提醒他:"下次有话好好说。发脾气最终吃亏的是自己。"

那天会后,我与小龙的前任班主任取得了联系,得知:"这孩子脾气很大的,一个月大闹一次有的。五年级时还掀翻过讲台!同学们都怕他!"问及孩子的家庭,被告知:"有事情了都是孩子爸爸在和老师联系,妈妈没有接触过。"

我立刻翻出钉钉聊天记录,的确,开学至今,发给小龙父母的信息,爸爸还能回复,尽管会隔很久,而小龙妈妈那边则一直显示信息未读状态。

再三斟酌后,我给小龙爸爸发去了信息,以"照片+文字"的形式,向他呈现了孩子开学初的优秀表现,并肯定了家长的家庭教育。我的真诚和主动,很快换来了家长的热情回应。小龙爸爸给我发了长长的信息,还打来了电话。他告诉我,小龙二年级时父母离异,孩子判给了他。因为是大货司机,所以自己能陪伴孩子的时间很少。他说,爷爷奶奶不懂教育,有时很宠,有时又很凶,所以孩子脾气很不好。他还说,这是第一次遇到一个老师打电话去不是告状,而是去表扬孩子。他很意外,也很感动。

一个大男人滔滔不绝地向我这个未曾谋面的老师倾诉心声,被信任的暖意一阵阵涌上心头,对小龙不幸的童年遭遇更是让我一阵阵心头发紧。这个和我儿子一般大的男孩子啊,这些突如其来的情绪啊,是他向这个残酷现实的抗争啊!

想到这些,我终究没提及"孩子在校发脾气"问题。这是一位有心无力的家长,自责于离异单亲带给孩子的伤害,内疚于没有更多时间陪伴孩子成长,又苦恼于不知道该如何教育孩子。我若再跟他反馈孩子在校的不良表现,无异于伤口撒盐。若无良方赠予他,我的多言又有何意义呢?

于是,沟通的最后,我只宽慰小龙爸爸说,有缘做了孩子的老师,小龙也就是我的孩子。我请他放心,一定会尽我所能关心爱护孩子的。

他们不听我的！

谁知，午餐事件的第二天，小龙那里就又闹起来了。

这一天，按学号轮到他带队出操。原本我都是跟在队伍最后帮助维持纪律的，巧不巧，这天我有培训任务，小龙带队出操的时候，我还在办公室听网课，忘记了这茬。

而等我赶到操场时，大课间音乐已响起，而小龙却站在队伍外侧跳着脚大哭，可怜的跳绳被他甩出去老远，无辜地散乱在跑道上。

我走近他："怎么了，谁惹你了？"

见我关心，他开始一把鼻涕一把泪地跟我哭诉，说带路队的时候同学们怎样不听话，说他很努力地管了，但却没有用。说这些的时候，他的两只胖乎乎的小拳头攥得几乎要嘎嘎作响了。

看着他那委屈极了的样子，我竟然有一丝莫名的欢喜。甚好，他愿意倾诉！甚好，他有向上向善的心理诉求！甚好，他并非无理取闹，他只是不懂合理宣泄情绪和自我调适。

这么想着，我的心也跟着柔软了起来，立刻与他共情："看来真是受委屈了！这事不怪你，是老师的问题，我该跟着你的！"

其实我原本可以说上几句诸如"谁让你平时自己纪律不好，怪不得同学们不听你话！"之类的责备话，且这些也都是真相。但，这些"事后诸葛亮"的话，如果到了小龙的耳朵里，就等于在进一步否定和刺激他！此时最重要的，是得先安抚好他的情绪，如此我后面的教育他才有可能理性地思考和认同。

此前我已获悉，家长对于小龙的"发脾气"，一直是采取治标不治本的教育方式：或以训斥的方式与他对着干，企图以强权压制他；或用妥协的方式安抚他，只求灭火。等孩子情绪缓和，家长有时会直接告诉他下次应该如何如何，剥夺了孩子独立思考自我反思的空间；有时则避而不提后续该如何，平息事态便万事大吉。

而孩子之所以情绪激动，很多情况下，是遭遇问题时心理上缺乏自信和安全感，致使大脑预警系统——杏仁核首先启动，引发了本能化的攻击和防御行为。也因此，很多时候教育者需要变"以情绪为中心"的引导模式为"以问题为中心"思维，立足问题去培养孩子直面问题的勇气，引导孩子在思考"为什么""怎么办"的过程中，转移注意力，提升情绪自控力。很多时候，能力提升了，脾气也就没必要发了。

想到这里，我便开始尝试训练小龙从"解决问题"视角进行思考："兄弟啊，咱们得先想想，刚才你用了哪些方法？不管用的原因是什么呢？接下来咱们该用什么'招儿'去'治'他们！"

他知道我是站在他这边的，还带着泪痕的脸上愁云消散了一些，开始跟我絮叨他的苦恼：他说他用"吼"，他们不听；他说他让他们"停下来整队"，可是整完队才走没几步，他们就又乱了；他说他能想到的招儿都想了，实在没招了，就急哭了……

我绷住笑听，内心那个乐啊！这是多好的自我教育啊！这回这个熊孩子可算是知道其他同学带路队时的辛苦了。

于是我提醒他："那你回忆一下看，其他小老师带路队，哪些法子管用？或者老师带路队的时候，有哪些招儿你可以现学现用？"

在我和小龙商量定了几条带队策略后，大课间音乐也停了。等小龙整好队，我故意扯着嗓子跟大伙儿讲："小龙为了带好路队，都急哭了！这是多有责任心的小干部呀！今天晚餐得喊他爸爸给他加鸡腿！"孩子们听得大笑起来，小龙不好意思地也笑了起来。

回教室的路上，我故意掉队了，掉到几乎看不见班级的队伍了。因为我深信刚才我的那番话多少是能触动孩子们的心的。他们尽管调皮，却也善良。我不带指责的引导，他们一定懂得。而他们的这份懂得和善良传递到了小龙那里，便能成为巨大的能量。

回到了教室，我又故意扯着嗓子问大家："你们说，小龙回来的路队带得如何？"孩子们会心地笑，大部分孩子是明白我的用意的。他们有的竖起了大拇指送给小龙，有的报以掌声。

在小龙的憨笑中，我大声总结："小龙是用脑子在带队伍的，所以特此表扬小龙的用心做事，也表扬每一位同学的配合！"

弱化他的情绪失控行为，强化他的处理问题能力，柔化他与同学的关系，假以时日，他在这个我努力创设的有爱的班级生态中，一定能有很大改变的。我如此期待着，内心春光明媚。

为什么他们要笑话我！

果然没有一蹴而就的教育！这不，我这里正为自己此前"路队事件"的高明处理而自鸣得意呢，只没几天，小龙又再次喷火了！这一次，仅仅是因为他听写词语错了很多，有一位同学玩笑了他一句，他便推倒了自己的桌子。

我赶到教室时，他正坐在孤零零的座位上，已经哭得气都快喘不过来的样子。他的周围，除了散落的书本，就是翻倒的课桌，而原本坐在他周围的同学早已都躲得远远的。

看着他那样，我既无奈，又心疼。

我拉起小龙的手："走，咱们换个地方说话！"他依然哭泣着，胸口起起伏伏的，却也很听话地由着我牵着他的手，一起来到了隔壁空无一人的图书馆。

"孩子，还记得上次咱们带路队是怎么打了个翻身仗的吗？你坐在这里好好想想，下次如果他们还说你，你除了发脾气，还可以如何'治'他们！"我引导着他把注意力转移到问题本身中，"我呢，去教室替你出气！"

说替他出气，我是真话。任何问题行为的转化，其实都是一个系统工程。小龙的问题，不单在他自身的情绪调适能力，不单在家庭，也在班级人际环境。如果能减少班级环境中的刺激源，小龙的应激反应一定会少很多。

我很严肃地和全班孩子对话了"小龙总是发脾气，我们有没有责任？""如果他是你的小弟弟，在他遇到困难的时候，你该怎么做？""有没有比躲避他更温暖有力的方式？"等几个问题。

聊这些的时候，我内心是沉甸甸的。小龙这个二年级起就缺少母爱的孩子，比同龄家庭结构健全的孩子，要敏感许多。由于缺爱，他很容易就接受了我的那几片饼干和那些宽容中的善意，而当面对同学的嘲讽和为难时，他的反击也会比一般孩子凶猛很多。与其说他是在发泄，不如说他是在用这种方式来自我保护。他就像只刺猬一样，稍微的风吹草动，便竖起满身刺，扎向每一个他自认为的威胁对象。

我告诉孩子们，我自己小时候也是这样一只刺猬，因为害怕被伤害，所以我常常选择先发制人。而其实我真正想要的，是身边人的理解，帮助，是懂得我假装强势背后的脆弱，是用善意温暖我感化我。

我问他们："如果我这只小刺猬是你的同学，你们愿意帮助我收起满身的刺吗？"他们忽闪着眼睛纷纷点头。于是我和他们约定，由他们负责给小龙创造一个温暖安全的班级氛围，由我负责引导小龙学习情绪管理技能，我们一起合作，帮"喷火龙灭火"。

最后，我请孩子们写下最想对小龙说的一句话："如果你是小龙，你最希望听到同学对你说什么呢？就请你这样对他说些温暖有力量的话吧！"

孩子们有的向小龙道歉，表示以后想和他做好朋友；有的解释自己不是讨厌他，只是害怕一不小心就惹到了他，所以才远离了他；还有的说理解小龙的感受，建议小龙可以换种方式和大家沟通……

我把这一张张饱含真诚的纸条塞进了信封，交给在图书馆已经基本情绪平复的小龙。我相信这些同伴间真诚交流的话语，真实的反馈，多多少少能帮助小龙跳出自己看自己，意识到同学疏远的真正原因，和同学内心真正的期待。这些文字对小龙的触动和影响，一定比我的说教更直接也更深远。

看着小龙一张又一张读着，脸上时而晴时而阴，我的心情也跟着起起伏伏。小龙的问题，终究不是简简单单用"善意"和"温暖"能解决的。师爱，是艺术，更是科学。如此复盘着自己此前的教育行为，我觉得自己需要做的还有很多。于是，我给小龙布置了两个作业，一是好好读每一张纸条，好好珍藏这些纸条；二是上网查阅情绪调适的方法，第二天与我交流。

其实我也可以很优秀！

第二天一到校，我便找到了小龙。在教室隔壁的图书馆，我和他分坐在阅读桌的两个直角边，以既不对立也不疏远的距离，开始了交流。

情绪调节主要分为两大类，内部调节和外部调节。内部调节，主要指生理调节和心理调节；外部调节，主要指个体外部的人际关系和社会关系的调节。

要帮助小龙学习情绪调节，我打算首先和他一起找到产生愤怒的根本原因，从内部纠偏他的观念。我让小龙一一回忆最近让他觉得特别愤怒的事情，我则负责一条条记录归类，结果发现无外乎这几类：被否定时，被无视时，不称心不如意时。

我拿他三次爆发举例，告诉他其实原本我也可以学他样，用大发脾气来对抗他惩罚他。但我选择了心平气和地陪伴他，耐心地引导他，是因为我知道不良情绪往往来自内心的不合理想法。所以我不会用自己的标准去要求别人，也就很少会为什么事情生气。

内部调节的第二步，是着重引导他掌握情绪调适的一些方式方法。我请他分享他摘抄的情绪自控法，还让他解说给我听。然后，他开始地跟我讲解他的自学收获，什么注意力转移法啦，合理宣泄法啦，虽然讲得疙里疙瘩，倒也有点那个味儿。

听完他的分享，我也给他讲了一个我的妙招——"数数制怒法"，就是在即将动怒时命令自己开始数数，专注地数，一直数到感觉已经不生气了为止。我还告诉他："这招我一直用在你们不乖的时候，怎么用怎么灵！不信下次你可以试试！"他听得又憨憨地笑。

我也笑，内心又开始有了几分得意。让他讲解给我听，又与他分享妙招，这个从"自学"到"教授他人"再到"互动分享"的过程，就是最有效的学习内化过程。

当然，这样的美好期待，没有系统训练，很难落地。于是我又把前一天设计打印好的表格递给了他。

"情绪自控达人"养成记

序号	今天让我特别生气的事件	我采用的情绪调适方法	调适结果
1			
2			

我和小龙约定，每次遇到愤怒事件，务必记录下来，事后和我交流。"遇事暴怒"是经长年累月大脑受负性刺激而形成的本能行为，如今只要不断正向强化，一样可以让孩子未经很好开发的理智脑一点点变强大。

而外部调节，在继续为小龙创设优质班级生态圈的同时，我则着重从家庭教育入手。

我和小龙父亲多次交流了我的一些想法：

第一，科学应对孩子的不良情绪。孩子情绪起伏剧烈的时候，恰恰是孩子最需要帮助引导的时候。家长最好先陪着孩子运用合适的方法调适情绪，再引导他思考，是什么原因引起了这种情绪？应该怎样解决这件事？下次遇到这种情况还有什么更好的处理办法？

第二，弥补失落的亲子时光。蹲下身来暂时退回到自己的童年时代，轻松专注的心情欣赏观察孩子的言行，培养和孩子相处的乐趣，去倾听和理解孩子的情感需要。当孩子的心理得到安抚，情感得到满足，情绪自然能平和许多。同时陪伴过程中也要常常告诉孩子"不管发生什么事，家人都爱他""不管遇到什么事都可以说出来"。这些话语里传递的安全感，对孩子来说，是非常必需的。

第三，引导祖辈改变教养方式。当小龙做错事时，不要随意批评或否定；在孩子发脾气时，一定要冷静处理采取忽视的方式，使其发脾气得不到强化；必要时，可给我打电话，由我替代祖辈与孩子对话，适时引导。

后　记

　　当我记录下这些文字时，距小龙最近一次"喷火"，已经一月有余。虎头虎脑的他，脸上总是挂着憨憨的笑，在课间扯着嗓门与同学嬉戏。愿意和他玩到一起的孩子越来越多了，他值得我发报喜信息的行为越来越多了，而他的老父亲回复我的信息也越来越及时了。当然，我也知道仅凭这一个多月，是很难彻底改变他多年积习的。下一次喷火，也许就在下一刻。但我一点都不担忧。这就是教育，这就是成长。慢一点也没关系，我们在一起，总会成长的。

当遭遇"搜题软件"

最近，一些关于"作业"的现象引起了我的注意：

镜头一：周一批阅《语文作业本》上的"小练笔"时，我发现有几位学生的答案惊人相似。我拿起手机一搜，软件上提供的答案，和这几个孩子的小练笔答案，情节内容神雷同。

镜头二：数学老师反映：家庭作业交上来，绝大部分同学都做得非常好，但一到检测，很多作业中掌握得很好的题型都翻车了。

镜头三：周末，一位学优生的妈妈发信息问我："最近是不是手机查资料的作业特别多？孩子做作业时总跟我们要手机。"

其实，如此镜头，何止二三？如此现状，又何止我班？但细细想来，也是正常——

懒是人的本性，而勤奋学习本就是逆人性的事情。尤其对于孩子来说，他们更倾向于玩耍，而不喜欢绞尽脑汁去学习。而搜题软件诞生后，只要将不会做的题拍照上传，几秒内就能获取答案甚至视频讲解，极大迎合和满足了部分孩子的现实需求。

然而，这种充满了"科技感"和"便捷式"且越来越"贴心"的软件，究竟是学习的"神助攻"还是"猪队友"？为了引领学生理性看待搜题软件和搜题行为，我在班级中系统性开展了主题活动。

一、问卷调查，敞现真实现状

为了解本班学生在搜题软件使用方面的真实情况，我分学生和家长两个维度编制了问卷，并鼓励如实填写。

在学生问卷中，数据显示 16.22% 的学生从不用这类软件；在使用搜题软件的学生中，"一看到难题就搜答案"的占 5.41%，"解答难题后校对答案"的占 32.43%，另有 62.16% 的学生则"在做不出难题时搜题寻找思路"。调查也显示，学生在四门主课上均有搜题行为，但主要集中在数学和科学学科，语文的阅读和小练笔是搜题的"重灾区"，而英语学科搜题现象最为少见，这与英语家庭作业主要是抄写和背诵有很大关系。但在使用软件过程中，调查显示学生普遍关注答案，而很少听讲解过程，这与讲解过程普遍需要付费有一定关系。

家长层面，调查显示本班家长对于孩子"搜题"行为也存在不同认知：有家长认为"是好帮手，给孩子解题提供了多种思路"，也有家长认为"自己无力辅导孩子作业，搜题软件能帮助孩子答疑解惑"，其中 72.69% 的家长则认为"助长了孩子的偷懒习惯，还有一定的作弊嫌疑"。在针对"您是否知道该如何科学合理引导孩子使用搜题软件"一项的调查中，近九成的家长表示"不知道"。

尽管"填表说明"中我强调了"这是无记名填写"，希望"如实填写"，但不排除有部分学生和家长因心有顾虑而粉饰了答案。换句话说，以上相关数据只能部分呈现我班学生使用搜题软件的现状，而真实的情况很可能要更不容乐观。因此也足见我作为班主任及时进行系统干预的重要性。

二、微班会对话，明晰利害关系

以问卷数据为教育资源，我在班级里开展了"搜题软件：是'神助攻'还是'猪队友'？"主题微班会。

第一环节：呈现调查数据，畅谈真实内心。

当相关数据一一呈现在大屏幕上时，孩子们面面相觑，大家都猜不准我葫芦里卖的什么药。

我告诉孩子们："今天不是批评，更不是批斗，而是对话，是探讨。成长中我们会遇到各种各样的问题，今天我们就一起来直面问题，运用集体智慧解决问题！"

大家这才交头接耳议论起来，然后在彼此尴尬又调皮的相视一笑里，防备心理渐渐松懈下来。孩子们一个接一个举手发言，表达自己对搜题软件及搜题行为的真实想法。

第二环节：开展自由辩论，辨析是非利弊。

在自由发言中，孩子们多元的想法一一呈现，但究竟孰是孰非呢？道理不辩不明。于是我请孩子们根据事先准备的辩论材料自由选择站队，然后开展了一场不限人数不限规则且允许随时改变立场的自由辩论活动。

辩论中，正方和反方的观点都很鲜明：正方认为，搜题软件能及时准确提供解题思路和答案，能提升学习效率；反方则认为，搜题软件的便捷性，容易导致思考能力退化，产生已经学会的"错觉"，养成依赖心理，从而影响学习成绩，且搜题软件的正确率也达不到百分之百。

在辩论伊始，正反方人数几乎相差无几，但随着双方"火力交织"渐入白热化，越来越多正方辩手"投诚"到了反方，到了最后，原本正方最能言善辩的几个孩子，也抵不过"群众的压力"，迫于无奈也跑到了反方站队。

至此，一场剑拔弩张中不失欢笑声的辩论赛，以正方的全部弃甲倒戈而宣告"搜题软件是'猪队友'"的观点胜出。

当反方队长兴高采烈地将黑板上辩题中的"是'神助攻'"几个字划去时，我明白真正的教育才刚刚开始。

在非黑即白的观念之外，懂得辩证地看待问题，这才是生活的大智慧。对于搜题软件，我一样希望如此引导学生去辩证思考和理性面对。于是，我对本次辩论赛做了总结发言：

"首先，作业不怕错，你的错误是我的教学资源，也是你的成长起点。作业怕的是不思考，如果你用搜题软件交给我的答案是对的，但你其实并没有真学会，这会误导我，第二天就不会再重点讲解你未掌握的知识点。最后我把握不住学情，你掌握不了知识，你吃亏，我也吃亏！

其次，如果你搜题了，非常欢迎你分享给我。可以先写下你自己的答案，再用不同颜色标注你搜来的答案及思路，既能让我掌握学情，也能为我提供更多的教学思路。你受益，我也受益！"

第三环节：同伴互助，共商作业公约。

最后，我明确表示："我们各位科任老师一致意见：并不严厉禁止使用搜题软件，但须明确使用方法。"然后引导学生以小组为单位，共同商议班级作业公约，希望通过这种学生议事的方式引导学生自我反思自我教育，在同伴互助中形成共识。

最后，孩子们在小组讨论的基础上由班委进行汇总，并交由我把关审核，形成了我们班的《家庭作业公约》。

1. 作业错了不丢脸，错误也是资源；不思考就搜题才丢脸，骗了老师骗自己！
2. 搜题之后，记得标注△，并用铅笔誊抄解题思路哦！
3. 以"搜题"为名玩手机，是很羞羞的事情啦！

三、微视频发布，指导家庭教育

学生能否科学合理使用搜题软件，学校及时干预引导之外，关键还在家长的观念和行动。因此，在前期班级教育和相关内容搜集整理的基础上，我备了一节 15 分钟左右的家庭教育指导微课，内容包含"关于孩子手机'搜题'的再认识""孩子手机'搜题'，智慧家长这样做"两个板块。

视频录制完成后，我发布在班级群中，邀请家长利用碎片时间进行反复学习收看，期待能通过这样的形式指导家庭教育，更新家长观念，为家长提供好学好用的实操技能。

在第一版块中，我着重引导家长从积极视角看待孩子的"搜题"行为：首先，要看到孩子问题行为背后的正向动机，大部分孩子的出发点都是为了出色完成作业；其次，要看到此种行为背后的积极意义，科学合理使用搜题软件，也可以成为孩子的学习助手。

在"智慧父母这样做"版块，我则重点与家长分享了科学引导孩子将手机变成学习好助手的实操策略，具体包括：

第一，和孩子协商确定手机使用规则。如规定时间、频次，尤其是使用的地点，要在父母目之所及处，方便父母了解情况，及时干预引导。

第二，冷静面对孩子的"手机搜题"行为，洞察孩子手机搜答案的原因，是因为偷懒不想写作业，还是经过认真思考，仍然不会做这道题才求助手机的，然后再对症施药。

第三，协助老师落实《班级作业公约》。要求孩子首先独立完成作业，在确认孩子完成全部作业的前提下，允许对其中有难度的题目进行解题思路的学习查找，但要求标注清楚搜题内容，为老师提供真实反馈。

第四，若发现孩子频繁搜题，须及时与科任老师联系，家校合力共同发现问题，携手帮助孩子弥补知识漏洞或纠偏学习习惯。

第五，家长要多从正向角度肯定和鼓励孩子。要善于发现孩子作业时值得肯定的习惯和态度，帮助孩子逐步建立"独立作业→得到肯定→越发独立自觉作业"的正向闭环，引导孩子在积极的情绪状态中享受作业的快乐和成就感，孩子会更有动力和毅力独立高效完成作业。

最后，在生活小事中培养孩子的责任感，如承担某一区域的家务劳动，帮助父母做力所能及的事情等，日常小事中培养的独立自主和责任意识，是会迁移到学校生活中的。

四、联动科任，倒逼自我变革

"搜题"行为其实只不过是网络时代下"抄作业"现象的"进阶版"——可抄的途径更多了，抄到的答案更优质了，甚至还附带讲解，其质量有时甚至优于自己的老师。

如此现状，从教师角度讲，是挑战，却也是机遇，实际上在倒逼教师自身教学方式的升级迭代。因此，我联动科任老师，以学校大力推行的"双减后作业改革行动"为抓手，共同开展了系列活动：

第一，优化家庭作业质量，各科均着力设计个性化的开放性作业，以动嘴动手动脑类的实践作业来替代书写作业。

第二，升级托管辅导质量，我们立足学生真实诉求，参考各大搜题软件中的多样化服务模式，一方面组建"班级学科智库"，培训学科优等生为其他同学提供答疑解惑服务；同时建立"一帮一"精准化学业指导小组，为后进生私人订制有温度有针对性的个性化服务。

第三，建立优秀作业展评：突破原先的"唯正确率"评价标准，增加"书写质量""订正质量"等评价维度，多视角分梯队展示学生作业，引导学生将视角从原先的"做对才是好作业"拓展到"独立思考认真答题就是好作业"，帮助学生享受作业的快乐，培养成长型心态面对作业的错误。

至今，我们班围绕"作业"的系列化活动依然在继续，搜题软件也依然有学生在使用，但已很少有家长再来跟我告状孩子手机使用问题，各位科任老师也不再反馈孩子们"错得一样"，而我和孩子们也在这一过程中愈发明白：

随着时代的发展，会有越来越多新生问题和事物走入我们的生活。很多时候，我们不必"谈虎色变"，而要学会辩证地看待这些问题和事物，去粗取精，巧妙借势，就能"与虎共舞"，从而获得源源不断的成长能量。

老师，我不想欠你人情

晚托时间，我边复盘学生一天的作业情况，边乐呵。

的确值得乐一乐啊，这不，上学期最让我头痛的两位"拖拉斯基"，今天又准时过关了所有作业。

但我也知道，这几天的"准时完成"，很可能只是这两位兄台开学初的新起点效应使然，峰值也就在这几天，怕是很快就会崩盘了。这么担忧着，我看向柜子上的一盒巧克力，决定干点什么。

我先喊来了小军。

这娃一脸局促地站到了我面前，怯生生的双眼透过酒瓶底般厚的眼镜直视着自己的双手。他的两只手，握住，又分开，再握住，反反复复无处安放的样子。袖口磨损的毛线头，也跟着他的双手不停晃荡着。

小军家庭结构特殊，从低段开始，家长就不太关注他的学习。于是，其他同学埋头做家庭作业的时间，他总在玩手机看电视。一来二去，到了六年级，他基本上已经没法考到及格分了。

我跟自己说，不要总想着孩子过去有多后进，总是要以成长型心态来看待他们的。孩子是发展中的个体，也许过个年头真的就忽然懂事了呢："这几天批你的作业，我心情可好啦！不仅正确率高，而且书写是数一数二的漂亮。"我笑着夸奖他。

我这是真话。小军但凡做作业，无论只写三五个字，还是全部完成，字迹一直都漂亮得像印刷体。

小军依然低着头，不过紧绷的脸庞似乎舒展了一些。

我继续说："所以孙老师要谢谢你，这几天你用自己的努力学习带给了我美丽心情。作为回报，我请你吃巧克力！"说着，我把一包牛奶巧克力塞到了他的手心里。

小军的双手不再慌乱，而是轻轻握住了那包巧克力。

我让他看着我，然后问他这几天的心情怎样。他抿着嘴羞涩地笑，说了一句："很开心。"

"终于被你发现了，学习新知识其实是一件很开心的事情对吧！这就叫成长的快乐！那就继续像之前几天那样，坚持努力，然后每天享受成长的快乐吧！"我给他鼓劲。

小军依然抿着嘴，仿佛很快乐。我也很快乐，既为这孩子的进步，更暗自得意自己最后几句话总结得如此到位而深刻。

送走小军，我又喊来了大林。

和小军不同，大林这娃一进我办公室，就歪着脑袋，用好奇的眼神盯住我。

他总这样看人，你给他讲题目，他会这样看你；你批评他，他还这样歪着脑袋忽闪着大眼睛盯住你看。仿佛他没理解你在讲什么，又仿佛他早已把你看得透透的。

讲真，我很不喜欢他这样看我。但我更不喜欢的，是他说话的方式。

一次，我板书时写错了一个字，他在下面喊"这个字也会写错啊"。又一次，班级搞活动，孩子们给英语老师送去了很多小零嘴。被英语老师拖在办公室补作业的他对英语老师说："肯定不是他们自己愿意送来给你的！肯定是班主任让他们送来的！"英语老师后来跟我说，差点没被他气死。

这样的雷人语录，他还有很多很多。

于是我一边朝着他微笑，一边默默给自己做心理建设：千万别再想他的"斑斑劣迹"，否则我怕是会不由自主板起脸来。

我如法炮制，又把刚才对小军说的话说给了大林。

如小军一般，听完我的夸奖，大林这家伙的表情也灵动了起来。谁都爱听表扬啊，毕竟还是个孩子，高帽子一戴，立刻身板都站挺了不少。

我在心里暗自乐着，也给大林递上了一包巧克力，并且重复了刚才对小军说的奖励巧克力的理由。

我原本以为，这家伙也会跟小军一样，乐起来，很欢快的样子。可谁知，巧克力在他手里还没捂热，便被他还到了我的办公桌上。而且，居然是丢回来的！

那一刻，我脸色大变。几个意思？我分明感觉到自己心头一紧，又一热，完了完了，怕是又要被他点着了！

想到这里，我连忙调整呼吸，用力扯起嘴角，勉强露出一丝笑容："怎么？不要奖励？"

他的表情也是180度变化，小嘴嘟得老高，眉头大写的川字："老师！我不想欠你人情！所以我不要你的巧克力！"

这货一定是老天爷派来折磨我的吧？什么叫欠我人情？怎么这样不明事理？用词怎么会这样犀利？我额头的川字写得比他还大，真想扯着嗓门大吼他："你会讲话吗？给我出去！"

但，在心里默数了6个数后，我并没有那样做。

六年级第一个学期，我用了整整半年时间去努力，最终也没能真正走进他的内心。回过头来细细分析，其实我所谓的"努力"，含金量并不高。很多时候，就是在听见他这样雷人的话语后，我便忍不住气恼。然后，为了不至于让自己失态，我总是用"等你想清楚要怎样跟我好好说话，我们再交流"来草草收场。甚至更坦率地讲，几乎每一次，最后内心狼狈不堪的，都是我。

新学期了，他改变了，我也该改变一下自己了吧。所以这一次，我稳住了情绪，请他坐下来，然后带着好奇的表情问他："为什么说是欠我人情呢？"

他也不客气，一屁股坐在了沙发上，然后边歪着脑袋，边两手一摊："作业本来就是我该做的，做完了也是很正常的事情，不需要被奖励。"

呵，这话，不仅没毛病，而且几乎可以直接写下来作为至理名言了。

可怎么听着依然觉得别扭的。我在心里暗暗思忖，一定是因为我看他已经形成了负面评价的思维定式。这话要是班级里的哪个学霸讲的，我怕是会立刻誊写在黑板上，要请全班学生晨读暮省呢！

我这边正在反思自己，他那边又继续着阐述他丢回巧克力的理由："你一奖励我，我反而觉得不舒服，好像我是为了一包巧克力而学习的一样。"

得！这悟性，这境界，也是绝了！这哪是六年级孩子说出来的话呀？我感觉自己一时间都不知道该如何接话了。

想了想，我点点头："我明白了，你觉得学习本身带来的收获感，就是给你的最好奖励！"

他点头如啄米，仿佛我说到了他的心坎上。

就在那一瞬间，我仿佛一下子明白了很多，更仿佛觉得，我和他之间，不像师生，更像一场同龄人之间的对话。我无须再絮絮叨叨，更无须再用小奖品之类的雕虫小技，在这样一个孩子面前。

"上学期，你不是不愿意做作业，只是因为速度还不够快，所以规定时间内总是完不成。慢慢积累起来，拖欠的就越来越多，于是不知道该如何是好了，索性躺平了，对吗？其实你也很想认真及时完成每一项作业，想享受学习的快乐，对吗？"我分析给他听，又仿佛是在讲给自己听。

他的眼圈一下子红了，只看着我，不说话，泪水却一点点溢满眼眶。

我忽然好喜欢他刚才把巧克力丢还给我的那个动作，简直帅爆了！那一记丢的动作里，包含了他多少委屈，多少无奈啊！

我没有再多说什么，不想惹哭他，便请他先回教室了。

在批他的抄写作业时，我写下这样一句话："我会耐心等待、陪伴，我们一起享受学习的快乐！"

盘点完一天的作业后，暮色已四起。驱车在回家的路上，嚼着刚才被大林这孩子丢回来的巧克力，我的嘴里、心头，各种滋味。

同样是用巧克力做奖品，小军欣喜不已，而大林却铁面拒绝。这在向我昭示着什么？

一直以来，本着劳动成本最低化原则，我们往往习惯将同一种教育方法，作为放之班级而皆准的管理指南，用同一套话术，跟张三谈好再跟李四谈，赶明儿找王五赵六还是一样的起承转合。大部分情况下，孩子们都会频频点头，积极配合。于是我们就一边欣慰孩子的知错就改，一边陶醉于自己的教育智慧。

但现实是，虚心接受是绝大部分孩子的真实表现，屡教不改却也是大部分教育的真实结果。于是我们又总是抱怨"孩子越来越难教"，却很少刀刃向内，反思自己的教育方法是否真正对症下药——给孩子成长真正需要的，而不是我们想当然以为的最适合他的。

从马斯洛需要层次理论来分析，单亲家庭家境窘迫且父亲忙于工作很少陪伴的小军，其内心的需要，还停留在生理需要和安全需要此类缺失性需要的层次，因此，一块平时很少能吃到的巧克力，对他来说是极具诱惑力，也是很能带给他快感的。

但对于家境优渥且父母陪伴到位，阅读量非常大且很有主见的大林来说，底层的缺失性需要早已得到满足，因此一块巧克力根本没法在他心中激荡起涟漪。而他内心真正渴望的，是成长性需要，是师长同学给予的爱与归属感，是内在价值被尊重，是他的努力被看见被认可。

而这样不同成长环境和不同遗传特质造就的个体，其内在的不同，需要我们教师先要真正蹲下身来，倾听，看见，才会真正明白，孩子究竟需要什么，我们又该如何说，怎么做。

而这一切，是今天那个不想欠我人情的大林教会我的。

老师，请你把话说清楚

课间，批作业本，发现两处普遍性错误，一是把"五脏六腑中的五脏是指_____。"一题中"肺"字的右边部分写成了"市"，另有一概括的题目，概括完成后普遍没加句号。按照我班语文的批改惯例，错题我是留白的，等他们用蓝笔订正通过后，我再打钩，这样本子的页面看起来更整洁一些。

批改完一发下去，孩子们大都很认真地订正了起来。一阵忙碌后，一个个孩子拿着作业本上排着队来找我批订正了。第一本，没通过。第二本，依然没通过。一连几个批下来，我发现孩子们均没有发现问题的本质。

照抄也会错？而且错误率那么高！句子结束加标点都不会？而且屡次三番犯这样的低级错误！我的心头着实有点不悦，刚想扯起嗓门批评他们几句，却又想起了昨天的一幕——

也是课间，正批作业的我忽觉嗓子干痒，便请小吴"去我办公室拿一下水杯"。不一会儿，小吴拿着一个杯子来了，却不是我日常带到教室的保温杯，而是闲置在水槽边已久的一个玻璃杯。

我没多想便脱口而出："错了错了！是老师每天喝水带进带出教室的那个银色杯子啊。"似乎听出了我语气里隐隐的失望，小吴立刻连连说着"不好意思"，又急匆匆再次跑向我的办公室。

小吴脸上的愧色，让我立刻意识到自己失态了。原本就是我自己没有把话说清楚，才导致难得帮我拿水杯的小吴白白多跑了一趟，所以错不在孩子，而在我啊。

因此，当小吴气喘吁吁地把保温杯递到我面前时，我立刻跟他表示感谢，并真诚道歉："是老师刚才没讲清要哪个杯子，才害你多跑了一趟，不好意思噢！"

而再看看眼前的作业，和昨天水杯事件，何尝不是神雷同？

如果个别性错误，问题可能真的在孩子个体，而如果是集体性的错误呢？是否我也该像昨天那样反思一下自己：我把话讲清楚了吗？

第一题，题目问的是"五脏六腑中的五脏是指_____。"我没给孩子们圈出来错在"肺"字的右边部分。第二题，句子写完要加标点，我没在句子结尾处打个问号以示提醒。我的本意，是故意为难一下他们，让他们自己去一点点查找问题所在，由经历整个自我反省自我修正的过程，提升对答题细节的关注度。

类似做法，对于学优生来说，或许是有效的。这部分孩子本就具有极强的自查自省能力，便也能如我所愿地发现问题的症结所在，同时也能借此曲折经历长了记性。

但对于那些学业中等，尤其是学习力较弱的孩子来说呢？却似乎适得其反！他们翻来覆去也找不到错处，或绞尽脑汁独自苦恼，或跑来问我："错在哪里？"然后保不齐就换回我的一句："你用心订正了哇？错在哪里都不知道！"如此一来，那一边，原本就小透明甚至是弱势的孩子，在来来回回寻寻觅觅中越发畏难，也就越发消磨了对语文学习的这份热情。而我这里呢，被这反反复复的低效订正一样拖累得不堪其烦。

而直到今天我才忽然意识到，这师生各自负累的根源，只不过因我根本没有把话说清楚。

孔子有云："不愤不启，不悱不发。"意思是说，不到学生努力想弄明白，但仍然想不透的程度时，先不要去开导他；不到学生心里明白，却又不能完善表达出来的程度时，也不要去启发他。而我似乎只领会了其中的"不启""不发"，因为我觉得孩子们"应该懂了""应该会了"，我自然也就不需要再去"启发"他们了，如果还不懂还不会，就是他们自己的问题了，就该他们自己承担愁肠百转欲哭无泪的后果了。

但其实，是我自己常常忽视了，我所认为的"应该"，是带着很多我个人的主观臆断的。就比如我想当然地认为，小吴应该关注到了我日常喝水带的一直是那个银色保温杯，也想当然地认为孩子们都能把"句子结束了要加标点"这样的常识性知识如记名字一样熟识。却忽视了，成人（我）和儿童（我的孩子们）之间由于人生经历不同带来的认知水平、思维方式、心智模式等等差异，更忽视了同为儿童之间还存在巨大的个体差异。

前段时间在《聪明却混乱的孩子》一书中看到这样一段话："聪明的孩子之所以混乱，是因为他缺乏一些基于大脑的技能……你不可能让孩子去使用他们并没有掌握的技能。"换句话说，在这次作业中，"肺"字的正确书写，其实就是孩子们还没有掌握好的技能，而"句子结束要加标点"也是孩子们在实践层面还没有养成的习惯技能。另一个更重要的问题是，孩子们的自主订正依然错误，是因为孩子们还没有掌握关于"如何订正"的技能，而这，恰恰是我从来没有跟他们讲清楚的。

想到此处，我心头的不悦早已消散，取而代之的是深深的自责。

我找了前几次作业的典型错题拍下照片，又在黑板上写下了"如何订正一道题"这几个字，然后请孩子们回到座位："向大家道个歉，我意识到我至今还没有跟你们交流过这个话题。大家知道面对一道语文错题，应该从哪些角度去发现问题所在吗？"

"是不是做错了……""错在哪里……"孩子们七嘴八舌，却也是含糊不清。

我把拍下的照片一一呈现在大家面前，真正"不愤不启，不悱不发"地，引导着孩子们总结了如下四种检查思路：

第一，检查审题是否清楚。第二，检查书写是否正确。第三，检查格式是否规范。第四，检查内容是否正确。

我还告诉孩子们，前三种错，是依靠自己的能力可以解决的，第四种错，可能就需要依靠同伴或老师的力量来合作解决，也是听讲时要特别用心做笔记，课后也要特别花时间去复习巩固的。

至此，孩子们有恍然大悟状。至此，我的反思依然在继续——

其实，我的日常工作中的很多不必要烦恼，学生遇到的很多困境，有时就是因为我的没有把话说清楚造成的。

语文课前，我："做好课前准备！"语文课上，我："瞧瞧你们，《词语手册》又没有准备好！"学生：大部分纷纷埋头翻找。其实，我原本可以这样说清楚："下节课要用到《词语手册》哦！"

近几周家庭阅读作业，我："好好读《童年》！"昨天，我："怎么还有同学没读完？！"其实，我原本可以这样说清楚："今天，请大家读到第×页哦！"

出操路队七扭八歪，我："你们看看你们，怎么走路队都不知道！"其实，我原本可以这样说清楚："如果大家都能对齐前一个同学，我们整个班就能把路队走整齐啦！"

……

老师啊，其实把话说清楚，一点都不难，不是吗？

只要你把标准定得低一点，低到符合孩子们的年龄特点、认知特点，而不是用你想当然的标准去要求他们。只要你把自己的步子放得慢一点，在他们还没有掌握哪项技能的时候，别催着赶着，更不能设置不必要的障碍故意为难他们，而是如《聪明却混乱的孩子》中所建议的那样——把你的大脑额叶借给孩子！

如此，师生各自的负担，就一定可以再轻一点，而师生彼此脸上的笑意，也一定可以再浓一点。

当学生来"行贿"

课间,我正在讲台上埋头批改作业。阿强站到了我面前。

"怎么,记得来背课文了?"我头也没抬,继续批改着,同时没好气地问。毕竟已经要期中检测了,而他第一单元的必背课文还没过关。

他站在那里,没说话,也没动静。

我这才抬起头看了看他,只见他双手背在背后,一脸紧张。

没带语文书,看样子不是来背课文的。那又是来告谁状的?他的毒舌,我是领教过的,班级里大部分同学,也都领教过。

就在上周,他还把小涵告到了我这里。起因是小涵下课要找他玩,他不想跟小涵玩,就火急火燎地直接动手打人家。可他自己力气小,又打不过人家。见动武吃亏,他这才想到找我摆平事件。现在回想起这事我还来气。

更可气的是,当时我让他们两个自己协商解决问题。小涵很诚恳地主动跟他道歉了。可这家伙倒好,臭着一张脸对小涵说:"我只希望你以后不要再来靠近我!"

当时,小涵愣在那里。我也愣了。怎么会有这样低情商的人啊!为这点小事,就要搞得老死不相往来吗?

我跟他说:"小涵没有恶意,只是想跟你玩而已。你这样说话很伤人的!如果不能善意解读他人,会没朋友的哦!"

他回答我:"我不要他这样的朋友!"

……

回想上周他雷人的一幕幕神操作,我跟他对话的语气就好不起来了:

"说啊，找我什么事？！"

他又沉默了一会儿，然后两只手慢慢地，从背后挪到了身前。在他的手里，我看见了一个油纸袋，袋子里装着什么黑漆漆的东西。

他打开油纸袋，从里面拿出来了三个胶囊咖啡，递到我面前，直愣愣地说："老师，我看见你总是在喝咖啡，知道你喜欢喝。呶，这几个送给你喝！"

轮到我愣在那里了。脑回路如此奇绝的他，居然会关注到我喜欢喝咖啡？他演的这是哪一出？

我因为板着脸而僵硬的面部肌肉，一下子没缓和过来。但内心却各种翻江倒海。一时间，我词穷了。

抬头看他时，也看见了孩子们正将各种眼神锁定在我和阿强身上。

这一刻，我和阿强，忽然间成了聚光灯下的两个角色，而整个班级的孩子们，都在看我会如何往下接阿强这神来之笔。

又仿佛是这三个胶囊咖啡的魔力，我瞬间一个激灵：我以什么姿态对待这个孩子，其他同学也就会学着我的样子，那般对待他。我怀疑他的情商不在线，他的同学们，也就会这样怀疑他。也许，这三个胶囊咖啡，是老天派来给了我一个纠正自己的机会。

我双手伸向阿强，接过了那三个胶囊咖啡："谢谢你这么关心孙老师！你的礼物我收下了！"

在说这些话的时候，我脸上的笑肌也开始卖力地工作起来："孙老师身体不太好，午后会特别容易犯困，咖啡能帮我'续命'。而这一切，阿强都看在眼里。他用三个胶囊咖啡来表达对我的关心，其实也是在表达对全班同学的关爱。你们说，是这个理吗？"

有孩子带头鼓掌。稀稀拉拉的掌声在四下响起。最后，全班掌声雷动。

我和阿强相视而笑，沉浸在这一刻的幸福中。

末了，我问他："这玩意儿我只见过，没喝过。要怎么泡啊？"

他搔搔头："其实我也不知道。这三个是我爸爸买 KFC 的时候送的。

我家没人要喝，我就拿来给你了。"

刚才还沉浸在幸福中的我又一个激灵。得！这家伙的情商又掉线了。而那一边的吃瓜群众，早已笑得前仰后合了。

不过，这一回，我的心早已柔软了起来："其实，和你家里有没有人要喝无关！而和你心里有孙老师有关！"

孩子们的笑声中，我快乐地走出了教室。

回到办公室，我立刻拆开其中一个胶囊，配上牛奶，给自己美美地泡了一杯"阿强"牌咖啡。

手捧咖啡，感受着这独特的芳香，我心头的感觉非常复杂。我尝试把之前的一幕幕进行拆解、定格，去审视那一刻的自己和那一刻的阿强。

我仿佛听见了自己当时那不友善的话语，看见了那紧锁的双眉和紧绷的脸颊。面对迎向我的阿强，我的言行又在向他传递些什么呢？

因为他不善与同学相处，因为他作业总是拖拉，因为他敢当众抓我把柄，还因为他顶撞过所有科任老师……所以，尽管我一直自诩专业化的管理理念，但面对他的时候，却又总是第一时间切换到一种无意识的原始化状态，带着对他过往表现的固化认知，只去盯住他的缺点。于是，就像纪昌学射那般，被我盯住的那些缺点，也在我的眼里越变越大，最后遮盖了他身上诸如天文学知识丰富、对家人特别孝敬、尽管速度慢但是字迹端正等等优点。而那些被我一直盯住的缺点，在无限放大之后，不仅存在于我的心中，更外显在我跟他的日常交流中，也就慢慢融进了其他同学的眼里，心里……

我不敢再往下想，因为实在羞愧。更羞愧的是，我的反思，居然来自这个孩子的"送礼"行为之后！

晚上回到家，我把阿强送给我的另两个胶囊咖啡分享给爱人。并和爱人、儿子也分享了白天的事情，以及我的感受。

爱人大概碍于我的面子，只是很委婉地说："你又有故事可以写了。"

耿直的儿子却毫不留情面:"妈妈,其实这位同学挺可怜的。他肯定也想学习成绩棒棒的,只是他依靠自己的能力做不到。他需要老师和同学的帮助!妈妈,这些话是你以前教我善待成绩差的同学时,反复跟我讲过的。可是你自己好像忘记了!"

"直到他来'行贿',我才意识到!"我也对自己毫不留情面。因为实在是太羞愧了!仿佛只有这样狠狠地撕下自己的脸面,我的并不高尚的灵魂才能暴露出来,才会有机会被荡涤。

"这不是行贿!"儿子立刻接过话,"他喜欢你,才会这样做。这是他对你的爱!"

爱会唤醒爱,爱会点燃爱。我不知道这句话是不是哪位名家说过,但这一刻,我的心头忽然就反复涌起这句话。是的,我曾经因为只盯住阿强的缺点而日渐晦暗的心灵啊,就在今天这一个个被震颤的瞬间,被唤醒,被点燃了。

"牛牛(儿子小名),我上次给你买的天文学方面的书,你有没有还没看过的?我想拿一本去送给阿强。你说得对,这不是行贿,而是师生之间感情的流淌互动。他爱我,我也要让他知道,我其实也爱着他!"

还没等我把话说完,儿子已经飞奔向他的书柜,帮我找寻阿强最爱的天文学书籍。

望着孩子欢乐忙碌着的背影,我的眼前仿佛又出现了那个直愣愣铁憨憨的阿强。心头既酸,又甜。

我又对爱人说:"咖啡味道很赞!喝完后,记得把那两个胶囊盒子还给我。我要把它们带回办公室,放在最显眼的地方,让它们时时警醒我,鞭策我!"

是"制造痛苦",还是"追寻幸福"?

表扬课上,点赞同伴环节,抽到了平时沉默寡言又后进的小美。当她站起来的时候,脸红极了。我理解她内心的忐忑,她是语文课堂上从来不会举手发言、下课也从来不会主动靠近我的孩子。

红着脸的她轻轻地叫出了被点赞的同学名字。一个,两个,当叫到第五个人的名字时,全班哄笑起来。而我却愣住了——居!然!是!我!

孩子们起哄地喊着"老师,上台!老师,上台!"

于是,我在孩子们的哄笑声中,和其他4个孩子并列站到了讲台前。

惊喜之余,我发现自己竟然有些紧张,表情变得不太自然起来。毕竟从教这么多年,被学生当众表扬,还真是头一遭。

小美一句一句认真朗读着她的评价语。听着她轻声细语对其他4位同学的评价,我明显感觉到自己的心跳有点加快。我在心里不断猜测:等下轮到我的时候,她会赞我什么呢?以至于没太听清她如何赞美了其他几个孩子。

终于轮到我的"高光时刻"了!只听小美说,开学第一天过关假期背诵内容,在她最烦恼最不想背课文的时候,我对她说了一句"不要急,慢慢来,可以分几次背,我会等你的。"她说:"就是那句话让我充满了力量。"

我努力地回忆,但真不记得我曾经说过那样的话,只记得她是拖到快放学时间还没有通过的几个孩子之一。她背得很辛苦,我也陪得很辛苦。如今回想,在那个时刻,我的那句"不要急,慢慢来",与其说给她听的,不如说是在自我安慰。还有一个不得不提的真相是,开学第一天,我只是不想破坏师生新学期久别重逢时的美好感觉，所以一次次硬生生把已经到嘴边的批评话语咽了回去。

然而，对于小美，我如此简单的一句话，却成了她心中那么强大的一股力量，温暖着她，支撑着她，努力地背啊背，最终在五年级一整个学年都很少能完成单课背诵任务的"历史背景"下，一天内成功背完了六上整册书的日积月累。

回想那个傍晚，怪不得一向不靠近我的她，还主动拿着语文书来跟我求教其中一个字的读音。其实当时她身边有别的同学，她明明可以求助同学的啊。

一言天堂，一言地狱。这舌尖上的艺术啊，真真有着如此神奇的力量！

我牢牢记住了小美点赞我时羞涩又激动的表情，也牢牢记住了自己在那一刻的幸福体验。这种满足感，是登上其他任何一个更高规格的领奖台都无法比拟的。

因此，在后来的时间里，我谨慎地管理着自己的语言，字斟句酌地与孩子们交流对话，力求每一句话都多一点温暖与善意。

也因此，在本周一反馈"给同桌点赞"作业时，我有意邀请了几位比较后进孩子的同桌发言，尝试利用同伴的正面评价来给后进的孩子们一个发光的机会。

这群平时听惯了批评的孩子们，聆听着同桌真诚恳切的褒奖语，一时间各种萌萌哒：

有的双手在桌面上来回使劲揉搓着，不知如何安放才好；有的脸涨得通红、头快埋进了臂弯里；有的面部肌肉紧绷着，双眉紧锁着，好像稍一松劲就会落下泪来似的；还有孩子干脆用双手捂住了脸，不住摇头，似乎不敢相信自己的耳朵，也引得同学们憨笑不已。

我也跟着孩子们笑，内心却是百感交集。

心理学上说，促使一个人改变的，无外乎两股力量，为了逃离痛苦，或者，为了追求幸福。

曾经，对于小美的教育转化，我也算用心。深知批评的副作用，我很少对她进行负向评价。但，因为她着实不努力，散漫，一副无所谓的态度，我也真的很少去夸奖她。更多的时候，我会跟她讲讲诸如"你只要再勤快一点，就可以考及格啦"或者"你不好好在家背书的后果，就是留校背出再回家"之类的话，但这些不痛不痒的评价语，对于困境中的小美，也并没有真正起到什么教育效果。

其实可以想见，考不及格和被留校之类事件，最初对她而言一定是痛苦的，她也一定曾尝试改变自己，努力逃离这种痛苦。但，坏习惯的拖累、学习能力的制约、家庭教育的缺失，等等等等，太多因素限制着她的改变自我行动。而我却常常因为工作太忙，或者学生太多，而无暇在她身上花费太多时间精力。最有能力帮助到她的我，在她最需要我的时候，缺位了。

所以，最终，无力依靠个人力量逃离痛苦的她，她选择了向现实妥协，在日复一日的"被留校""被批评""不及格"中痛苦，沉沦，最终麻木。

所以，当小美为我这样轻飘飘一句话而当众赞美和感谢我的时候，我的内心既欢悦又羞愧。

欢悦于，小美用她真诚的话语和清亮的眼神，以及那天拼命努力背诵的行为，告诉我，即便我是个有时忽略了她的、不够尽职尽责甚至不够专业的老师，但她依然是如此信任着和仰视着我。

羞愧于，自诩看了那么多书，依然没法将理论与实践结合得很好。而小美这个看似有着很多缺点的孩子，却教给了我很多比书上所写的更深刻的教育真谛——

用或说教，或批评打击的方式去教育孩子，以期孩子能"知耻而后勇"并改变自己，往往只会把孩子推向更深的痛苦中。唯有那些心理上得到家长或老师足够滋养的孩子，才能笑对打击并越挫越勇。而对绝大部分并不自信的孩子来说，并非他们不渴望幸福，只是缺乏追寻幸福的心理能量，和靠近幸福的技术加持。

所以，要改变孩子的最好办法，不是为孩子制造痛苦，而是我们大人站在孩子的角度去发掘孩子的幸福点，耐耐心心地教给他寻找幸福的方法，并陪伴着他指引着他一步步靠近幸福。当他的内心有了力量，眼中有了目标，脚下有了方向，才会有信心有胆量迈出追逐幸福的步伐。

第三辑

家校沟通
——打造共赢的同盟

家校云沟通，隔空不隔爱

近些年，微信、QQ、钉钉等以其独特优势，逐渐成为家校最常用的云端互动方式。特别是当教师与家长不能面对面沟通交流时，借助云沟通能极大丰富家校沟通的渠道和方法，优化家校沟通效果。但云端沟通毕竟隔着屏幕，在沟通时间、内容及形式上，还有许多方面需要我们注意，才能真正发挥智慧教育的"智慧"，让家校沟通无界且有爱。

一、"粮草先行"，不打无准备之仗

前些日子与一位朋友聊天，说起孩子班主任，感觉她颇有微词。我的这位朋友说，她感觉孩子的班主任做事很"神经大条"，在班级钉钉群里发信息，常会出现错别字，一条通知后面还常会跟上几条补充通知，一看就感觉很随意。有时信息还在晚上九点以后或者早上上班时间匆匆忙忙发来，会导致家长漏看信息造成不便。

我自然用"老师太忙了，也情有可原"帮我的这位教育同行开脱几句，但内心却着实替这位小年轻班主任捏把汗。看吧，细节看似无伤大雅，却已经在一定程度上影响了班主任在家长心目中的形象，也就很有可能因此影响教师对该学生实施教育的效度。这里的蝴蝶效应，其实是巨大的。

那么，日常与家长进行云沟通时，我们需要注意点什么呢？简单来说，用一句话概括就是"不打无准备之仗"。

首先，备时间。

什么时候在云端给家长发信息最合适？若非事态紧急，还是应根据家长群体的工作性质及信息的内容而定。

首先谈谈通知的发送时间。如像我所带的农村班级，家长普遍都是进厂务工者，其中有多位家长的工厂甚至规定上班时间不能看手机。所以针对这样的现实特点，我就应该在家长方便看手机的时间发信息，如午餐时间，中午的十一二点，或者晚餐时间，下午的六点到八点。在这两个时间点，家长相对空闲，能及时阅读、回复或执行要求。而若只根据班主任自身的作息时间发送信息，不顾及家长的作息特点，便容易造成信息发出石沉大海的尴尬局面。其实很多时候并非家长不肯读不愿回复，只是他们恰巧没时间或不方便看手机。而且，这些不考虑时间因素而发出的通知，一则打扰到了他们的工作，二则也容易成为他们的思想负担，担心自己因工作关系错过信息。时间长了，难免对班主任工作存在怨怼情绪，影响到家校关系。

但若是私发给家长的是以"问题解决"为目的的，就不适合在午餐后和晚上发送了。科学研究发现，人在中午和黄昏以后这两个时间段的生物钟处于低潮，情绪一般比较低落。尤其是晚上，经过一整个白天的忙碌，教师和家长均已陷入疲惫状态，大脑会分泌一种神经抑制剂，使我们缺乏对事物的正确判断能力，所以在这段时间内人的情绪比一天之中的其他时间更加难以控制，很难保持完整的理性思维。因此，如果一定要云端与家长沟通孩子的问题行为，最好还是选择在上午的九点到十一点。人在这个时间是最放松、情绪也最高涨，因此也最利于有效解决问题。

当然，但个人还是比较不建议在云端发送"告状"信息。针对学生的问题行为，选择打电话或者家访等形式，家校双方能闻其声听其音，甚至能观其面，既能消除误会，也能更直接科学艺术地沟通对话，携手解决问题，助力成长。

其次，备内容。

发给家长的短信，第一，要注意文字的简洁性，不要写太多的内容，只需要把最重要的信息表达清楚就可以了；若内容较多，则建议分点表达，方便家长理解。

第二，要注意用词的科学性准确性，这样既可以让家长更方便理解，也体现班主任的专业性。

第三，注意口语化，考虑到不同家长不同的认知和文化水平，避免无法理解到位，造成工作打折扣。

第四，发送前先打草稿。为了保证信息内容的质量，我在电脑桌面上专门设置了一个文档，用来编辑和存储发给家长的通知信息等。一则有一个打草稿的过程，能极大避免文字内容的错误，二则每次信息留档，也能为工作留痕，提升工作的科学性和规范性。甚至早些年刚做班主任的时候，用校讯通给家长发送信息前，我还会把拟好的草稿发给同办公室的前辈们帮忙把关，多一双眼睛，就多了一份信息质量的保险，也就少了麻烦，提升了工作的实效性。

二、主动靠近，变"对立"为"同盟"

一般来说，类似钉钉、微信这类家校互动平台，最多为班主任们所使用到的功能，就是上文主要提及的发布通知，或沟通学生成长问题。但其实家校之间云端对话的形式和内容可以非常丰富多元，其对教育产生的正向作用，也可以被无限挖掘和放大。

我们县域内家校沟通的官方软件是"钉钉"，它有个很先进的功能，显示发出信息的阅读状态，发出去的消息家长看了没看，班主任一目了然。如此一来，初接这一任六年级时，有几位家长面对我日复一日的催体温打卡信息，却总是只读不回复，就着实令我尴尬了。

联系了前任班主任，被告知这几位是"老大难"，有时打个哈哈这回补上，下回依然不打卡不回复，有时甚至连老师电话都不接。可以想见，这样的家校双方"猫捉老鼠"状态，不是一天两天了。也因此也就不难理解，为什么这几位家长的子女，在校表现也是大大小小问题不断的。

家校关系冰冻三尺，自然非一日之寒。但我也明白，在家校关系中，很多矛盾都来自双方"站位""视角"的不同。当班主任和家长都只习惯于站立在自己的角度看问题，对于"体温打卡"这件小事便也很容易生出不同的理解，甚至因此产生摩擦。解铃的关键，不是去灌输家长"体温打卡重要性"，而是跳出事件本身，站立在"合作共赢"的角度看待家校关系，在每一件事件的处理过程中，时常让家长感觉"老师和我们是一条心的""老师是为我们为孩子着想的"。

当山不过来的时候，我便主动过去。于是，我不再每天盯着这几位家长催打卡，而是努力寻找家校关系的破冰点。

一次，开学一周天天不打卡的小瑞家长给我发信息，说孩子牙痛，没吃早饭，家长打算利用中午时间带孩子去看牙，问我哪个时间可以接娃。

我一接到信息就立刻心花怒放，哈哈哈，久等的机会终于来啦！我立马从日常为孩子们备好的零食堆里，拿了两个小面包和一罐牛奶，拍照发给小瑞妈妈，告知她不用担心孩子饿肚子，我立刻喊孩子吃早饭，并告知了接娃时间，又提醒她近段时间多给孩子补充维生素、多吃蔬菜。这几条信息一发出，立刻得到了小瑞妈妈的回复，向我表示感谢。

此后几天，我又针对小瑞的牙齿问题多次主动发起家校对话交流，同时还把孩子近阶段的进步点分享给家长，感谢家长教子有方。

那以后，小瑞家长的体温打卡就再也不用我催促了，不仅如此，他的爸爸还总是把孩子在家认真阅读课外书的视频发给我，只因我提了一嘴"这娃如果多读点课外书，语文成绩可以稳稳进班级前十"。国庆他们一家子出游，家长还发来照片分享快乐，并热情邀请我近期去家访。

还有原先不回复信息的俊林家长，因为孩子打篮球后汗湿衣服，我主动联系家长表示我对孩子健康的担心，并建议让带毛巾和可供替换的短袖。家长立刻回复信息便连连感谢，并表示"以后一定及时关注钉钉，及时回复信息"，此后也真的成了群中最热情主动的家长。

又如刚开学就因误会而对我言语不善的玲儿爸爸，因我次日不计前嫌主动分享他姑娘担任餐桌长的视频和照片，不仅向我道歉，还在班级群中总是点赞我的工作，成了我最铁杆的粉丝。

这样的例子，还有很多。曾经"神龙见首不见尾"的家长，只因一条我主动关心孩子的信息牵线，最终成为我家长联盟中最忠实的后盾。原因无他，只是我站立到了家长视角，满足了家长的内心期待，也就能不断影响和感染着家长，实现了真正意义上的双向奔赴。

三、多多点赞，经营家长的希望

在班级名册中，我专门留几页，用作记录我日常主动与家长钉钉私聊的情况。唯有及时记录，才会赫然发现，有部分家长其实比"缺位"家长更弱势，也更少能得到教师的正向关注。这一群体，便是学业后进孩子的家长。

这部分家长因自己孩子学业成绩落后而产生的自卑心理，导致其极少会主动联系老师，同时也习惯于接收老师负面的信息"轰炸"，随着孩子年级的增高，其中不少家长就极易出现"管不了了""由他去了"的消极心态和行为。刚子妈妈就是典型的此类家长。

刚子爱看课外书，所以脑子很活络，说起话来一套又一套，但这一切和他的学业成绩完全不成正比，尤其是语文和英语。尽管他能把"暗物质"的相关知识给我讲得头头是道，但却背不出一首完整的课内古诗，甚至连最基本的英语单词默写都默十个错九个。

更令老师和家长着急的是，这孩子非但不努力，反而把责任一股脑儿推卸给老师和家长，指责妈妈"管太严太凶！"，怪怨老师"总是把我叫到办公室盯着我翻倍补作业，烦死了！"……老师们称他是"没情商的孩子"，同学们也因此会笑话他，而他的妈妈也在他进入六年级后索性开启了"放任"模式，特别是在我送放学路队时，总是刻意回避着与我的正面接触。

我意识到，问题的关键可能已经不在孩子是否"低情商"，也不在孩子是否有学习内驱力，而是家长和老师如何看待这个孩子。尤其是家长和家庭，是孩子成长最重要的心理营养加油站，如果家长对孩子失去了信心，家庭对孩子的学业不再提供支持系统，陷入困境的孩子是不具备自我疗愈和自我强大的能力的。

因此，我把家校沟通的关键锁定为我的主动靠近和适时引导，以此不断经营刚子妈妈家庭教育的希望，逐步改变家庭生态，带动更多"齿轮"，由孩子自身的改变影响并改变其在校的人际环境。

于是，我变最初的"找茬"模式为"点亮"行动，即便一首古诗疙疙瘩瘩背了一节多课才背出，又或者听写十个词语只对了四五个，我依然及时把如"背得虽然慢，但是很有感情哦""订正越来越及时啦"等点赞信息私发给刚子妈妈，并适时分享一些语文学习的小技巧供孩子和家长学习参考，同时也不时现身说法，与她探讨与青春期男孩对话的一些小窍门。一来二去中，刚子的作业质量居然慢慢高了起来，尤其是字越来越漂亮，可见其学习态度在端正起来。

一次，娃的听写词语居然全对，激动坏了我，立刻拍照加文字向刚子妈妈报喜，感谢她在家中的用心陪伴。孩子妈妈发来一串大哭的表情，并告诉我，她也很激动，原来孩子前一晚居然主动找妈妈听了一遍又一遍，直到全对为止。

我看了感动不已："孩子这样主动，妈妈这样尽心，成绩怎么可能不进步?!"

孩子妈妈也激动地回复我："孙老师，如果不是你的鼓励，我都已经对这孩子彻底失去信心了！可是现在看到你们老师们都这样鼓励他，让我也改变了想法。你们这样关心着他，我这个妈妈也会做好自己该做的！真的非常感谢老师们！"……

后来的日子里，我和刚子妈妈借助钉钉私聊成了朋友，常常对话孩子的教育问题，一边彼此鼓劲，一边有商有量地共同寻找帮助孩子的办法。到了六年级第二学期，孩子的各门功课均有了不小的进步，特别是语文还考到了优秀的成绩，着实令我骄傲了好一阵子。

升入初中后，刚子妈妈在遇到孩子的教育问题，还常会找我求助。每次我也很愿意站在同为初一家长的视角，真诚地与她分享经验。当然，依然不会忘记时时经营她的希望，帮助她看到自身的力量，同时也不忘鼓励她，家长自身的成长才是孩子进步最坚实的后盾。

与家长电话沟通的艺术

电话是现代最常见的通信工具，也是班主任与家长相互沟通的重要渠道。但这种看似最常用最普及的沟通方式，其实也大有门道。

一、沟通前：建章立制，让家校沟通更有效度

在很多服务行业的电话礼仪中有这样一条："在听到电话铃声响起，应马上接听；若不能立即接听，也不要让响铃超过三声。"因为长时间无人接听电话，让客户久等，是极其不礼貌的行为。教育从"产业结构"来看，其实也属于服务行业。但我们班主任显然不可能，也做不到像话务员那般，总是及时接听家长的各种电话，否则工作节奏会完全被打乱，工作负担也会无限量加大。

因此，我个人的做法是在建班初期，就如"家长群"使用规则那样，与家长约定"电话沟通规则"：

1. 如有需要，欢迎您在每天上午的 8:20—8:40 及中午的 12:00—12:50 这两个时间段与我进行电话沟通。

2. 以上时间段若我没有及时接听电话，那一定是我在忙教学工作，请耐心等候，我会及时给您回电。

3. 我有需要，也会在 12:00—12:50 之间去电与您沟通；若您此时间段不方便接电话，请另行告知我具体时间，我会尽力配合您的节奏。

4. 如遇特殊情况，任何时间段都可以给我打电话，我将24小时在线。

　　5. 电话内容必须与孩子的学习成长有关，不接无关学习的闲聊电话。

　　6. 关于孩子"忘带"的电话就不要打了噢，"自然后果惩罚法"远比你的"特地送来"更有教育价值。

　　7. 如果要打电话找我"告状"，请先准备好孩子的5个优点。

　　8. 考虑到彼此都工作繁忙，单次电话最好不超15分钟。如有需要，欢迎来校面谈，我也很喜欢上门与您做深入交流。

　　以上规则，我首先从"时间"维度进行考量，既杜绝了家长全天候无边界电话"轰炸"的现象，也重点关注了人际沟通中"时间段"因素对沟通质量的影响——

　　一般家长比较喜欢晚上给我打电话，其实晚上恰是最糟糕的沟通时机。因为晚上抗压和抗抑郁的能力都很低。我们能抗压，靠的是压力荷尔蒙皮质醇，而我们能抗抑郁，靠的是神经传导素血清素。这两种东西到了晚上分泌量都会降到最低。从血清素和压力荷尔蒙皮质醇的分泌量来看，我们最能抗压、最乐观的时间点应该是中午。所以，最好的家校沟通时间是午餐后，这更有利于家校双方都理性思考，客观交流，提升沟通质量。

　　其次是从"内容"维度的考量：根据多年经验，家长打电话给班主任最常见的无非两个主题，"捎口信"和"告状"，这样的沟通无实质性教育价值，因此我也索性有言在先，做出明确规定，引导家长注重家庭教育及家校沟通的方式方法。

　　当然，看似不容置疑的尺度背后，也饱含了教育的温度，又如"欢迎来校面谈，我也很喜欢上门与您做深入交流"，以及我利用家长会在《规则》出台同时与家长的详细解读，也确保了这样的《规则》能让家长看到我对家校双方权益的尊重保护，由此获得家长发自内心的认同与内化。

二、沟通时：沟通有术，让家校沟通更有温度

人际沟通的"73855"定律告诉我们，人们进行语言交流时，55%的信息是通过视觉传达的，如手势、表情、装扮、肢体语言、仪态等等；38%的信息是通过听觉传达，如说话的语调、声音的抑扬顿挫等等；只有剩下7%来自纯粹的语言内容。

家校沟通的本质之一，是加强和优化家校关系。而利用电话进行家校沟通的最大难点在于，双方隔着听筒看不见对方的表情和肢体语言，仅依靠对其中7%的言语表达信息和38%的语调声音信息，有时就容易产生信息理解偏差，结果与"优化家校关系"的初衷相背离。

那么，我们又该如何让家长即便隔着听筒，依然能感受到我们的善意和热诚，真正实现家校关系的优化呢？这里和大家分享几个我屡试不爽的沟通话术。

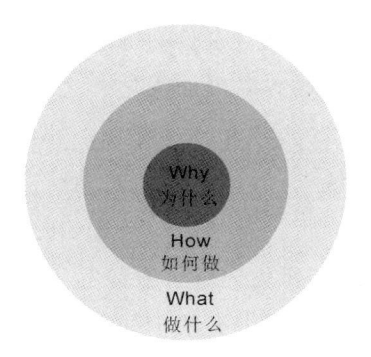

1. 黄金圈思维模型

黄金圈思维模型，又叫作"Why—How—What 法则"，它把思考和认识问题画成三个圈，如下图所示：

最外圈层"What"圈层，是指什么和做什么，指的是事情的表象；中圈层"How"圈层，指怎么做，是实现目标的途径和方法论；最内圈层"Why"圈层，指为什么做一件事，是做事的初衷和核心理念。

图　黄金圈思维模型

一般来说，我们做一件事情时，通常都只会思考最外面的"What"层，就像早些年遇到有学生经常性不完成家庭作业时，我就会直接拿起电话告知家长"你的孩子作业已经多次不完成了，你们家长要引起重视！"但这样的沟通效果往往很不尽如人意。

而"黄金圈思维模型"告诉我们,当我们想要做一件事的时候,首先需要发掘做这件事的目的。同一件事情的目的定位不同,由此产生的思路和行为都会有巨大差异。

当我学习了"黄金圈思维模型"后,再遇到因学生不完成作业而计划与家长电话沟通时,我首先会立足最核心的"Why"圈层,定位沟通目标:

我为什么要打这个电话?是想发泄情绪?还是想引起家长的重视?又或是借此机会寻找到孩子不完成作业的真正根源,由此指导家庭教育,借由孩子的问题行为进一步优化家校合作,实现三方共赢?

当最终把电话沟通的目标确定为"实现共赢"后,再聚焦"How"和"What"圈层,思考该如何与家长沟通以及具体说些什么,已经变得明晰起来。

如此一步步思考推演,我就能较为合理地确定此次沟通的内容提纲,而后面的实操部分,我将不断检视自己的行为和设定的目的之间的落差,最终沟通也常常能达到甚至超越我预期的效果。

2. 二八法则

"二八法则"也叫"帕累托法则",是罗马尼亚管理学家约瑟夫·朱兰提出的一条管理学原理,其含义就是关键的少数往往是决定全局成败的主要因素。在与家长的电话沟通中,遵循"二八法则"能让家校关系更加融洽,沟通效果更加优化。

首先,"八分"倾听,"两分"表达。

说到"听",我们首先反应可能是——谁不会听?但凡没有耳疾,人人都会听。但事实却并非如此。"听",一个看似简单的动作,其实含义很丰富。"听见"和"听懂",是完全两回事。

在英语中有两个词,一个是"hearing",它指的是由物理震颤影响到我们的耳膜震动,所以人的听觉系统收到了声响。还有一个叫"listening",是指把注意力和主观的关切投射到听觉上来,从而真正能够听懂那些你需要听到的声音。

在与家长的沟通中,作为传统观念上权威的一方,我们往往习惯于表达，而很少能耐心聆听，去听懂家长言语背后真正想传递的内容。

尤其是电话沟通中，因为失去了55%的视觉信息，我们只能通过家长的语气语调和语言内容等45%的信息来理解对方的意思，如果还缺乏足够耐心，就很可能错过很多重要信息，甚至产生误解，与沟通的初衷背道而驰。

如早年做班主任的时候，一位家长来电抱怨孩子在校的"总是被欺负"。我没等她说完就认定她是来找茬的，是质疑我的班主任工作，便不由分说直接开怼："那你明天来学校，自己亲眼来看看，是你的孩子自己调皮，还是其他同学总是欺负他！"

第二天，这位家长真的来了。不过不是来我班级，而是直接去了校长室，把我给告了。告我的理由是："这个班主任一点耐心都没有！根本没有办法好好交流！"后来经校领导调解，这起家校矛盾才算平息。事后，校领导告诉我："这位家长打你电话，本意是想让你多关心一下她的孩子。但你太着急了，根本没听懂家长到底想干吗！以后再耐心一点，先好好听人家讲，再随机应变！否则，你就会很被动！"

至今回想起来，我依然很感恩这位校领导的宽容和指导，因此也强烈建议各位班主任们，在拿起电话与家长沟通时，首先提醒自己"两分说八分听"，唤醒自己的听觉，既听懂话中之意，又听懂话外之音，这样才能听明白家长真实的诉求，让自己的后续工作更有针对性，更具科学性。

其次，"八分"赞美，"两分"否定。

受传统观念的影响，我们班主任常喜欢摆出师道尊严的架势，在与家长的沟通中，尤其是通过电话反馈学生问题时，往往习惯居高临下，常常忽略沟通艺术，喜欢直奔主题，把孩子的"斑斑劣迹"条分缕析地统统讲给家长听，但真正建设性的指导却寥寥几句，甚至并未涉及。

殊不知，即便是处于相对弱势地位的家长，一样希望别人给予自己多一点认可，少一些批评，这是人之本性。我们铁面无私的一通批评指责，从班主任视角，是出于责任心的提醒引导，但从家长视角看，则很容易理解成是班主任对家长家庭教育的否定。这很容易让家长陷入情绪状态，能主动摆脱情绪用成长型心态来看待班主任告状行为的家长，少之又少。更有甚者，不少家长会将这种情绪转嫁到孩子身上，既不利于问题解决，还会把问题扩大成亲子冲突。还有不少家长则会因此对班主任产生负面看法，从而影响家校关系。尤其是后进生家长，更可能因此越发对子女教育失去信心，也越发阻碍孩子的健康成长。

因此，在与家长电话沟通时，我们要谨记"八分赞美两分否定"，让正向激励带给家长和学生改变的动力，让家长内心愈发信服班主任，家校双方关系越发和谐，如此，班主任实施家庭教育指导也会更加有效。

3. "三明治"法则

上文我们探讨了"二八法则"，那么，这里的20%批评（建议）和80%的赞美，又该如何具体安排布局呢？人际沟通的"三明治"法则能为我们提供很好的家校电话沟通新思路。

三明治是很多人爱吃的一种西式快餐，制作也很简单，就是两片面包中间夹一块肉。"三明治"法则形似三明治这种美食，就是指当你在给别人提出批评或意见时，先给予"赞美"，中间夹"批评"或"建议"，结束时再来一次"赞美"或"鼓励"，这样能让我们的意见更容易被对方所接受。

如利用电话与家长沟通孩子不完成作业问题时，我会在开场先给家长列举孩子在校可圈可点的具体细节，这样有事例有真相的赞美，能给足家长面子，让家长从接到班主任电话的紧张防备情绪中走出来。

当把家长引导至理性且积极的心理状态时，我再条分缕析地指出孩子近阶段存在的作业问题，并以开放性的话题与家长共商或为家长提供可操作性的解决策略。

最后，我会再表达对家长支持配合的感激，以及对孩子过往优良表现的肯定，和对今后发展的无限期待。这样，家校对话的结束依然落脚在家长愉悦的体验上，那么家长对我们谈话内容的认同度就会比较高，后续配合跟进教育的可能性也会大大提升。

4. 把"你""我"说成"我们"

戴尔·卡内基曾说："所谓沟通就是同步。"这句话的意思是，人际沟通如果想要顺畅，就是在沟通的时候先找到一个共同的目的，让对方感觉到彼此是朝着一个方向努力的。

这里的"共同的目的"，指共同的利益、共同的认知、共同的感受等等。尤其在只闻其声的家校电话沟通中，这些共同目的可以让家长在对话中产生安全感和亲近感。

还是以上文"学生不完成作业"事件为例，这次由班主任主动发起的家校沟通，其实一言不慎就会让家长感觉班主任是奔着"告状"目的去的。但如班主任能把自己此行的沟通目标和家长的期待翻译成"我们共同的目标和期待"，把原本想对家长提的建议"接下来你们家长要多关注孩子的作业完成情况"表达为"接下来我们一起多关注孩子的作业完成情况"。把"孩子不完成作业，你作为家长有责任"转换成"孩子不完成作业，我作为班主任也有责任"……就很容易让家长情绪变得平缓，觉得班主任与家长是一体的，而且特别希望和家长一起解决问题。

如此，一位既负责任又善解人意的班主任形象，就在家长心目中树立起来了，家长在内心感激的同时，会更加愿意也更加有信心主动承担起对子女的教育工作。

三、沟通后：无限游戏，让家校沟通更有信度

在惯常思维中，遭遇学生非重大问题时，我们的处理流程往往是"遇到问题→打个电话"；而在家长主动发起电话沟通时，我们的处理流程也经常是"接到电话→处理问题"。然而，这样的做法，恰恰是很多时候家校沟通低效的重要原因之一。

得到 App 和罗辑思维联合创始人兼 CEO 脱不花曾说："沟通是一场'无限游戏'。"我很赞同这一观点，在我看来，单次沟通不是独立存在的，而是整个人际关系系统中不可忽视的一环，要把每一次沟通放回到双方关系的大系统中去理解，每一次沟通的结束其实是下一次沟通的前奏，每一次沟通其实都是在为建立优质关系储值。

如果能以这样的思维方式看待家校沟通问题，那么在完成与家长的单次电话沟通后，我们其实完全可以甚至很有必要再往前走一步，为学生的成长和家校关系的发展做一些建设性的努力。

例如，有时会有家长电话来请我"转告"孩子某件事，我便给自己规定必须在完成转告工作后，及时给家长回复信息告知"已转告"，把这项工作做成一个完整的闭环，既表示对家长和孩子的重视，也表现我工作的严谨。因为在养成这一习惯前，我曾出过一个很大的纰漏——一天临近放学，看起来要下雨的样子，一位家长电话我，请我转告孩子："在校门口等，爸爸会来接。"但我搁下电话就忙开了，偏巧放学时还没下雨，我就忘记了"转告"。可是才放学一会儿，雷阵雨就起来了，孩子淋雨自己走回了家，家长到校门没接到孩子，焦急地给我打电话询问情况。这事让我内疚了很久很久，更是担心家长因此对我心生不满。

后来，我就在类似事件处理上有了闭环思维，如，有家长打来电话给孩子请病假，一般在几句慰问中挂断电话，这一场沟通也就到此为止了。但我常会在当天下午再给家长发个信息，问候一下孩子的病情。

还如，如果我主动与家长电话沟通孩子的问题行为，那么在接下来的几天里，我每天都会通过钉钉信息，持续性向家长反馈孩子的进步情况，在激励孩子的同时，也肯定家长的付出，潜移默化中引导家长深度卷入孩子的教育。

像这样的一条信息费不了几秒钟，但家长那头接收到的信号，却是远胜文字内容的温暖和感动。这样小小的举动，就是在大大地滋养家校关系这张网。

当然，上述家校电话沟通的工具其实都很琐碎也很寻常，但只要我们愿意为经营优质家校关系携手共护孩子成长而去多学一点，多想一点，多做一点，相信一定能让我们的家校合作变得更优质，也能让我们的班主任工作更有成就感和职业幸福感。

家访备课：拨动心弦的艺术

临近期末，老师们又开始为家访忙碌。一学年100%的入户率，是上级主管部门对学校的，也是学校对教师的考核指标之一。老师们挨户到学生家里去转转，跟家长说说考试成绩，与家长和孩子合个影，然后回学校填份表格，就算完成了家访任务。如此几天下来，头痛不已，纷纷抱怨：几天时间要走完四五十户，怎一个车轮滚滚风尘仆仆了得！

而另一方面，家长们也热情不高，有教师调侃说：群发家长告知将进行家访，回应者仅三五人，其余家长均作视而不见状。人家家长都不欢迎我们，这剃头挑子一头热的家访，怎么搞？

尽管我们都知道，成功的教育一定离不开家校双方的同频共振，只有真正触动了彼此的心灵，教育才会真实发生作用，但种种现状表明：尽管家校沟通的作用被一提再提，家访的任务被列入考核指标，但在现代生活的快节奏下，家校之间缺少交流，家访走过场，还是一个普遍性现象。更甚者，入户家访似乎已成为家校双方均不待见的一种家校沟通方式。甚至有老师问我：这家访不去不行，去了也没多大的效果，怎么办？

怎么办？办法当然是有的。

其实，教师家访，就好比教师上课，道理是一样的，两者都非脚踩西瓜皮般的随意闲聊，而是专业性极强的工作。也因此，我认为，教师家访，也要预先设定明晰的家访目标、重难点，并且对家访的整个过程有一定的预设等。也就是要进行家访的备课。

备教师：积极的心态，虔诚的情怀

家访备教师自己，怎么备？备什么？

我们首先要来考虑一个问题：为何家访？

我想老师们的答案无非两种：或者是完成学校的要求，或者是学生出现了问题需要与家长对话。前者是完成任务的心态，难免将其视作负担，操作起来自然索然无味、不堪其烦；后一种上门家访，更多的会带着告状、问责和指导的心态，难免居高临下，情绪对立。

有一句话叫："一个问题学生背后，往往有一个问题家庭，或者问题家长。"同样的，一个优秀的孩子，多半也离不开成功的家庭教育。孩子在学校里的所有行为表现，都能在家庭中找到根源。所以，我所理解的家访的目的，不仅在于及时向家长反映学生在校情况，更在于真正走进孩子成长的世界，去看见他（她）的家庭成长环境和家庭教育状况，去看见大班额教育状态下我们无法看见的东西，才能真正落实用一把钥匙开一把锁的因材施教理念。

就比如，像我所在的农村小学，新居民学生超过班级半数，而其中不少孩子的学习状态、个人卫生习惯堪忧，或字迹潦草，或不完成作业，或衣服油渍斑斑。我们总怪怨这些孩子不够懂事，这些家长不够用心。而唯有真的走进他们租住的地方，看见他们家里简陋的陈设，一家四五口挤在一间不足十平方米的屋子里，甚至连独立做功课的房间和书桌都没有时，我们才会知道，跟家长提良好的学习环境、高效的陪伴督促指导，都是一种近乎不近情理的苛求。

唯有走近，才能理解；唯有理解，才能懂得；唯有懂得，才能宽容与慈悲。入户家访，其真正的意义，可能更在于此吧！

所以，家访备教师，其实备的是自己的心态。在家访前先问问自己：我以怎样的理解看待家访这件事？是任务观点，还是一种积极的心态、一种虔诚的情怀？

唯有先想清楚自己究竟为了什么去家访，如此，才能兴味盎然地走进每一户家庭，与每一位家长真诚对话，力争实现合作共赢。

备学生：拉近距离，赢得信任

作为家长，最关心的，其实未必是你班主任班级带得如何优秀，也未必是你获过哪些奖，有哪些荣誉称号。他们真正关心的，是你这个老师对他的孩子有多关心，是孩子在你的教育下，能有多大提升。

而作为学生，最在意的，未必是跟随你学习他（她）有多大进步，而是你有多喜欢他（她），有多关心他（她）。

因此，我把入户家访视作拉近师生距离，赢得家长信任的最佳途径。家访前我会问自己：孩子的长处我都了解吗？我打算如何帮孩子在家长面前说好话？我要如何让家长安心地把孩子交到我的手上？

1. 梳理学生优点，拉近家校距离

教师入户家访，作为学生，必然是忐忑的；而作为家长，内心同样不安。为什么？怕教师告状啊！传统的家访，我们不就经常陷入告状的怪圈，让家长面子上过不去，再让学生日子上过不去吗？

因此，无论出于何种目的的家访，在入户前，务必对学生的优点或进步表现做到了然于胸，最好能掌握具体事例，如能再配以照片、视频，或实物素材，则再好不过。

有了这些实证材料做支撑，家访时，首先在家长面前将孩子的良好表现进行展示，让家长实实在在感受到孩子的进步。如此一来，家长听了既高兴，也会感动于老师平时对孩子的悉心关注，家校双方的心理距离自然就拉近了，后续的交流，也自然就顺畅多了。

而从学生层面来说，听闻老师如此关心自己，如此肯定自己，内心的感动和感激自然不言而喻，哪怕不能达到不用扬鞭自奋蹄的状态，至少在接下来的一段时间里，学生各方面的表现都会有所进步。

所以说，家访前备一备学生的优点和长处，入户家访这一举措，也许就是激励优秀生、影响中等生、唤醒后进生的绝佳途径。

因此也要加上一条被不少名师写进书里的话——如果一时间找不到学生的优点，就暂时不要去家访啦！

2. 准确定位目的，赢得家长信任

家访前，我们必须认真思考：此次家访的目的何在？是向家长介绍孩子的在校表现？是帮助家长树立正确的教育理念？是共同商讨如何解决孩子某方面的教育问题？还是增强家长的责任意识和信任度？不同的学生，家访的目的必然是有差异的。因此，家访前必须对学生的学习习惯、兴趣爱好、同伴交往、个性优缺点等，都要全面掌握。

如何全面掌握？最好的办法，当然是班主任能做个有心人，日常多关注每位孩子的表现，及时记录整理，并能多与科任教师和班干部沟通，多渠道多方面多维度了解每个孩子。家访前，就能根据日常了解情况进行合理规划，找准目标，重点实施。

家访时不图全，不贪多，一次家访，重点突破或解决一两个问题，达成一两个目标，便是不虚此行。如此条理清晰、重点突出的家访，家长一定也会为老师的高效率工作模式和理性清晰的工作思路所折服，对教师的信任度也就在这样有针对性有效度的对话中慢慢构建起来了。

备家长：采用合理方式，讲求沟通艺术

一个班级就如同一个小社会，家长的素质受学历、个性、职业、阅历、育儿观念等因素影响，也千差万别，对教师的家访也会各持态度。想要和每一位家长在家访时都相谈甚欢，真不是容易的事情。

但，存在即合理。如何做到到什么山头唱什么歌？所谓知己知彼，方能百战不殆。家访成功的关键因素之一，在于教师能否准确把握家长的不同类型，如：是民主型家长，还是溺爱型家长？是放任不管型，还是粗暴严厉型？是齐抓共管型，还是父母缺位型？……总之，唯有家访前通过多种渠道对家长的各方面情况进行了解，尽量做到信息全面，才能掌握家

访的主动权，在家访时，面对不同类型的家长，考虑好采用何种家访方式。

1. 民主型家长：平等与真诚

此类家长是我们最期待遇见的理想型家长，他们往往有一套比较科学的育儿经，教育子女宽严有度，爱慈相济。但此类家长也往往见多识广，较有主见。因此我们要事先想清楚，与他们交往，我们切不可居高临下摆师道尊严，而要以孩子成长合伙人的身份与他们平等对话。对于孩子在校的优缺点，可如实反馈，并与家长平等交流，同时耐心听取意见。

真诚与平等，是赢得此类家长的关键。

2. 溺爱型家长：善用"三明治效应"

此类家长是护犊心最强的。一般情况下，孩子若做错了事，你直接联系家长，往往会铩羽而归。因为他们眼里，孩子永远是可爱的，是正确的，即便真做错了事，也会觉得孩子还小，没什么大不了的。

把握准了此类家长的心态，家访时，即便真想交流问题，也要先用一用"三明治效应"。即可以先跟家长聊聊孩子的长处，肯定孩子的良好表现。等家长听得心花怒放了，再不失时机地提一下孩子的问题所在，并以商讨的语气给出一些干预策略。最后一步至关重要，所谓拍一巴掌给个枣。当家长听了孩子的问题心生不悦时，老师还要立刻再给予希望，如只要孩子改正了这一点，就会如何进步如何优秀等，让家长即便不悦的同时，也能深切感受到，老师是真心为孩子好，也就能冷静下来思考谈话内容，并在今后的家庭教育中有所调整。

3. 放任不管型：经营家长的希望

在孩子刚上一年级的时候，放任不管的家长，往往是极少数。而随着孩子学龄的增长，此类家长会逐年增加。其原因何在？

其实深入调查不难发现，真正忙于工作而放任不管的，真的只是极个别。更多的此类家长，"不管"行为的背后，真正的原因是不知道该怎样管，或者是丧失了信心干脆放弃的。而这样的家长，一般都有一个学业成绩不理想的孩子。因此，家访中，与此类家长谈话，我们不妨把"经营希望"作为关键点。

对于学业成绩不理想的孩子和家长来说，"成绩"这个话题，是他们心中最大的痛。因此家访时，成绩的话题我们可暂且避开不谈，而应多一把尺子去衡量孩子，带领家长看见孩子除开学习外的优点和长处。其实只要我们做个有心人，每个孩子在校都是有长处可供我们展示给家长的。实在找不到优点，夸他劳动积极、热心班级也可以。凡此种种，只要是值得肯定的地方，我们就要在家长面前可着劲地夸。

后进的孩子很少得到老师夸奖，后进生的家长也很少听得到老师的肯定。若把真诚的表扬以家访的机会送上门，无论对孩子还是对家长来说，都无异于黑暗中的曙光。此时若再适时地提供一些孩子和家长均可操作、可达成的学业上的努力方向，我相信，无论是家长还是孩子，都是乐于去试一试，并且感激不尽的。

4. 粗暴严厉型家长：赢得认同

此类家长信奉"棍棒底下出孝子"，对于孩子的教育往往"严"字当头，强势粗暴。而此类家长教育出来的孩子，往往要么成绩优良且苛求完美，拘谨刻板，人际关系一般较紧张；要么是个惹祸大王，常带头挑事，违纪违规是家常便饭。

去此类家庭家访前，一定要想清楚，不能让我们的家访变成孩子的一场灾难。因此，一定要非常用心地搜集孩子在校的优良表现，届时多报喜不报忧。特别是要充分肯定家长的良苦用心，让家长放下戒备心理，从情感上认同教师。待家长紧绷的神经松弛下来后，再避开孩子跟家长适当聊一聊班级中民主型家庭的教育案例，旁敲侧击地影响家长。

一般针对此类家长的常规家访，我们还是抱着先经营好关系再逐步影响的心态比较好，不必指望一次家访就能彻底改变家长的教育方式，这基本上是不可能的事情。来日方长，真正的改变还是要落实于日常的家校沟通和对孩子心理的积极干预上。

备其他：万事俱备，只欠东风

打仗讲究天时地利人和，家访亦然。在摆正了自身心态，了解了孩子和家长后，家访前，还必须要做的事情，就是考虑清楚这几个问题：何时去家访最为合适？和谁一起呢？要带些什么去？

1. 何时去家访？

本文开头所描述的，老师们集中在期末去家访，显然是不合适。

一则，期末工作本就繁多，老师的时间、精力有限，家访的面太大，容易导致任务观点，心态消极，就难突出家访重点，必然缺少针对性，指导性不强，肯定效果不会好。

二则，期末是个很敏感的时间点，考分一出来，往往几家欢喜几家愁，此刻去家访，教师和家长难免都将关注点放在孩子的成绩上。如此一来，明显窄化了家访的意义，也片面解读了家校合作的真正作用。

那么，何时去家访更为合适呢？

①新接班时：去靠近去关注

新接班时走进孩子家里，一方面，能第一时间了解孩子的基本情况和家庭情况，了解家长的教育理念和教育方式，以方便接下来有针对性地开展教育引导工作。另一方面，相识伊始，老师便登门造访，对于家长和孩子来说，也是一种正向的激励和暗示，他们会感动于老师的认真和用心，也会对新学期新起点充满希望。

新接班时家访，一般最适用于"中间沉默层"，即学业中等、表现平平的孩子。因为他们平时默默无闻，也最缺老师的关注和认可。而老师这种开学初便主动靠近孩子的做法，一定程度上能弥补后期关注不足带来的负面影响，另一方面，也能很好地唤起孩子更上一层楼的学习劲头。

②孩子有进步时：去祝贺去肯定

但凡学生，人人喜欢被老师表扬；但凡家长，个个期盼孩子被老师肯定。表扬肯定的方式自然很多，但在孩子有进步时，通过家访的形式做足表扬的仪式感，一定是家长和孩子最欢迎的。

此种形式家访，最适用于学困生、普通生，或家教甚严的学生。将喜讯送到家，无论对孩子来说，还是对家长来说，都是一种无上的光荣和莫大的希望。

③孩子陷入困境时：去鼓劲去指导

无论是在学业上，还是在其他方面，当学生遭遇困难或发生问题行为时，也是他最需要爱的时候。此时入户，一方面，教师可以与家长一起坐下来，探究问题背后真正的成因，共商解决对策。这种面对面心贴心的对话，更有利于形成教育合力。另一方面，此时教师亲自上门送去的一句安慰和鼓励，一个关切的眼神，一些建设性意见，更能让孩子及时得到正向的引导，也能让家长及时获得专业有效的帮助。

2. 和谁一起去？

家访和谁一起去？这个问题在家访前也要进行备课。因家访目的不同，同行人员也有讲究。

①班主任单独去家访：体谅与尊重

每个班级里都会有一些特殊家庭的孩子，要么经济窘迫，要么单亲离异，或者是留守儿童、"伪留守儿童"等。低年级的时候倒还好，特别是到了中高年级，这些孩子内心越来越感受到自己家庭与他人的不同，因此通常不希望自己的具体情况被老师同学知道。

去这样的孩子家家访时，不宜人多，因为人多难免口杂，万一一言不慎，教师好意的家访甚至会成为孩子痛苦的源头。一般班主任一个人前往就好，尽量避免居高临下的同情态度，要蹲下身来体谅孩子的不容易，肯定孩子哪怕只是细小的努力，让孩子感受到被尊重被认可，感受到存在感和价值感。

②和任课老师一同去：专业化的指导

对于在学业上出现问题的孩子，最适合用这种方式进行家访。班主任与任课老师共同走进孩子家庭，既能让家长感受到老师们对孩子的关心和重视，也能从任课老师处获得更加专业和对口的学业指导方法，提升家访的实效性。

③和学生一同去：同伴教育与影响

此类方式，适用于中高年级，针对性格开朗的孩子。其实就是同伴互助的一种形式。同类型的孩子组织到一起，共同去某一位同学家中。教师在与该学生及家长交流的同时，对其他学生来说，也是一种无声的教育和影响。

当然，这种形式的家访，首先要征得同行孩子家长的同意，并且特别注意安全相关事宜。

④和家长一同去：接地气的更有说服力

每个班级几乎都有几个对孩子的教育用心可谓良苦，但收效甚微甚至适得其反的家长。针对这样的家长，可邀请班级中的明星家长及其他遭遇相同困惑的家长，与班主任一同前往家访。

如此家访，其实就类似于一个小型家长会。教师以家访的形式，把同类型或互助型家长组织到一起，让这些家长面对面互动式交流，直接对话教育问题。

明星家长的经验分享，同类型家长的相互启迪，很多时候比起教师的单向传授，会更接地气更有说服力。

3. 带什么去家访？

中国是礼仪之邦，礼尚往来是人际交往的一项重要内容。然而，在常规的家访中，教师前往学生家中，往往是两手空空。细想一番，若家访前我们思考一下"带什么去家访"这个问题，也许在家访时，家校双方的感情磁场就能产生更美丽的火花。

①带上笔记本：我的认真你看得见

除了前文已经提及的孩子在校表现的照片、实物等，还有一样东西不得不提，就是笔记本。

比如，可以在笔记本上记录一份简单的谈话要点，避免谈话进行中发生无话可说的情况。这一点对于新教师尤其适用。

又比如，在与家长沟通过程中，边倾听边将重要信息记录下来。人人都需要被重视感。教师这种专注聆听认真记录的严谨态度，在家长看来，不仅体现着你对家长的尊重，更有你对孩子的重视，在家长感动之余，更能培养家长"把孩子交给你我放心"的信任感。

而家访本上所记录的信息，如是否独生子女、父母的责任心和素质、家庭教育的理念等等，其实就是最鲜活真实的学生成长档案。这些信息，将在以后的教育工作中，特别是遇到教育困惑时，及时帮助我们拨开谜团，洞悉成因，从而更准确有效地实施教育影响。

②带上课外书：唤醒孩子仰望星空的梦想

带上自费购买的课外书去家访，是我惯常的做法。

农村的学生和家长普遍不重视课外阅读，家中有藏书的孩子不多，有书柜的孩子更少，甚至有孩子家中一本课外书也没有。因此，当老师带着礼物上门家访，送上的还是精神食粮，这份对于教育的用心，是再难缠的家长也会为之动容的。而对于孩子来说，我送上的课外书，往往成了孩子在班级里"炫耀"的资本，也常常会因此点燃孩子对阅读的热爱。

在"家庭教育和学校教育的边界究竟在哪里"这类问题被作为热点探讨的教育语境下，带上一本课外书去家访，以一笔十几元至多二三十元的金钱投资，不仅能唤醒孩子仰望星空的梦想，更能拨动家长的心弦，赢得家长的认同甚至感激之情。如此一本万利的买卖，当然值得做！

当然，上述内容，其实都是班主任工作"术"的层面的东西，是技巧，是策略。而最高明的家访艺术，一定是来自平时对学生真心真意的爱：是从开学第一天就去细心观察耐心走近每个孩子，是跳出狭义的师生家校关系和静态的学科知识领域，用多元的角度、用放大镜去欣赏每个孩子，是怀揣着对生命的好奇和尊重，去理解和悦纳每位家长，是将自己正在做的每件教育的小事，都做成孩子和家长心中温暖的那道光。

如此"校访",走心动情

"校访",是相对"家访"而言的一种家校沟通方式,就是指家长受邀或主动到学校里访问老师,共商教育。众所周知,家访是沟通家校形成教育合力的最有效方式之一。与之相类似的,敞开校门欢迎家长进校,也是一种近距离沟通、实现家校同频共振的有效举措。当然,这里的"校访",不是传统意义上令家长谈之色变的告状式"请家长",而是一种有组织、有计划的,序列化、科学性的家校沟通活动。

下面谈一谈我个人在校访工作中的一些思考和实践。

一、访前如何备课?

校访是兼具科学性与艺术性的家校沟通模式,因此班主任也须认真进行"备课"。一般来讲,我主要从如下几个方面进行校访前的充分准备:

(一)提前预约

快节奏生活的当下,社会竞争压力大,班主任和家长都日理万机,谁都不容易。因此,如要发起"校访"活动,应考虑彼此具体情况,可提前安排预约步骤,方便家校双方事先做好充分准备,有利于校访时高效开展沟通对话。

1. 预约单

预约单类似于活动通知和回执,由校访时间、地点、内容等几个部分组成,具体可由家校任何一方根据现实需要发起,并请孩子代为传递。这样可以营造一种正式、隆重的氛围，传递班主任严谨又热情的工作态度。

校访预约单

_____家长（老师）：

因孩子_____，想邀请您（想来校）共商孩子的教育问题，具体想围绕_____等问题做一次沟通与交流。谈话时间约____分钟。沟通时间想定在____月____日____（具体时间）

预约人：_____

联系电话：_____

_____年_____月_____日

在期初家长会中，我会就此类预约单的使用做详细说明。因为需要孩子传递，因此一般只用在表扬激励主题的校访，在代为传递过程中能放大正向激励的作用，在潜移默化中提升孩子的自我效能感。

2. 表扬信

表扬信和预约单一样，属于让学生转告形式的预约。如学生做了好人好事、各类获奖等，班主任可以以纸质表扬信的形式，请学生将信转交给家长，一方面"让表扬飞一会儿"能放大表扬的效果，增强学生的自豪感和自信心；另一方面能让家长觉得特别骄傲，也就特别乐意跑一趟。这样邀请来的家长，带着积极的情绪体验，就更有助于班主任适时开展教育引导，效果也自然更好一些。

3. 预约电话

而对于部分需要"低声说不足"的问题行为探讨性质的校访，则更适合采用比较私密的电话预约，这样能减轻孩子的心理负担。班主任和家长均可以作为发起人，校访前约定具体的时间、地点及对话内容，方便双方都做好充分准备。

当然，上文所罗列的，特指非紧急情况下的校访。若事发突然情况紧急，那是必须当机立断即刻联系家长，否则会延误时机造成麻烦。

（二）充分准备

1. 备目标

目标是行动的指南，没有目标的校访，必然是一场"脚踩西瓜皮"的即兴发挥，让家校沟通的效果大打折扣。

家长校访前，班主任必须认真思考：此次校访需要达成哪些目标？是帮助家长了解孩子的在校表现？是引导家长树立正确的教育理念？是共同商讨如何解决孩子某方面的教育问题？还是帮助家长重树教育信心？……不同的学生，校访的目的必然是有差异的。

这里需要强调的是，尽管家长来一趟不容易，但我们的目标不宜贪多求全，重点突破或解决一两个关键问题，达成一两个目标，就已经是一场非常高质量的校访活动了。如此不虚此行的校访，无论家长最初带着怎样的心态而来，最后多半会带着欣慰和感激离开。

2. 备学生

一个班级学生四五十人，成长环境不同，性格特点不同，认知水平不同，心理素质不同。因此，在校访前，班主任必须对学生的优缺点、进步表现及有待改进点等，均做到了然于胸，最好能掌握具体事例，如能再配以照片、视频，或实物素材，则再好不过。如此方能在与家长沟通时做到心中有谱、言之有理，既让家长感受到班主任的用心，也能帮助家长获得针对性的指导，真实体现家校沟通的专业化。

3. 备家长

现实中，若非万不得已，很多班主任不愿意直接与家长接触，因为与家长面对面交流，可真不是一件容易的事情。一个班级就如同一个小社会，家长的学历、个性、职业、阅历、育儿观念不同，对子女的教育方式和重视程度不同，与班主任交流的方式态度也存在很大差异。

因此，班主任想要和每一位来校访的家长都相谈甚欢，就必须"读懂"家长。换句话说，校访成功的关键因素之一，在于教师能否准确把握家长的不同类型，如：是民主型家长，还是溺爱型家长？是放任不管型，还是粗暴严厉型？是齐抓共管型，还是父母缺位型？……

总之，唯有班主任提前通过多种渠道对家长情况进行了解，尽量做到信息全面，才能掌握校访的主动权，从而有的放矢组织开展"校访"活动。在面对不同类型的家长时，也才能合理选择不同的沟通重点和沟通话术，让每一位家长都能带着期待而来，满怀收获而归。

4. 备自身

校访备自身，班主任首先要备的是自己的心态。在家长校访前，班主任先要问问自己：我以怎样的心态看待家长来校这件事？是完成家访任务的应付心态？还是一种积极的心态和开放的视角？唯有先把自己的心态调整到最佳状态，方能以更佳的姿态迎接家长来校，与每一位家长真诚对话，力争实现合作共赢。

其次要备的是班主任自身的身体状态。我们都知道，身体是会影响情绪的，如果一个人身体状态比较好的话，就会保持比较愉快的心情。而如果身体状态不好的话，那么人的情绪也难免会相对低落一些，身体能量也会相对不足，因此在与人相处时更容易感情用事，尤其遇到人际摩擦时，相对而言会更难做到理性处理。因此，在与家长相约之前，我们也要衡量自身的身体状态，尽量在身体状态较好的前提下与家长见面。

5. 备物资

家长进校便是客，待客需要的各项物资，也是班主任须提前做好准备的。

首先是会客场所。如果是集体性校访或班级活动性质，那么自然在班级教室或大型会议室等，这个不再赘述。但若是家长个别来访，则需要考虑安排一间安静且环境雅致的会客室，既给足家长的内心安全感，也给家长一份宾至如归的舒适感。

其次是茶杯茶叶等。无论家长校访出于何种目的，来时笑容满面还是怒气冲冲而来，进门一声"请坐"一杯热茶，是最起码的待客之道。

第三是一本笔记本。最好不是临时性随便找一本，而是常态化作为家校沟通记录用。本子的第一大功能，是可以提前简单梳理记录谈话要点，方便沟通时条理清晰重点突出。第二大功能是及时记录重要信息。校访时家长提供的信息，其实就是最鲜活真实的学生成长档案，将在以后的教育工作中，特别是遇到教育困惑时，及时帮助我们拨开谜团，洞悉成因，从而更准确有效地实施教育影响。第三大功能是为家校关系蓄能储值。人人都需要被重视感。班主任这种专注聆听认真记录的严谨态度，不仅体现着对家长的尊重，更表现了对孩子的重视，家长看在眼里，自然也会感激感动在心头。

最后，如果是会面主题比较严肃甚至相对难处理的话，建议可以准备茶歇，能在中场为双方补充能量，这种能量将有助于双方都更加理性应对。

二、校访何时访？

日常我们所见到的家长校访，要么是孩子出了问题被"请家长"，要么是孩子受了委屈家长主动"找老师"。此种校访，带着更多"告状"或"维权"的意味，家校、师生关系处于对立面，往往很难达成预期效果。

其实我们完全可以跳出既定的思维，换一种视角看待"请家长"这一沟通模式，不要等孩子犯了错再请，而是把家校沟通的脚步再往前跨一步，让校访的形式更丰富，价值更多元。

（一）特殊节点访

1. 期初"全员访"

新学期，尤其是新接班，班级建设会有新举措新要求，孩子成长面临新问题，家长也会有新期待，此时把家长以"班级家长会"及"家委碰头会"等形式请进来，能尽早尽快形成教育合力。

2. 班级活动"重点访"

班级主题活动，是学生成长的关键点，也是教育的关键契机，我们可以多多把家长请进来，让家长见证孩子的成长，成为推动成长的关键因素。

如校运会时，邀请调皮的孩子的家长来校访，协助老师一起管理学生，理解班主任工作的不易，也为孩子在班级里刷足一波存在感；班级文艺活动时，聘请家庭教育缺位的家长担任活动评委，在眼见为实中受到内心的触动，主动卷入孩子教育；在升旗仪式时，邀请进步生家长和学生一起参加仪式，在雄壮的国歌声中放大努力的意义，积蓄向上的动力……

3. 期末"择优访"

这里的"优"，不是某个小众群体的高人一等，而是个体与过去自己比较之后的自我超越。一般来说，期末评优，我们评选的总是班里少数成绩优异的学生，颁奖也只是学优生与班主任之间的一场互动，更多孩子成了负责鼓掌的"路人甲"，他们的家长也会在这样的时刻分外落寞。

基础教育不是甄别选拔，而是唤醒激励，是经营一个又一个孩子的梦想，点燃一个又一个家庭的希望。因此，我努力把评价学生的标准定得尽量多元，让每一个孩子都能被看见被点亮，让每位家长也能看见孩子哪怕微小但真实的成长。

如上个学期，我特地在期末评奖时为学生私人定制了"进步之星""潜力之星""文明之星"以及语文单科的"基础知识大王""写作明日之星""书香大使"等特色奖项。期末的一个月中，我把原本一次性的期末优秀颁奖活动分解成每周一次，邀请弱势学生的家长利用傍晚接娃的时间提前进班，担任颁奖嘉宾，给自己的孩子和其他同学颁奖。从未获此殊荣的孩子和家长们脸上的喜悦与激动，足以证明这样的活动对孩子个体及其家庭的促动意义。

（二）常态"花式"访

1. 七人制组团式

尽管一个班级四五十个孩子，性格迥异，但有一些成长中的问题却是共性的，家长对班主任的期待也大同小异。针对这些共性问题，我们班就曾组织开展过"七人制组团式"校访活动。"七人制"由管理学理念脱胎而来，管理学中认为，一个人直接管理的极限是七个人。把家长组团校访人数定于最高不超过七个人，其最大目的就是实现组团互动的实效最大化，人数不多，就能保证班主任与每位家长都能有效互动，同时也能发挥团队互助共生的力量。

如针对我们班不少家长向我求助的共性问题，我编制了电子问卷征集议题，经梳理形成了我们班"组团校访"的最终议题，一共涵盖"手机问题""亲子沟通""学习力提升""青春期教育"等近10个主题。

在一个多学期中，利用周五下午我的空课及晚上时间，我们班先后组织了10多场"组团校访"活动，家长们围绕共性话题进行家长与家长、家长与班主任的多方互动对话，互通信息，共商良策，各自获得观念的纠偏和能力的提升。

2. 班主任接待日

传统做法的"请家长"，是家长们和学生们心头共同的惶恐，怕被告状，怕出丑，怕难堪。因此，我反其道而行之，设置了"班主任接待日"，由原先的班主任"请"家长，转换成家长的主动上门；由原先的请犯错学生的家长，转换成请进步学生的家长。

我们班的"班主任接待日"，设置在每周一我晚托管班的时间。根据前一个月的各项评比情况，通报各类单项进步学生名单，并欢迎这些孩子的家长在接孩子放学时提前到校，与我交流孩子近阶段优秀表现，同时进班把夸奖孩子的话说给全班同学听。

这种家校合力放大学生优点的"校访"形式，家长觉得有面子，孩子更是非常喜欢，而我也能在这样的借力中获得对学生个体和集体的教育影响，真正实现了三赢。

三、校访时如何接待？

（一）以礼相待"七个一"

一般来说，绝大部分家长尤其是那些学业成绩平平甚至后进的学生家长，在面对老师时，会不自觉地将自己放置在弱势地位。因此，作为班主任，更要摆正自身位置，在家长进门那一刻起，充分尊重和平等对待每一位家长。

具体来说，就是遵循待客之道，从"七个一"做起。家长进门"一声您好""一次握手""一句请坐""一杯热茶"。这些看似微不足道的小举动，往往能帮助家长卸下一身防备，很能拉近家校双方的心理距离。

而当家长离开前，我们还须跟上"一声感谢""一次起身相送"最后再加上"一句路上慢点"。如果此前互动甚是愉悦，这些送客礼仪，能让家长内心不断为班主任加分；如此前已有摩擦相谈并不欢愉，这样的得体礼仪，也能一定程度上抵消家长情绪，为下一次互动留下回旋余地。

（二）专业加持，艺术沟通

无论是何种形式、何种主题的校访，注重沟通艺术都是基本常识。除在前文中提及的相关沟通之道，这里还想补充几点容易被忽视却会实质性影响校访质量的注意事项。

1. 形象管理，无形加分

在来得及准备的前提下，尤其是与家长事先有约的情况下，建议班主任们适当修饰一下自己的仪容仪表，尤其着装，尽量职业一点。

我自己是从 2019 年开始有意识地这样做的。这一年，我被提拔为学校德育副校长，也就常会遇到突然降临的接待任务。而曾经最爱的一身休闲打扮，显然就不适合这种比较正式的场合了。后来回归到班主任岗位后，这一习惯便被我保持了下来，尤其是在与家长事先有约的情况下，我一定会把自己收拾得优雅得体。

这样的着装，首先给了我自己一种积极正向的心理暗示，同时也给了家长被重视的感觉，就能潜移默化影响后续的正式沟通。这是因为，我们每一次在家长面前的亮相，尤其是近距离接触时的气质形象，其实就是在影响人际沟通"73855定律"中55%的"视觉信息"。心理学上外表吸引力的刻板印象也是这个道理，心理学研究表明，良好的气质形象往往容易给人留下好的印象。

事实也证明，我每一次如接待领导般重视家长校访时的自身形象，一定程度上也助力了我能较为优质高效地接待每一次校访，即便是来"闹事"的家长，最后也都乐呵呵地与我握手道别。

2. 开放心态，积极面对

一般家校联动性质的校访，班主任们都有较为丰富的经验，因此也都能以比较积极的心态面对。最令一线班主任头疼甚至害怕的，就是突发事件后家长维权性质的校访。此类事件发生概率不高，班主任往往缺乏实战经验，惯常思维容易将自己置身于家长的对立面，觉得家长是冲着自己来的，是来找茬的。这种消极对立的心态非常不利于后续沟通工作的良性开展。

其实，无论家长是以何种原因何种目的进校的，我们首先都要把"人"和"事"进行分离，就好比师生关系中，无论学生犯了怎样严重的错误，学生依然是我们的学生，我们依然是他的老师，有无条件接纳和教育引导的义务。家长和我们的关系也是同理，无论他们是以怎样的姿态进校的，在不触及法律和道德底线的前提下，他们有正当的知情权、监督权和参与民主管理的权力，理应被我们包容和接纳；家长是我们的教育合伙人，在人格上与我们是平等的，理应得到我们的尊重和理解。

换句话说，改变思维方式，能以比较正向的开放的心态来面对家长的校访，是应对突发事件后家长校访的关键因素。很多时候，很多高难度校访接待工作，成也在心态，败也在心态。

3. 高度重视，严谨对待

在日常工作中，我们不难看到，面对常态化的如家长会、家长开放日等形式的校访，因为是学校规定动作，有时班主任们就会产生"老油条"心态，觉得差不多对付一下得了，反正大家都是这样走走流程完成任务的。

而其实，每位家长心里都有杆秤，你是否认真对待工作，又有多大能力水平，他们也看得出点门道来的。很多时候就是因为我们"差不多得了"的心态，就会影响家长个体甚至是家长群体对我们的看法和态度，因为他们有自己的小群，很容易影响舆论走向。

前面说的是常态化的家长校访我们需要认真对待，因为这里的"蝴蝶效应"不可小觑。接下来说一说突发事件后的家长校访又该如何严谨对待。

面对家长的来势不善甚至气势汹汹，很多时候我们就会不由自主情绪上头，感觉自己的权威被撼动，尊严被挑战。这个时候，我们该如何严谨对待呢？

第一，接纳自己的情绪。任何人在被否定被挑衅的时候，都会或多或少产生情绪，这是大脑本能的反应，也是身体对我们的保护。唯有我们意识到自己的情绪其实很正常，接纳了自己的情绪，下一步才有可能控制好它。

第二，调控情绪，把握节奏。我习惯于通过"换场合"或者"换话题"等方式，请家长到方便沟通的场所，坐下来先喝杯茶聊聊孩子在校优秀表现等，在积极暂停中给自己调适情绪的时间，也给对方情绪降温的时间，这是很关键的一步。如果在没有管控好自己情绪的前提下，不动脑筋跟着家长的思路就开始争论对错，往往就会被家长的情绪裹挟，最后让自己陷入被动。

第三，倾听中明确对方意图，后发制人。在调适好情绪状态后，面对依然带着怨气和牢骚的家长，不要着急忙慌地去插话、抢话，或者试图通过比对方更高的分贝来占据沟通的主场地位。在沟通中，"先发制人"和"据理力争"并不是明智之举，真正的智慧在"后发制人"。我们可以把话语权先交给家长，自己则耐心倾听并详尽记录好相关信息，准确把握家长真实的意图，再晓之以理、动之以情，有理、有据、有节地表达我们的观点。这种带着尊重和谦卑的察言观色、就事论事和迂回加压，既能避免与家长的争吵与冲突，也能帮助家长意识到自己的问题所在，还给了家长台阶下，就能比较妥帖地让问题得以解决。

第四，坦诚相告，精诚合作。当然，很多情况下，也许还会遇到家长提供的信息与我们掌握的信息不匹配的状况。面对这样的情况，在耐心倾听并记录的基础上，我们可以真诚地告知家长，我们会高度重视家长提供的相关信息，尽快调查弄清事实真相，必要时也会向分管领导汇报，并会做出明确答复。为体现工作的严谨性和效率性，也可以约定下一次沟通的具体时间。相信即便再急躁的家长，也会被我们逻辑清晰、环节严密的工作专业性所打动，愿意与我们精诚合作，无间沟通。

四、访后如何跟进？

家长来校访，不是一过性的教育行为，而是家校合力育人这场教育接力的其中一棒。班主任与家长交流互动后，家长回家必然会和孩子进一步交流，即便是很少关心孩子教育的家长，接下来一段时间也多多少少会留心孩子的表现。

因此，班主任也要牢牢把握这一教育契机，一方面与学生多互动多激励，让校访的效果在孩子身上真实发生。另一方面也要跟进与家长的交流，让家长看到班主任的关心和重视不是一过性的，特别是让家长看到自身的主体作用一旦正确发挥，孩子的成长是肉眼可见的。

如果班主任在家长离校后便再无音讯，会给家长留下"形式主义"的不良印象，觉得老师工作不严谨，这样的校访，其实还不如不访。

当然，以上探讨的，只是一些家长校访的常识性问题。在家校沟通的现实语境中，我们还是要在遵循教育规律的前提下，根据实际情况灵活处理，方能真正实现家庭教育和学校教育的优势互补。

当祖辈家长说：你等着！我要来找你！

一个最不想接的电话

上午，我正埋头批作业，电话铃声响了。是个陌生号码，但我立刻接了起来，万一哪位来不及存姓名的家长找我有急事呢。这样的秒接动作，几乎成了本能。

果不其然，打来电话的是家长，但却是我最不想对话的家长——小兰的外公。此前一个周末，他刚给我打过电话，且接连打了我6个电话，语气相当不客气，反复教育我"我外孙女你要多用心的！"听得我莫名反感，仿佛我有多失职似的。

当然，理性来分析，我也明白他急躁强硬的语气并非针对我，只是他的外孙女小兰特殊的家庭结构，女儿女婿极端的教育方式，以及由此带来的孩子的非常叛逆，让他焦虑不已。加上此前我和这位外公没有过任何交流，我对小兰有多用心，他是不知道的。所以那一次，他将他对女儿女婿家教方式的担心，对孩子成长的忧虑，和对学校教育寄寓的厚望，化作滔滔不绝的方言版普通话，生硬且不容置疑地一股脑儿倒给了我。

一般家长第一次来电后，我都会立刻存下号码，方便日后联系。但那天电话后，我破天荒没有存下号码，因为我潜意识里不想跟这位强势的祖辈家长再有第二次对话。

一次最认真的校访准备

但眼下接都接了，只能面对了。我语气尽量客气地问他有什么事，内心依然带着抗拒。他的话一出口，我的抗拒心理就愈发强烈了。因为他告诉我："我现在出发，一个小时后到学校！你等着，我找你有事！"

嚯，看样子上回隔着话筒教育我还不过瘾？这回要来个现场版？

我明显感觉到自己的情绪有了波动，我很想告诉他"我没空，也不想跟你谈！"但说出口的却是："欢迎！"并和他约定，防疫要求加之午餐管理时间快到了，只能在校门口稍微谈一会儿。他答应了，说他会尽快赶到。等不及我说一句"路上小心"，他那头已经挂了电话。

我再次拿起红笔，却无心再批作业。他此行目的是什么？我该如何调整自己的情绪状态？又要如何应对？当我这样问自己的时候，我很明显地感觉到自己的情绪波动越发大了。除了抗拒，还有顾虑，甚至是不安。万一他在校门口再次语气生硬地否定我，我会不会被他点燃怒火？

摸着自己加速的心跳，我终于意识到问题究竟出在哪里——

因为第一次电话中老人语气生硬，使我这位近些年因有了些虚名而习惯于被家长们捧着的班主任，瞬间感觉权威被撼动。安全感缺失的同时，本能的防御模式立刻启动，不自觉就站到了家长的对立面，于是满脑子都想着如何证明他是错的而我是对的，想着如何捍卫我的师道尊严。在这样非黑即白的二元思维中，我秒变身穿铠甲的角斗士。

这样一自我分析，我的心跳依然是加速着的，但思考的重心却变成了直击问题核心的自我对话：

此次家校对话，我的终极目的是什么？——是赢得这位强势的祖辈家长的信任和尊重，真正形成家校合力，助力孩子成长！

我该如何做，才能赢得他的信任和尊重？——专业的思维，专业的行为！

如何做才能体现专业的思维和专业的行为？——认真准备，共情倾听,艺术沟通!

梳理完这一切,我的心开始跳得欢悦起来,带着兴奋。如果我能战胜自己粗鄙内心的本能想法,用我的专业能力赢得家长的认可,并借由此次对话发现教育引导小兰的更多可能性,这次对话,将是如何的意义非凡啊!

这么期待着,我忙不迭找出家访记录本,准备等下和小兰外公对话时随时记下重要信息。要知道这位外公可是只顾自己说不容别人插嘴的性子,上回电话里我几次想解释给他听,他却不容我分说自顾自滔滔不绝。这回我学乖了,准备先做个好听众,由他尽情讲,我只要负责认真倾听记录,以示对他的尊重和认同。如此方有可能和他产生情感上的同频共振。

准备好笔记本,我又洗了杯子放好茶叶准备带上。我打算好了,等下肯定不能站在校门口聊,得把他请到传达室隔壁的临时隔离室,边喝茶边聊。喝着茶坐着聊,方是待客之道,哪怕之前有点小摩擦的家长也是客啊;校门口站着聊,既不好看,也不利于心平气和沟通。

我还不忘把此前和小兰相处的很多照片整理到一起,有我和她就某些问题沟通时写下的便条,有我送她的课外书《简·爱》,有我发给她家长的报喜信息,还有我为她准备好的饼干和奶粉(她此前早上常不吃早饭导致胃不好,我便和她约定,每天得告知我是否吃了早饭。万一没吃,到我这里及时补充能量),还有我日常随手拍下的小兰的在校生活照片,等等。我想也许我的有图有真相,能让这位强势的外公多多少少看见我的用心付出吧。

准备完这些,看看手表,离约定的时间还有半个小时。我顾不得批作业,抱起笔记本电脑和记录本茶杯等物品就往校门口走。我打算在那里边等候小兰外公,边复盘此前我和这位家长及小兰相处的细节。等候,能让这位祖辈家长看见我的诚意。复盘,能帮助我更加理性客观甚至智慧地面对接下来的这场对话。

到了传达室,我和保安说明来意,并跟他们借了抹布,擦拭干净隔离室的桌椅,然后打开电脑,一边反思自我,一边码字记录。这些忙碌之后，坐在电脑前，我发现之前加速的心跳已经恢复了常态，我知道自己也已经把情绪和心理都调整到了最佳对话状态——寻找机会，寻求共赢。

一位最操心的外公

在校门口等了差不多二十几分钟后，校门口出现了一个骑着电瓶车急匆匆赶来的老者。我估摸应该是小兰外公，便连忙起身走到校门外，招手微笑着迎接他。

老人家见我这样热情，脸上也浮起了一丝笑容。入校登记毕，我请他到隔离室入座。尽管老人自带了茶杯，但我依然给他泡上了茶。我们坐下来，他便打开了话匣子。

这回我真学乖了，只顾一边带着微笑耐心倾听，一边不住记录下关键词句。我有时频频点头，有时又跟着他的话语紧蹙双眉，但自始至终，我没有再反驳他的任何一个哪怕是错误的教育观点。

小兰外公从小兰父母爷爷奶奶的具体情况讲起，追溯到小兰妈妈的先天残疾，再讲到他自身如何关注又担忧孩子的成长问题……将近半个小时的时间里，他一直在不断地讲啊讲，把压在他心头的重重忧虑，把他对教育的个人理解，一股脑儿，再一次倾倒在我的面前。

不得不承认，当我抛开成见去看待这位老者，在农村老人群体中他的确算是有思想有见地的。在他终于停下来喝茶的间隙，我把对他的欣赏和敬重讲给了他听。

他苦笑着说，但可惜的是他的想法能让我认同，却没有办法去影响他女儿的家庭，他说他很无能为力。

至此，我终于明白了他来找我的潜意识中或许连他自己都不想承认的真正目的——或许比起改变女儿一家的教育模式，他更渴望的是，从我这个教育者这里得到认同，去证明他对小兰的教育主张是正确的，证明他对外孙女的爱是浓烈的。

面对着这个比我的爷爷小不了几岁的老者，我此前累积的抵触情绪，早已烟消云散，取而代之的是一些交织在一起的说不清的感觉，有尊重，有无奈，还有深深的同情。在他的没法被打断的长时间诉说中，我清清楚楚地看到了他的深切的无助，面对女儿女婿智力残疾、经济困窘、家教失当等种种现状，这位老者仿佛在寻找一根救命稻草。

我问自己，我能为他做些什么，好让他焦灼的心得到一丝安慰？

于是，我把孩子在校的优良表现及我与孩子之间的互动细节，一点点呈现给他看，讲述给他听。此前一直霸占话语权的他，此刻像个听话的孩子般安静，除了频频点头，就是不住咧着嘴笑。那苍老的脸庞上深深的褶子，因了开怀的笑而愈发显得沟沟壑壑。

我又继续宽慰他，孩子从开学初我就一直在特别关注着，也会一如既往特别关心她。至于孩子的家庭教育，我也一直在介入，只是家校之间总归有边界，且要改变一个家庭的教育模式，非一朝一夕，所以，请理解我也有难处，也请给我时间和信心。

一份最珍贵的礼物

时间已近午餐时间，小兰外公起身要走，我便也起身相送。出了校门，他却并不急着发动车子，而是从车兜里掏出了一袋东西递到我手上。

见我一脸疑惑，他笑着解释："我老早就知道你是个好老师。所以今天我特地给你拿了点我自己养的蜜蜂采的蜂蜜和蜂王浆，无添加的，你只管放心吃！"

我一下子急了，敢情这个老头子今天风尘仆仆开了一个小时的电瓶车，是专程来给我送礼的。这可如何是好！

我连连摆手说心意领了蜂蜜不能收。他却执意非要我往我手里塞。于是，在门卫保安师傅三人六只眼睛的注目礼下，我和小兰外公推推搡搡了好些个来回，既尴尬，又温暖。

末了，我提高了嗓门："外公，你听老师话哇？"

"听！"老头子果然很听话，立刻应声答道。

"这样，我只收一瓶蜂蜜，不过是替我们班孩子收。我回头就把这瓶蜂蜜带到教室，告诉他们是小兰外公送来给全班同学分享的。一则，也算我收下了，随了您的心意。二则，全班分享，能帮小兰结个人缘。您看怎样？"我决定折中，否则抹了这老头子的面子，估计他又要语气生硬起来了。

他又笑了，嘿嘿嘿出声那种。他拎着被我拒绝的几瓶蜂王浆，挥手示意我赶快去吃午饭。我跟他说抱歉没法留他午饭，又嘱咐他开车注意安全，然后目送他离开。

折返教室后，我立刻向孩子们展示了"小兰外公特地给同学们送来的蜂蜜"，又拍照上传班级群，告知了全班家长这件事。

教室里，掌声一片。班级群里，感谢一片。我的内心，也跟着花开一片。

顾不得午餐时间已到，我立刻打开了讯飞语记，忙不迭记录这场差点因我情绪上头而搞砸的"送礼事件"。

同时，我的脑海里反复盘旋着一句话——没有一位家长是想跟老师对着干的！家校矛盾频发，本质原因一定不单在家长，教师也需要反思自己，提升自己的专业能力。

也因此，感恩这瓶蜂蜜带给我们全班甜蜜的同时，我更想感谢今天这位"强势"的祖辈家长亲自来给我最珍贵的"礼物"——

他带着我去剖析并重构了自我：遭遇家长质疑时，如何抛开师道尊严，跳脱出自我的狭隘，用专业的思维反观自我，用专业的行为努力营造具有安全感的对话氛围，时刻牢记对话的真正目的，如此，方有可能变"质疑"为"认同"，变"斗争"为"共赢"。

遭遇"贪玩"家长——韧字当头

从教近二十个年头,像小诗妈妈这样的家长,我还真是头一次碰到!

小诗,新居民学生,漂亮得堪称校花级别,人也灵气,但学习习惯却很差,经常不完成作业,学科成绩居中等。

多次找小诗谈心,得知小诗父亲常年出差在外,她跟妈妈和姥姥姥爷租住在妈妈的单位宿舍。她妈妈晚上经常出门玩,半夜才回家。

前任班主任告诉我:小诗不完成作业是常态,也曾多次联系家长,可她妈妈非但不配合,还会怼老师。老师们不敢再多管,只能尽力保证小诗在校作业完成,至于家庭作业,也就只好第二天让孩子能补多少是多少了。

获悉此情况,我心里不由得犯嘀咕:这年头哪个家长不望子成龙望女成凤?自己贪玩不顾孩子学习?小诗母亲,究竟是个怎样的女人?

主动沟通:遇冷

前任班主任再三提醒"这个女人很难弄",着实让我心里犯怵,但也不能因此任由小诗懒惰下去,荒废了自己!考虑到小诗爸爸常年出差,小诗作业的事,我也只能与小诗妈妈谈。

自觉准备颇充分后,我给小诗妈妈发了短信,预约电话沟通。短信如石沉大海,整整一天不见回复。我的心,也像石头般沉了下去。

直到第二天晚上,才接到短信说"现在方便",我居然有如获至宝的喜悦。电话接通,小诗母亲声音冷冰冰:"老师你好,是小诗又做错事了吗？"

我如梦初醒，反思自己之前短信没有表达清楚，让小诗妈妈误以为我是奔着"告状"去的，便连忙表示我是来报喜的。随后，我跟她罗列了近阶段小诗在班级里的热心行为，还有上课时的专注听讲，以及课堂作业的正确率高等等。

小诗妈妈默默地听完我的滔滔不绝之后，说了一句："其实我家孩子本来就很聪明的！她脑子灵活着呢！"语气里满是骄傲。

我接过她的话茬往下说："是呀，是很聪明的！所以啊，如果她能坚持完成作业，就会成为班级里最优秀的孩子了！所以要麻烦你还是每天给孩子的家庭作业签一下字……"

正当我边说还边在为自己善用"三明治效应"进行家校沟通而沾沾自喜时，不承想小诗妈妈已经在电话那边炸了锅："你说什么？她还在不完成作业！我跟你说，她骗人最厉害了！每次问她她都说完成了，结果又在骗人！我真是要气死了！"那一刻，隔着电话听筒，我仿佛看见了她头顶升腾起的熊熊怒火。

她还说："老师，孩子的学习主要靠你们老师的呀！我文化程度很低的，看作业还得辛苦你们！"

这样的言论让我一时无语了，感觉如果再和她对话下去，估计我也会跟她互怼起来，就立刻收住话题。我再次表示此次电话主要是为了表扬孩子，同时老师一定会竭尽全力，也请家长尽到职责，便收了线。

第一次对话，我一腔热情，却铩羽而归。心里真叫窝火！怎么会有这样的母亲！

我跟爱人抱怨，他对我说："像这样的孩子和家长，你做得问心无愧了就好！"

真诚辅导：破冰

回味着爱人宽慰的话语，"问心无愧"，我真的尽力了吗？并没有！第一次对话失败，那我就创造机会再一次对话嘛！

这一天，小诗又没有完成作业。问原因，说做不出来。而我知道，这些作业对她来说，其实并无难度。我没有揭穿，反而顺着她的思路往下说："做不出来没事的。有老师在呢！今天傍晚放学后，你到我办公室里来，我给你一题一题辅导，一定能搞懂的！"

随后，我给小诗妈妈发了短信，首先依然是罗列孩子在校时上佳的表现，然后告知她傍晚我会给孩子辅导几个难题，会晚一点出校门。

这次，信息很快就回过来了："好的。谢谢老师！但这样我就赶不上接她了，你叫她自己走到我厂里吧！"

小诗到我办公室里后，先是磨磨蹭蹭，似乎她真的不会做那些题目。

我也不催她，只跟她说："老师手头有点急事要做。你要么先回忆一下我教的方法，先试着自己解决一下看，这样我们彼此都能节省时间，都可以早点回家。如果实在做不出来也没事，你等我忙完了再教你吧！"

然后我就自顾自忙了起来。而坐在另一个办公桌上的小诗，在沉默了一会儿之后，似乎想明白了什么，也飞快地动起笔来。

我笑了。既给她台阶下，也让她看见自己的能量，更让她知道家庭作业这件事情，即便逃得过昨天，也逃不过今晚。但愿我这样的"留校"，真的能对她有所触动。

冬天的傍晚，天暗得极快。等我陪着小诗补完作业，窗外已经暮色四起。我不放心她独自回家，便驱车将她送到了厂门口，并再次给她妈妈发短信："小诗我已送到。难题最终都由她独立解决，感觉都没我啥事！开心！点赞聪明又肯动脑的娃娃！"

不出所料，那晚的作业，小诗全部完成，虽然字迹潦草，好歹是个进步。我也很欣喜。但更让人觉得欣喜的是，一向不肯给作业签字的孩子妈妈，居然也破天荒地签上了大名。

借力微信：互动

小诗连着一个多星期都认认真真完成家庭作业了！我尝试运用焦点解决技术，一步步引导她，先问小诗是如何做到的？她告诉我：妈妈最近几天晚上都在家陪伴她。我欣慰之余，引导她："妈妈很爱你，为你放弃了自己的休息时间！而且你看，妈妈并没有教你题目，你却能把家庭作业做这么漂亮，说明你自己有这个能力哦！"

我还主动加了小诗妈妈微信，附留言：分享喜悦的时刻！不一会儿，通过申请。我二话不说，将之前拍摄的一组作业照片一股脑儿发了过去，最后留言："一天比一天自信的乖娃！一天比一天尽力的美妈！"

她回复了几个字："谢谢老师！"

我突然意识到，自己这段时间来的努力，然后等她回复的心情，真如恋爱中的人等情人的信息般急切。爱人打趣我："你这是用情太深！"我心里默默念叨，只要她能真懂我的心，这样的用情至深，便是值得！

加了小诗妈妈微信后，我常将小诗在校的情况拍照或视频发给她，点滴进步也尽量夸大了表扬，从不吝啬溢美之词。我想让她看见，小诗有多想做个好孩子。

我也会给她的朋友圈点赞，有时评论。我想让她知道，我和她，通过孩子、为了孩子，是可以成为朋友，成为孩子的成长合伙人的。

我还常在自己朋友圈发有关家庭教育的推文。其实我本意就是发给她看的，但我不能直接私发她，面对她的敏感和火暴脾气，直接推给她，等于暗示她做得不够好。对于这样的家长，有的时候，迂回才是明智的沟通方式。我不懈地发着，每天一到两篇，我知道她不会全看，但我依然怀着美好的期待，期待着她也许会点开其中一到两篇。那时，或许，就有其中一些内容，能让她从中受益。

遭遇反复：追问

工作之余，我点开小诗妈妈的朋友圈，一条条看，基本得出结论：爱美爱秀，秀自拍，秀奢侈品，秀生活的方方面面。一句话概括——自己还是"大孩子"的"85后"家长。

于是我很担心，小诗的好状态，可以持续多久？

果不出我所料，半个多月之后，小诗又开始不及时完成作业了。而我恰巧在这段时间看见小诗妈妈在外旅游的照片：沙滩上，穿着比基尼奔跑；椰林里，喝着饮料自拍……

我找小诗聊。她不无骄傲地告诉我："公司老板奖励妈妈海南旅游去了！"末了眼神里却又闪过一丝落寞。

我的脑海里突然闪过一种想法：父亲常年不在身边，母亲又经常只顾自己玩，小诗很可能是在用不完成作业这种方式来进行无声的抗议。所以，只要母亲晚上外出，她就会不完成作业，甚至宁可第二天被老师批评。

作为老师，我无权干涉家长的生活方式，家校之间的边界意识我是明晰的。但如今，小诗妈妈显然严重影响到了孩子的学习状态。我又该如何艺术性地介入，让之前的好状态延续下去？

一方面，我需要通过一定的心理疏导，帮助小诗正确看待自我和学习。而对小诗的心理疏导过程，离不开她妈妈的参与和帮助。解铃还须系铃人！

正巧家长会将近，我本就计划为每位孩子录制"我的心里话"音频，想给家长们一个惊喜。在辅导小诗录制时，我便鼓励她将如何渴望妈妈陪伴的心里话说了出来。

家长会那天，当播放到小诗的录音时，小诗妈妈脸上的神情明显激动，听着听着，她眼圈泛红了。

原本我以为，小诗妈妈会留下与我个别交流，结果她集体活动一结束就匆匆走了。

正当我一边无奈一边叹息的时候,她却发来了微信:"老师,我想早点回家陪小诗,就先走了!谢谢你为我准备的这份惊喜!我很感动,也很内疚!"

我的心儿怦怦怦地跳得欢悦起来!我的良苦用心,她终于懂了!我与小诗妈妈的情感链接点,终于真正建立起来了!我按捺住激动的心情:"你这么在意小诗的学习,小诗一定高兴坏了!我也高兴坏了!"

随后,我比较委婉地跟她谈了我对小诗作业问题的看法,并以自己童年经历作比,告诉她:童年生活里缺爱的孩子,会将不安全感带到成年,甚至带入婚姻。家人的高质量陪伴,是女孩子精神世界富足的最好养分。

然后我给了她如下建议:第一,尽可能多陪伴,不仅要陪伴小诗做作业,也要陪伴小诗做游戏、阅读、出游等,尽可能多地满足小诗的情感诉求。第二,就家庭作业问题,和孩子商量着约定一些家规,然后按我推荐她的"评估""实施""强化"的步骤,一步步严格执行。哪怕妈妈有事外出,也要想办法严格执行。

她应允,并承诺会一一照做。

持续关注:期待

当我记录下这些文字的时候,家长会也才过去半个月,在这半个月里,小诗妈妈真的做到了天天签字,很少外出,而小诗在学校里,笑容也灿烂多了。

我依然心有顾虑,找了科任老师谈此事。我想联合所有科任教师的力量,一起帮助小诗提升学科成绩,这无疑是对小诗妈妈最好的奖励和强化。

科任和前任老师都问我:这样难缠的家长,你是用了什么好办法搞定的?

我苦笑,我哪里有什么好办法!如果真有,大概就是"死缠烂打"

吧！作为教师，我们没有权力选择学生，更没有权力选择家长。当遭遇这样不成熟的家长时，也只能"家长虐我千百遍，我待家长如初恋"了！并且，我还警觉到：小诗妈妈固有的生活方式，一定会让陪伴事件出现多次反复的。好在，我已经做好了思想准备，忍得住自己的暴脾气，耐得住家长的冷淡，掏出一颗火热的真心，只要我"韧"字当头，哪怕对方是冰冷的石头，最后一定也能留下一点我的温度吧！

离异再婚家庭：让亲情堂堂正正回归

静儿，甜美的笑容，漂亮的成绩，表面光鲜的背后，其实是不能与外人道的伤痛。但那些伤痛，她不会说，而我也压根猜想不到。直到那一天，我接到了一个陌生女人的来电……

一个陌生女人的来电

这天午饭后，我正批作业，一个陌生电话打给我，说是静儿的妈妈，此刻正在校门口，想让静儿出去，她要看看她。

我一脸狐疑，静儿妈妈不是常在家长群回复信息吗？怎么突然说"要看看她"？娘俩不是早上才分开吗？出什么事了吗？

我找来静儿把这事一说，女孩甜美的脸上立刻双眉紧锁，但眼里却闪着光。她跟我说了句"老师我很快回来"，便跑向校门口。

我盯住她远去的背影，心头的问号写得更大了。这究竟是怎么回事啊？会不会出什么状况？实在按捺不住满心疑惑，我紧跟着静儿的步伐，也飞快赶到了校门口。

校门外，静儿被一个中年女子拉着双手，正絮絮叨叨。边上另有一个女子，手里拎着两大袋子零食。

见我也跟了出来，牵着静儿手的女子朝我微笑，自我介绍是静儿的妈妈，今天特地过来看看她。静儿既兴奋又尴尬，朝着我点点头，说："老师我很快回教室。"

我内心的疑惑没有散去，但也意识到了孩子似乎不希望我在场，便也朝她们笑笑，然后转身回了办公室。

约莫十几分钟后，拎着几袋子零食的静儿敲开了我的办公室门，她怯生生地问我："老师，我妈妈拿给我的东西，我可以在你这里寄存一下吗？"

我以为只是一下午的寄存，便满口答应，可是没想到到了放学时间，她也没来拿回去。而在这一晚的日记里，静儿揭开了我内心的一个个谜团。

原来，静儿的父母在她很小的时候就分开了。静儿跟随爸爸，爸爸又给她找了新妈妈，就是那位很尽责地总在家长群及时回复我信息的妈妈。而今天来看她的，是她的生母。奶奶对生母意见非常大，不允许静儿和她的生母接触，所以才发生了今天校门口的一幕，以及静儿只能把零食寄存在我处的无奈。

静儿在日记中问我："究竟我做错了什么？为什么他们要这样对我呢？"纸张皱皱巴巴，部分字迹都模糊了。很显然，在写下这些疑问的时候，孩子的眼泪浸湿了纸页。

读着她的日记，我的眼前仿佛出现了她甜美却泪流满面的脸，忽闪着她那双美丽的大眼睛，一遍遍问着我："究竟我做错了什么？"

我的心揪得很紧，仿佛看见了童年的自己。像在写给自己看，我给她这样回复："我想或许我能懂你的无奈，因为我的童年也无数次流过这样的眼泪……直到我长大了，才渐渐明白，每个大人都有他的不得已。我们没有经历过他们的生活，也就没有办法真正体会他们的不容易，因此也就不能轻易去定义他们的行为是对还是错。但我可以确定，你的爸爸、新妈妈、奶奶对你的爱，就跟亲生妈妈对你的爱，是一样浓一样多的。"

可是我也知道，帮静儿"转念"，只是这场教育的其中一个环节，且教育的效果随时可能被现实击溃——毕竟她的奶奶如此排斥她的生母，而她又如此思念她的生母。小小年纪的她，就算在我的引导下懂了很多大道理，当面对真实的困境时，又当如何平衡？如何自洽？

一场绵绵发力的对话

这场亲情的拉扯，关键人物是静儿的奶奶。因为奶奶不允许母女接触，静儿便不敢把妈妈送来的零食带回家，我猜想这位奶奶估计有点强势。和祖辈家长对话家庭教育，本就不是一件轻而易举的事情，尤其是像静儿奶奶这样的固执型祖辈。于是我决定从与静儿奶奶建立优质家校关系入手。唯有她能从情感上认同我喜欢我，才有可能接受我的观念，被我影响。

于是，我给自己做心理建设：和静儿奶奶的关系建立，很可能是一场需要绵绵发力的对话，急不得！毕竟家校有边界，特别是涉及家庭内部矛盾方面，我要把握好分寸感，方能有效实施干预。

而我和静儿奶奶唯一的交集，就是放学时间。每周我轮到两次带放学，这每周两次，我便特别珍惜：有时静儿奶奶准时在校门口等娃了，我就常主动走过去和她聊几句，夸夸孩子懂事能干，也盛赞是她懂教育会教育。和她这么聊的时候，我总故意把声音提高一点分贝，吸引周围家长投来羡慕眼神。每当此时，静儿奶奶便开心得满脸褶子都笑开了花。若哪天静儿奶奶来晚了，我就陪着静儿耐心等待，等着与她再聊上几句，然后再挥手告别。

一来二去地，有时接娃的人群中我还没发现静儿奶奶的身影，她便已高声喊着"孙老师"，张扬而骄傲地与我隔空打着招呼，仿佛生怕周围家长不知道她和我这个班主任关系很好。

一次借力打力的观念纠偏

见时机差不多成熟了，一日，我把静儿奶奶约到了我的工作室，准备和她直接摊牌。

我首先把孩子一直寄存在我这里的两大袋零食拿给她看，并请她原谅，未经她的同意，我允许静儿生母来校看孩子。

静儿奶奶的脸色变得很复杂，看看我，又看看那两袋零食，嘴巴张了张，想说些什么，却又摇摇头，很无奈的样子。

从她的欲言又止中，我大概能猜想到她与前任儿媳之间似乎有很多不能对外人道的纠葛，很可能也就是这些纠葛直接导致了她不允许静儿母女见面。

于是我试着一点点帮助静儿奶奶看清问题的实质："奶奶，虽然我不应该干涉家庭内部矛盾，也能理解您一定有苦衷，但是我还是想多问一句：您为什么不允许孩子和她亲生母亲见面啊？"

我这么一问，她立刻急了："她丢人的事情做得还嫌少吗？她是做妈的人啊！她有做妈的样子吗？女儿以后要被人指指点点骂的呀！"

"我想我能明白您的意思！也理解您的情绪。遇到这样的事，换了哪个婆婆，哪个奶奶，都要着急的！来，您喝茶，消消气！"我一边与她共情，一边站起身，为她续上茶水，也想借由这段对话的停顿时间，来帮助她平复情绪。

她捧着茶杯，没有再说话，眼神中带着些空洞，仿佛陷入了对往事的痛苦回忆。这个节奏可不妙，痛苦的回忆会让情绪翻倍喷涌，我的计划就要泡汤了！

"奶奶，我今天请您来，不是想旧事重提，不好意思噢，惹您不高兴了！"我主动担责，把静儿奶奶的思路往我想去的地方带，"家家有本难念的经，我作为老师，确实本也不应该插手这些事。但静儿是你们的孩子，也是我的孩子！作为她的老师，我不能看着她这样痛苦！"然后我把静儿的部分日记内容读给了静儿奶奶听。

还没等我读完，静儿奶奶就忍不住发问："这孩子怎么会这样想呢？我们怎么可能不爱她？我就怕她想多，什么好吃的好用的都紧想着她……"她像在问我，又仿佛在问自己。

我拍拍她的手背，安慰她："奶奶，静儿这孩子您培养得真的很好，孩子很懂事，自然知道你们都对她好。可是奶奶啊，小孩子天生是忠于自己的父母的。在孩子的内心，自己的父母永远都是最好的。如果父母被人说什么什么不好，孩子就会觉得自己也跟着不好了，甚至很多孩子还会把父母家人之间的矛盾归责到自己头上，觉得是因为自己的问题，才导致现在的局面。"

静儿奶奶一脸错愕地看着我，仿佛没听懂，又仿佛不相信。

我又继续说："所以静儿现在很为难很痛苦，对我都哭过几次了！她需要你们，也需要她的亲生母亲的关爱。可是她现在夹在你们中间，一个小孩子能有什么办法，除了哭，就是把疼痛埋在心里。奶奶，孩子还那么小，这些心事太重了，她的小肩膀承担不住的呀！奶奶你这么爱静儿，一定也很心痛她吧？"

"老师你说的道理我懂的！可是她娘做的那些事情真是丢人啊老师！我怕她把静儿带坏了！"静儿奶奶坚持着自己的立场，但我猜想，其实"怕被带坏"是幌子，真相很可能是"解恨的砝码"，或者怕"爱被夺走"。

这样猜想着，我继续说："奶奶，说句您不爱听的，我咨询过律师朋友，像静儿妈妈这种情况，其实如果她想把事情闹大，完全可以走法律程序维权。离异后父母探视孩子，是法律赋予的权力，父母子女之间基于血缘关系而形成的情感，不会因为父母离婚而变化。但她从来没跟您闹过，只是悄悄来学校看看孩子，可见她还是很尊重您的。而且静儿是您一手带大的，肯定跟您是最亲的呀！只不过孩子的成长也缺不了母爱。让她妈妈偶尔来看看她，带点东西给她，既满足了孩子的心理需要，也能体现您这位长辈的大人大量，孩子和她生母都会对您感恩不尽的！最关键的是，静儿在您这里学会了以德报怨，以后长大了肯定会特别孝顺特别贴心呢！您就是孩子最好的榜样呢！"

……

这一次碰面，静儿奶奶的脸色始终不好看，但是临走前，她还是对我松了口："让静儿傍晚把零食带回家吧，跟她说，奶奶不凶她的！"

那一晚，静儿欢欢喜喜地拎着两袋零食出了校门，很乖巧地交给了她的奶奶。奶奶挥手跟我说再见，然后一老一少两个一般高的身影，牵着手向远处走去。

目送祖孙俩远去的背影，我的心头泛起一阵阵暖意，脸上也一阵阵发烫：其实，每一位看似无理的家长背后，都有他不得已的苦衷。好在，尽管带着偏见，但我选择了倾听和尊重，才寻到了解码的关键。

而那以后的一个多学期里，静儿生母总共来过三趟，每次都是大包小包，有时是衣服，有时是零食。静儿每次都依然是既紧张又兴奋。只不过，她再也不用着急忙慌地来找我帮忙把这份母爱藏起来了。因为她笃信了，她的亲情，不曾缺失，反而更多了。

活用"谈判术",巧治"校闹"

傍晚时分,我正准备下班,门岗值班老师电话打了过来,说校门口有家长闹事,起因是五年级 C 老师班里的强子跟同学闹矛盾被抓伤,中午酒劲未醒来接娃的强子爸看到伤口后,当场炸了锅,跳着脚喊:"今天我一定要让我儿子打回来!"值班老师和班主任与他沟通无果,甚至在值班老师提醒他这属于"校闹"后,他变得更加嚣张,直喊:"那你们报警呀!让警察来评理!今天这事情不给我个说法,我就闹到教育局去!"于是他们只能把家长往我办公室领。

末了,C 老师还拿过电话轻声补充说:"这个家长是外地人,很难搞的!之前就为同学之间闹小矛盾而找过我事情!"

一、自我心理建设,积极心态应对

"酒劲未醒?打回来?很难搞?……"我一边回味着值周老师和班主任 C 老师的话,一边忍不住心里发怵。虽然我负责学校的家校矛盾调解,这事是我的分内事,但酒醉的家长,我却还是第一次遇到,而且还是一个不喝酒的时候就很难搞的家长!

可人都往我办公室来了,我也只能硬着头皮说"欢迎"了。于是我一边告知值周老师"我在会议室等",一边立刻走到会议室去洗茶杯。

才是三月份,自来水冲在手上依然冰凉,我跳得有点偏快的心也渐渐平复了下来:

首先,必须抱着无条件接纳的心态去面对。喝了酒的家长,我当然可以拒之不理，但是然后呢？事件一旦发酵，无论学校和老师是否有过错，最后舆论压力一定给到校方。而且家校矛盾一旦激化，最大的受害者一定是孩子，这是我万万不想看到的。更何况，工作中面临的任何问题，都是来强大我们的。好好享受这个过程，也许自己又能得到成长！

其次，把人和事分离开。单从两位老师的叙述去看，这位家长肯定不是"善茬"。但"校闹"背后，一定有家长的苦衷；若非有不得已的苦衷，没有家长愿意与学校和老师对着干。因此我不能只凭老师的一面之词就带着偏见去看这位家长，要把人和事分离开，专注于问题。唯有秉持一颗客观公允的心，才能让家长看见我的真诚和善意，这是良好沟通的情感基础。

第三，将危机变成契机。这是一场危机，危机背后往往也存在着不少成长和改变的契机。因此，我需要借助这场冲突，用专业的态度和话术引导家长和教师都看见自己，看见对方，变"矛盾冲突"为"合作共赢"，让这起"校闹"变成双方关系良性发展的助推器。

在给自己做好心理建设后，我来到了楼梯口等候。刚站定，只见一位人高马大的男性家长就在一路骂骂咧咧中，由两位老师陪同着走了上来。

尽管走近了的确能闻到强子爸爸身上的酒味，但从他的脸色和神情看，似乎并没有到喝醉酒的状态。换言之，此刻的他，情绪大过酒气，这让我的内心又笃定了一些。

二、以礼相待，建立正向的情感联结

我立刻迎上前去主动伸出手与强子爸爸握手，同时自我介绍："你好，我叫孙亦华，是我们学校分管德育工作的老师。"

刚才还骂骂咧咧的强子爸带着些许犹豫，但也伸出了手与我相握。

我微笑着把一行人往会议室领，然后一边招呼他们"请坐"，一边转身去泡茶。等我端着茶杯往几个人手里送时，心里却暗喊"不妙！"

只见强子爸气呼呼地坐在了背对会议室大门的位置，孩子一脸不安地站在他身边，而值周老师和班主任则选择了坐在他们父子的正对面。

隔着会议桌面对面而坐，这不是谈判的架势吗？在这样的境况下，上门来维权的强子爸爸势必会产生"人质心态"，本能地具有极强的防御性。而再看我们这边一脸紧绷的值周教师和班主任，很可能也正处于这种应激状态。

果然不出我所料，还没等我开口，那一边强子爸和两位老师对话的嗓门就又大起来了。于是我连忙示意正陷入情绪中的值周老师和班主任先离开一会儿。

送走两位老师后，我拉开了强子爸隔壁的椅子坐了下来，与他形成45度角的坐姿："对不起，刚才我在上课，孩子的事情我还不知情。但孩子受了伤，作为行政分管，我和班主任没有及时对接、妥善处理，我代表学校向你道歉！"

即便强子爸带着一身酒气，但我依然得选择靠近他一点，同时一开口就是歉意的语气。因为人与人沟通中，其实只有7%的信息是通过语言内容传递的，而有38%是通过语调表达的，其余55%则是通过说话人的肢体语言和表情表达的。因此我有意在对话和肢体语言中植入温和善意的因素，以干扰他的"人质心态"，营造我们之间良好的对话基础。

三、结构化倾听，洞见真实需求

一般来说，家长选择校闹，其背后往往因为教师和家长双方都存在不理性的盲点，尤其是家长看似荒谬的行为背后，一定有隐藏的真实需求。我唯有把强子爸没说出口的需求和想法了解清楚，才有可能真正找到办法满足并达到家长的需求和期待。否则就算平息了这次矛盾也只治标不治本，很有可能就会为下一次更大的矛盾埋下伏笔。

我决定使用谈判术中的"结构化倾听"，就是把我在与家长对话过程中听到的信息分别装入三个框内：

第一个框叫"情绪"，即把家长语言里隐藏的情绪识别出来。

第二个框叫"事实",即家长语言中不受主观判断影响的、可考证的内容。

第三个框叫"期待",即结合家长的情绪和表达的客观事实,判断出家长真正的诉求。

于是,我摒弃了此前了解到的所有有关强子爸爸的负面信息,以开放性的心态,把家长可能想到的或说到的一切关于校方的负面信息,在他开口之前先说了出来:"我相信若万不得已,你也不会这样生气。你一定有苦衷!如果我们学校和老师有做得不对的地方,你尽管说,我一定会替你主持公道!"

这样做,一方面可以让强子爸觉得校方低姿态有同理心,同时也想帮助他卸下心理包袱,敢于表达心中真实想法。

强子爸爸感激地看看我,摇头叹了口气,然后开始了讲述:

"我们是河南的,来这里打工六年了。我儿子一年级就在你们学校读,但从一年级到现在,总是被班里同学欺负!我跟他说'你打回去啊',他就不敢,每次吃亏了都瞒着我们。我也跟老师说过这个事情,但从来没有什么用。我忍来忍去,就忍到了今天这个结果!打人的这个孩子老是欺负我儿子的,今天我不能忍了!再忍下去,下次不知道要打成什么样了!今天必须叫对方家长来,他儿子怎么打我儿子的,叫我儿子怎么打回去!以后谁再欺负我儿子,一律打回去!看谁还敢欺负我儿子!"

我一边听,一边用"结构化倾听"的模式梳理了强子爸爸传递给我的信息:

第一,情绪。强子爸爸的表达中,多次出现类似"总是""每次""从来""老是"等词,这类词表达的是一种主观感受,或多或少有夸张的成分,说明强子爸爸此刻更多是在发泄情绪。因此我此刻要做的,不是跟他争论事情的真相,而是接纳并安抚好他的情绪。

第二,事实。在强子爸带着情绪的描述中,我依然能看见一些事实真相,比如孩子自一年级起就经常与同学发生矛盾(但不一定是受欺负),班主任也知情,但处理结果未令家长满意,家校关系并不融洽等。这些事实，很可能就是家长情绪的真正根源。

第三，期待。结合强子爸的情绪和事实，基本上我能判断他真实的期待了：希望老师重视并妥善处理这件事，希望孩子得到应有的保护，在班级里能与同学友好相处。而他反复喊在嘴上的那句"打回去"，未必就是他最期待发生的事情。只是处于情绪风暴中心的他，看不清自己真正的动机和目标。

当我梳理完这些信息后，内心忽然就柔软了起来，同时很是内疚。这难看吃相背后，是护子心切的舐犊情深啊。无论他之前表述的是否全部的真相，他的儿子在班级里，的确是处于弱势了，而我们的班主任很可能也的确没有处理到位。

但现在的重点是，我该如何帮助他看清自己内心真实的想法，把他的关注点从强烈要求"打回去"引导到愿意与校方合作，共同寻找建设性的解决策略？

四、校准问题，赢得合作

我决定运用谈判学中的"校准问题"策略，就是指用良好的态度提出开放式的具体问题，以达到让对方错误地以为自己获得了控制权，而主动替我们解决问题的目的。

"我能理解你的感受！换作是我，我也会很生气！毕竟孩子受了委屈，咱们的确需要为他的处境考虑！"我一边与强子爸共情，让他感觉我始终站在他的立场思考问题，一边在笔记本上写下了"打回去"三个字，又标注了"→"和"？"，用可视化的方式一步步校准问题，引导他去思考下一步行动及带来的后果，"你让孩子打回去，是为了得到什么呢？"

"得到公平！正义！我儿子不能再这样被欺负了！"他手上的青筋因为用力握拳而凸起着，似乎也在宣泄着满腔的怒气。

我把"公平、正义"两个词写在了"打回去"的左侧。

然后我继续校准问题："嗯！不仅这次要打回去，以后谁欺负强子，咱们就让强子打谁。这听起来是个办法！然后我们设想一下，如果你是其他孩子的家长，你会怎么看强子？如果你是老师，你又会怎么看强子？"边说，我边又在"打回去"的右侧写上了"同学？""老师？""其他家长？"等信息。

"这个我没考虑过！"强子爸爸显得有点烦躁，嘴里念叨着："反正必须打回去！"

"行的！打回去！"我依然没有反驳他的想法，而是顺着他的思路，我继续在笔记本上演示思维导图：

"但我替强子考虑过打回来的后果，如果孩子之间闹矛盾，家长就让孩子'打回去'，那么以后其他孩子还敢不敢跟他玩？其他家长会不会让自己孩子'惹不起躲得起'？任课老师会不会因此而不敢严格管教你的孩子？"

"老师，你讲的道理我都懂！但我现在不想考虑这么多，我只想给孩子主持公道，替孩子出气！"

是呀，道理他何尝不懂，只是陷入情绪中的他已经无法理性思考，于是我用谈判术中的"指控审查"，帮助他把心中对校方的不满直接说出来，这样才能继续帮助他校准问题：

"孩子当然不能白挨打！但'打回去'的做法对强子伤害太大了！所以我坚决不同意！你看你实在想找人出气，你就打我一顿好了！毕竟我是负责学校德育工作的，我也脱不了干系！"

"老师你不要这样说，你又没做错什么！"

"那你就打班主任！班主任没有妥善处理，他该打！"

"没有没有，班主任其实也没做错什么！"

强子爸着急忙慌地替班主任辩护起来，似乎早忘记了他此前如何气愤地跟我讲述班主任对这事的"不重视"。

"那怎么办？那你等着，我这就打电话把对方家长叫来，你把对方打一顿！孩子调皮，大人的责任啊！"说着，我拿出手机假装要打电话。

"不打！不打！都不打好哇！"强子爸越发着急了，连连摆手，脸涨得比刚进门时更红了。

我继续校准问题，把事件的核心从他关注的"打回去"切换为事件真正的核心要素"孩子成长"："那怎么办啊？咱们强子不能叫人白'欺负'了呀！你看需要学校为你和孩子做点什么？只要能保护好强子，对强子成长有益的，你尽管说，我们努力去做！"

同时在笔记本那行"打回去"的左侧又补充上了"对成长有益？"然后把我的笔记本推到了强子爸面前。

看着笔记本上的思维导图，强子爸再一次陷入了沉默。其实我的心里有很多建设性意见可供他参考，但我忍住了没张嘴。我必须通过他的想法说服他，而不是基于我的。唯有让他感觉对话的主导权依然在他手里，才能有可能引导他从我的对立面走向合作性的共同解决问题。

最终，在长久的沉默之后，强子爸开了口："老师，我看得出来，你是真心为我儿子着想。我感谢你的！其实我也不想把事情闹大，只要你们保证以后我儿子不受欺负了，这事我今天也就翻篇了！"

我发自内心地笑开了，向这位酒精作用下依然能最终选择理性的爸爸竖起了大拇指。

五、变"校闹"为"共赢"

最后，我向他的善解人意表示感谢，也真诚地表达了我对这件事的一些个人想法：

第一，重点培养孩子的人际交往能力。孩子"受欺负"的背后，其实是人际交往能力的欠缺，因此他很享受这种惹了同学被追着"打"的感觉，这是他独特的交友方式。这方面的能力培养，需要家长和班主任的共同努力。

第二，孩子与同学矛盾时，家长要做孩子的智囊团。当孩子人际交往出了问题，其实也是孩子学习人际相处的好机会。家长最佳做法是教给孩子友善解决冲突的方法，而非简单粗暴的"打回去"，这会让孩子越发模糊对人际沟通的正确理解。

第三，学校会和班主任及对方家长沟通，也会由班主任引导并帮助重建强子的班级人际圈，确保孩子在良性家校、同学关系中快乐成长。

第四，遭遇孩子成长问题，学校欢迎家长的正当维权。没有群众意见，教师成长和学校发展就缺了重要基础。因此欢迎继续主动与班主任及我沟通，也不必为此事挂怀。

事件至此，强子爸脸上的酒气基本消了，怒气也早已转化为带着尴尬的笑。

看看时间已经指向傍晚六点了，我便拿出手机招呼他们："留下来一起吃个晚饭吧，我现在叫外卖！"

强子爸嗓门又大起来了："老师，哪能让你请我呢！该我请你吃晚饭！你叫上班主任和你们另一位领导，我们外面饭店去点一桌！"那股子豪爽劲，和刚进会议室时的骂骂咧咧，一般无二，却看着让人觉得煞是有趣。

事件的最后，我们当然没有跟着他去吃饭，但我却和他互留了联系方式。他说下次孩子的教育问题还要请教我。我说以后无论孩子在不在我们学校读书了，但凡孩子的学习上我能出力的，欢迎随时联系我。

送强子和他爸爸出门时，我从书柜里抽了一本课外书送给强子。这是又一招人情牌，却也是我真心的歉意。

至此，一场校闹，总算妥善收场。

学生打架之后

这天下午，我正在县里担任评委，副班主任发来信息说，课间晓宇和大刚为几句口角起了冲突，一向脾气很臭的大刚就先动了手，而人小脾气大的晓宇也不甘示弱立刻还手。等副班赶到教室时，晓宇已经被大刚挠了一脸血印子。副班还补充说，这两个孩子是"宿敌"，三四年级时曾两次打到连双方父亲都差点打起来，晓宇脸上至今还留着一道疤痕。副班问我，要不要立刻叫家长带去医院检查一下。

我没有立刻回答，又放大了照片细细分析，判断应该只是皮外伤，估计大刚的指甲有段时间没剪了。我问副班，晓宇此刻是否头晕想吐，得到了否定的答案。我便决定暂时不联系家长，毕竟事情的前因后果我还没有完全搞清楚，此时贸然告知家长，会使我的工作陷入被动。因此我向副班表示了感谢，并请她带孩子去校医处检查处理一下，联系家长等其他工作则留等我赶回去。

"请把事情写下来吧！"

一个多小时之后，县里比赛一结束，我就火速赶回了学校。首先再次查验晓宇的伤口，发现基本上都只是红肿，只有三道口子是破了皮的。我又询问孩子是否想吐，孩子摇头。我再问大刚是否受伤，也回答我"没有"。

我没有训斥他们，而是请两个孩子跟我回到办公室坐下来。此刻已无须我训斥，两个孩子看我的眼神里，早就写满了后悔和害怕。

我又请他们把事情的来龙去脉写给我看：第一，当时发生了什么事？第二，你当时是怎么想的？第三，现在你又怎么想？第四，如果时间可以倒回，你又打算怎么做？

这些内容是后续处理问题的关键，一则能留下第一手资料，方便我与家长沟通；二则引导他们回答第三第四个问题时，就是在帮助他们重构认知深刻反思，进行自我教育。

不多久，两个孩子分别把文字材料给了我，事件始末和副班讲述的一般无二。我看看文字材料，又看看两个娃，陷入了沉思：一对"宿敌"学生，加一对"宿敌"家长，再加一张血迹斑斑的脸，我究竟该如何妥善处理呢？拿起笔，我在笔记本上开始了"备课"：

第一步，梳理与家长沟通的目的，唯有沟通目标准确定位，才有可能实现后续沟通行动的高质量开展。一番思索之后，我把此次沟通目标定位为三点：首先当然是平息事态，其次是借此事件化解双方家长宿仇、拉近家校关系，最后也希望借此机会引导家长和孩子都获得成长。

第二步，思考以何种形式与双方家长沟通，一起叫到学校肯定是下下策，宿敌碰面，新仇旧恨，只怕是我的办公室要上演江湖对决了。那么，上上策又是什么呢？我事先预设了多种沟通路径，在大脑中形成框架，遇事才能不至于自乱阵脚。

第三步，思考见面后该和家长说些什么，用怎样的沟通策略进行对话。我脑海里盘旋着曾经学过的高难度对话技巧，一一梳理在笔记本上，以备不时之需。

在完成家校沟通的备课后，我把我的下一步工作思路和两个孩子做了分享。我告诉他们："接下来的重点是一起解决问题，依靠老师一个人的力量是不行的，最关键的力量是你们！"又跟他们模拟了家校沟通现场可能出现的状况及应对策略。家校、家长之间矛盾的根源在孩子，解决问题的关键其实依然在孩子。

"我也有责任!"

在赢得两个孩子的理解和支持后,我先把晓宇的伤情照片发给了大刚爸爸,又打通了他的电话。我首先向大刚爸爸表示了歉意,说我也有责任,也担心晓宇爸爸不肯善罢甘休。

我之所以主动把责任往自己身上揽,是因为我在与家长的沟通中不断被验证:当面对问题事件,教师的主动"揽责""担责",到了家长眼里,就是"尽责"。家长不仅不会把责任一股脑儿推卸到教师头上,反而会因为老师的低姿态而很快平息火气,理性看待问题。

听闻我一个劲道歉,电话那头的大刚爸爸开始反过来宽慰我:"老师啊,这个事情怎么能怪你呢!我自家儿子我自己清楚的,脾气很倔的,以前也总是跟同学打架的!自从你教他之后,孩子已经变好很多了!"

这连珠炮般一串话语,听得我瞬间眼圈有点红了:"能遇到你这样通情达理的家长,真是我的福气!"这是我的真心话,假若刚爸指责我管理失职,一时间我倒也真的难以与他明辨是非。

带着这样的思绪,我的语气变得更柔和了:"大刚爸爸,孩子的伤口我已经请校医处理了,都是皮外伤,你也不用担心。但是就算皮外伤,晓宇这样一脸伤疤回家,换谁的家长都不肯善罢甘休!我们一起想想办法吧,我们要怎样做,才能安抚好晓宇家长的情绪?"我一边引导大刚的家长站立到解决问题的主体位置上来,一边把重音落在"我们"两字上,让他明白我始终与他是同一战线的,我也始终没有逃避责任。

"老师啊,我听你的,你说让我怎么做,我就怎么做!"刚爸的真诚再一次令我动容。

于是,我和他商量:"你看这样行吗,辛苦你去买点水果牛奶啥的,给晓宇送来,等下我去家访的时候带上。他家长看到我们这样诚恳道歉,估计也就不会再有多大的火气了。买水果牛奶的钱,我也要出一半,毕竟都是我班级里的孩子,我心里始终过意不去!"

"老师你可千万不能这样说啊！这事不是你的错！你一个人要管这么多孩子，不容易的，这钱怎么能让你出呀！"大刚爸爸急了，"老师你等着，我很快就去买了送来噢！辛苦你了老师，实在难为情，给你添麻烦了！"

原本我打刚爸电话时，内心是有顾虑的，因为他老来得子，一向护犊心切，我一度担心大刚爸爸再一次强势护犊，势必会增加我工作的难度。而此刻面对他这样的理解配合，我打心眼里充满感激，同时也再次确信自己此前的低姿态和主动担责，真的是做对了。

"等下我去家访，由我先试着处理，你暂时就不要露面了！不过，我要把大刚也带上，让他去跟对方父母道个歉，一则也确实该当面去说声'对不起'，二则，我也希望借此机会教育一下大刚，让他好好长个记性。"

电话那头，大刚爸爸非常支持我的决定，并再次送给了我一连串的道歉和感谢。

"虽然老师很生气，但依然宝贝你们！"

眼看快到放学时间了，我便给晓宇家长打去电话，告知他们不用接娃，我要去他们家吃面（晓宇父母开了家面店），顺便家访，所以孩子我会一起带回。我担心他们在等待的过程中陷入焦虑，便没有告知真相。

放学铃响起后，我请两个娃在办公室等我，然后当着他们的面吃了止痛药，为了教育的效果更明显一点，我决定用一招"苦肉计"。边吃药，我边告诉他们，老师头痛得很厉害，不过吃了药还扛得住。看着我皱着眉头很难受的样子，本就爱哭的晓宇又哭开了："老师，对不起，我错了！"

我又拿出两包小饼干递给他们："家访结束估计会晚，你们先吃点垫垫肚子，孙老师不舍得你们饿太久！"接过饼干，一向倔驴般的大刚开始一边唉声叹气一边流泪。

路上，我又安慰着已经哭红了眼睛的两个孩子："不用害怕！孙老师会陪着你们一起面对这件事情的！虽然老师很生你们的气，但老师依然很爱你们！"两个孩子听了，眼泪流得更厉害了。

"我要报警！"

车子驶近晓宇家店门口，远远就瞧见晓宇的父母正站在店门口张望，店里正巧没有顾客。我不由得悄悄感激老天帮我。此前我有计划过，万一店里人多，我该在哪里与家长沟通，以免围观群众有负面发声，引起舆论发酵。

来到店门口，我并不急着说话，而是笑着拉着晓宇的爸爸妈妈直接进了店里，然后才满脸歉意地表示，我是来道歉的，接着把事件的始末说给家长听。

可是还没等我说完，看到自己儿子一脸伤痕，晓宇妈妈眼泪立刻流了下来，而晓宇爸爸则愤怒地一把拽住了大刚的衣领。

我连忙把自己的身体挡在了大刚的面前："都是我的错！怪我没有教育好这两个孩子，你有气就朝我撒，千万别吓坏了两个孩子！"那一刻，我内心有一种强烈的冲动，质问他"打架是单方面的责任吗？"可理智告诉我不能这样强硬说理，否则只会让情绪上头的晓宇爸爸更加急火攻心，因此只能一边再次主动担责，一边言语中不断提及"两个孩子"，把晓宇爸爸的思路往我预设的方向带。

这时晓宇妈妈也站到了我这边，不住劝慰晓宇爸爸，终于让晓宇爸爸松开了手。我的内心翻江倒海一片，也许我真不该把大刚带来处理问题，可是如果不用这样惨烈的现场来给大刚狠狠上一课，这个孩子对晓宇的大打出手，怕是还会有下一次。

我连忙揽住了已经快吓傻了的大刚，轻声告诉他："不怕！有老师在！"而那一边，火气正没处撒的晓宇爸爸，已经掏出了手机，一边按着手机，一边喊着："我要报警！这事必须要报警！多少次了？他欺负我们家孩子多少次了？这次必须要报警！"

我也傻了，千算万算，没算到晓宇家长居然还会来"报警"这一出。

几乎在这一瞬间,我的脑海里已经闪过了无数媒体头版头条的报道画面了。"不行不行,我不能自乱阵脚!"我自我暗示着,同时脑海里飞快盘旋着。

"确实该报警!"面对已经完全失去理智的家长,我唯一能做的就是先与他充分共情,接纳安抚好他的情绪,"这事换了谁都得跳脚!我完全理解!是该报警!"

听闻我这样说,晓宇爸爸按动屏幕的手指停住了,他一脸不可思议地看向我。

我用力拍着自己的胸脯:"晓宇爸爸,你快报警吧!先把我这个工作不到位的班主任给抓进去!"

"老师我不是这个意思!这件事跟你没关系!怎么能抓你呢!"晓宇爸爸更急了,连说带摇手。

听他这样一说,我提到嗓子眼的心大半落进了肚子里。只要他没有把矛头指向我,这事就不难办!

"不是抓我,那报警抓谁?抓两个孩子吗?虽然两个孩子打架的确不应该,但也不至于为这点小事把两个孩子都弄到警局里去吧?!"我有点不依不饶起来,想引导他跳出自己的思维局限看问题。

而那一边,听见爸爸说要报警,晓宇哇地一声又哭了:"爸爸!爸爸!不要报警不要报警!我知道错了!"再看大刚,也一边大哭一边喊着:"叔叔我错了!求你不要报警!"

见此局面,晓宇爸爸脸涨得很红,手机掏出放进放进又掏出,着急又尴尬。

眼见着似乎有转机,我便把牛奶和水果又一次拎到了晓宇爸妈面前:"大刚知道错了,他家长也觉得非常抱歉,所以特地托我拿了水果牛奶来道歉!"

"谁要他们的东西!叫他家长亲自过来说说清楚!这样不出面算怎么回事?"晓宇爸爸恨恨地说。

我心想,这能出面吗?据说上回没伤得怎样,两个爸爸都差点打起来，今天这一脸的伤，如果大刚爸爸来了，指不定打成什么样呢！

于是我又只能再次主动揽责了："大刚爸爸说了要亲自来道歉，是我给拦下了！我想着由我和大刚来道个歉也是一样的，毕竟是在班级里发生的事情，我也有很大责任的！"

晓宇爸爸一脸无奈加沮丧地看着我："孙老师啊！你不能把责任都往你自己身上揽啊！你这样说，叫我还怎么说话啊？……"

说完这些，他一屁股坐在了椅子上，垂头丧气的样子。我立刻也坐到了他身边，同时示意其他几个人也都坐下来。只要站姿变坐姿了，事态就在往好的方向发展了！

我前倾着身子略微靠近晓宇爸爸，用这种姿态表示我对他的友善："晓宇爸爸，虽然此前我已经处理过孩子的伤口了，但我总归还是不放心的。你看这样行吗，我联系大刚爸爸，然后和他一起带着晓宇再去医院检查一下，也好彻底放心。"晓宇爸爸已经给了我台阶下，我也得给足他面子，让他有台阶可下啊。

"当然要叫他们家长来！让他们带去！"晓宇爸爸接过了我的话题。

我立刻应声道："是的是的！必须叫他们家长来带去看的！我这就联系！"说完，我又立刻联系了大刚爸爸，也立刻得到了他的同意。

然后，不顾晓宇爸妈的再三劝阻，我执意亲自开车，载着晓宇、大刚，还有晓宇妈妈，一同出发去接大刚爸爸，再往医院赶。

一路上，我再次重复此前的话，说给孩子听，也说给两位家长听："放心，孙老师虽然生气，但依然爱你们，还和以前一样宝贝你们！"

"老师，我给你准备好晚餐了！"

还算万幸，晓宇的伤真如我所料并不严重，医生说只需擦几天碘伏就能结痂。更值得庆幸的是，整个过程中，宇妈和刚爸始终很和谐地交流，也都帮着教育自己和对方的孩子，同时也不忘一个劲地跟我道谢，令我的脸上一阵阵发烫，心头一阵阵热乎。

检查完回家的路上，晓宇妈妈邀我们一起去店里吃晚饭。刚爸连连摇手表示不好意思，又说要亲自再去跟宇爸道个歉。

到了这时，虽然我身体的疲倦，尤其是头痛，已经不是一点点了，但心情却无比欢畅，说不清的轻松与莫名的幸福。

刚到晓宇家店门口，之前还一脸怒气的宇爸早已带着笑意迎了出来："老师，你真的辛苦了！我已经给你准备好晚餐了，你快来吃点吧！"而那一边，大刚爸爸也跟在我身后进了店门，一脸尴尬地跟晓宇爸爸说着"对不起难为情"。

晓宇爸爸又板起了脸，手上却做着"算了"的手势。显然，刚才这段等待的时间里，他基本上已经做通了自己的思想工作。

我暗暗欣喜，事情到此，也算圆满，就此该收场了。于是，我不等晓宇妈妈留大刚和刚爸吃饭，便用眼神暗示刚爸"快撤"。这顿饭我自己是打算留下来吃的，如果我执意离开，晓宇爸妈反而会担心是否得罪了我。我若毫无芥蒂地留下吃饭，他们就能消除顾虑了。但刚爸是万万不能留下的。晓宇爸爸余怒未消，万一一言不合再生事端，我怕是要到后半夜才能回家了。

于是我和晓宇爸妈商议，先把大刚父子送回家，再回到店里吃饭。他们欣然应允。

"今天多亏了你的理解和配合！"

坦率地讲，今天这件事，刚爸的责任是最大的。大刚在班级里一直是脾气最臭的孩子，据说早几年脾气闹得最大的时候，小小的身子居然能掀翻讲台，连任课老师都不太敢批评他，生怕他又炸毛了掀桌子。但此时我并不想把话题重点放在家庭教育中，因为这冰冻三尺，不是我的几句话能根治的。这些家庭教育指导的工作，是后话了。所以一路我表达最多的，还是对他的感谢："今天多亏了你的理解和配合！"

送完大刚父子，我又赶回了晓宇家店里。店里依然没有顾客，不知道是他们谢客了,还是凑巧没人光顾。于是,我在晓宇爸妈的张罗下,坐在了一大碗牛肉面和一盘牛骨、两个烤饼面前。

晓宇似乎早已忘了此前的一幕幕,他坐在我对面,不无骄傲地笑着对我说,这是他最爱吃的,都是爸爸亲手做的。我立刻喊孩子和我分着吃,然后和他开心地聊各种话题,忙完了的宇妈也坐下和我聊起了家常。另一个餐桌边,晓宇爸爸有时看看手机,有时看看我们,听我们聊得起劲,也会跟着露出一丝笑容。

等我吃完,宇爸拎过来一袋子打包好的东西,说这是送给我儿子的夜宵,又拦着非不让我付钱,搞得我一时间不知道该如何是好了。

"老师,这是我们的一点点心意,你一定要带走!今天真的麻烦你了,我们心里也很过意不去!晓宇这孩子调皮,其实我们自己也知道的!就是他已经好几次被大刚打伤了,我刚才真的忍不住了!"宇爸说这些话的时候,像个做错了事的孩子。

"我完全理解,所以我也丝毫不怪你们,这才会厚着脸皮来蹭饭呢!"我故意打趣自己,让话题变得轻松一点,"倒是我要好好感谢你们呢!感谢你们今天的理解和配合啊!"

真正的教育,才刚刚开始!

时钟指向七点半了,我拍着吃得饱饱的肚子跟晓宇一家告别,然后在温暖的灯火中驱车往家赶。

一路上,回忆着此前的一幕幕,忍不住依然有些后怕。好在大刚爸爸善解人意,好在晓宇爸爸给我面子,否则……我几乎不敢想象后果。

但同时,我也庆幸自己选择了一招最"残忍"的棋:让多次动手伤人的大刚和教子不当的刚爸"自食苦果",让强势护子的宇爸意识到"一个巴掌拍不响",把自己推向责任的中央,让双方家长在我的主动担责中看见我的专业态度,尤其是我对孩子无条件的包容接纳和呵护。

当然,接下来我需要做的事情还有很多,比如和大刚父母、晓宇父母聊聊家庭教育，引导两个孩子学会合理宣泄情绪和艺术处理矛盾。当然最重要的是，我需要更多挖掘这两个一言不合就开打的孩子身上的积极因素，帮助他们在班级里建立正向人际形象，用更多集体和同伴的温暖捂软他们满身的刺。

而在复盘完整件事后，我最先要做的，是去下单一套科普类课外书，送给酷爱科学的晓宇，毕竟那顿晚餐和夜宵，是不能白吃的。而这一套书的真正价值，也一定将远胜于知识本身。

当家长来问责

上班路上,佳俊妈妈给我发来一连串信息,有语音,有文字,有照片,还有视频,大致内容是:孩子昨天在校被凯凯挠破了脖子,起因只是佳俊拍了凯凯的大腿,便招致凯凯"下狠手"……佳俊妈妈在语音里质问我:"这样严重的伤,老师你怎么都不跟我们说一声啊?这是大动脉啊,要出人命的!这事你要严肃处理的!"

一、调适自我情绪,接纳家长"问责"

我放大了照片细看,伤口已经结痂了,这样说明伤得其实并不重!而且这事确实也没人跟我说起过呀,有必要语气这样咄咄逼人吗?我的心里有点不悦。

但我也立刻意识到了自己的情绪状态,带着情绪肯定没法理性应对问题了。于是我一边开车一边调适自己的情绪:

换位思考,我能理解佳俊妈妈。分析她的沟通动机,这样的问责,表面上看是质疑老师发泄不满,本质上其实只是想保护自己的孩子。且我的确也有失职之处,忙于工作疏忽细节,在这件事情上的"不知情",因此没能及时让家长"知情",才导致了误会产生。

当我从积极视角看待"问责"事件后,处理问题的思路就打开了。

一到校,我便给佳俊妈妈发去了一段语音,向她的及时沟通表示感谢,并为自己的不知情道歉,同时也跟她保证:"一定给您一个满意的答复!"末了,我还给她发去了三个抱拳和三个抱抱的表情包,辅助表达我的愧疚和对她的友善。

在我的主动示弱和对她情绪的接纳包容中，佳俊妈妈的语气缓和了许多，表示只是担心还会有下一次，所以希望我"好好教育一下凯凯"。

我再次感谢她的善解人意，但并未接过她"好好教育一下"的话题，以一个多学期来对佳俊和凯凯的了解，我猜想佳俊跟他妈妈所说的，未必是全部真相。

二、创设安全氛围，还原事件真相

走进教室，时间尚早，但佳俊和凯凯已安安静静地埋头读着课外书。我悄声分别走到两个孩子身边，示意他们到隔壁阅览室等我。

在阅览室，我请他们坐下，然后首先查看了佳俊的伤情，又问了凯凯是否受伤。所幸，佳俊脖子处的伤口已经基本结痂了，而凯凯并未受伤。我又问起昨天的事情。

"我们已经自己处理好了！"佳俊抢着说。比佳俊高出半个头的凯凯也跟着点了点头。坐在教室最后一排的凯凯，平时话就很少，但做事极认真，是班里男孩中少有的沉稳型。而佳俊则完全是凯凯的"对立面"，很可爱，却也很调皮，一般班级违纪事件总少不了他。

"能自己处理，说明都是有担当的男子汉了！不过老师还是想知道，究竟发生了什么？你们又是如何妥善处理的？"

从头到尾，我只字未提佳俊妈妈，也一直保持着平和的语气，就是希望给两个孩子创设安全的心理氛围，帮助他们把心理能量集中到对事件的回忆和反思中。

两个孩子立刻点点头，然后回教室拿了笔和《说明书》空白表又返回了空教室。《说明书》是我们班的规定动作——但凡惹祸了，首先迎接他们的从来不是我的批评指责，而是一份待填写的《说明书》，其中条分缕析地罗列了须说明的内容，分别是："具体发生了什么事情？""我当时的想法是怎样的？""我现在又是怎么想的？""如果时光倒回，我觉得怎样处理会更妥帖？"

其中的每一步复盘，能引导学生进行自我复盘和寻找对策，提升应对问题解决问题的能力。同时，空口白话无案可查，在家长面前往往没有说服力，而请学生及时留下文字材料备案，下一步家校对话时交由家长查阅，能省去很多不必要的口舌和麻烦。

很快地，两个孩子就一前一后都完成了《说明书》。原来佳俊跟他妈妈扯了谎，事件真相是：佳俊在去上体育课的路上"也不知怎的，就忍不住伸手摸了凯凯的'蛋蛋'"，后遭凯凯言语还击，佳俊觉得自己"面子上过不去"，就也反唇相讥，于是两人动起手来。只不过两人也很快冷静下来，几个回合之后，各自退让，也相互道了歉，各自原谅了对方。所以这事知道的孩子并不多，且体育老师也及时给佳俊的伤口作了消毒处理，看着伤口只是破皮，便没告知我。两个孩子自知有错，也没来跟我告状。

三、跳出当下事件，探寻背后成因

拿着两份《说明书》，我的心情有点沉重。就在上周，小美交给了我一份文字材料，细数了佳俊对她的多次"口出不逊"，尤其是"他当着很多同学面问我'你是不是被你姐姐强奸了？'又说'你是被你妈妈强奸了？'，还说'听说你姐姐被人强奸了？'"小美还告知我，其父原本打算冲来学校，是妈妈给拦下了的，她说不跟孩子一般见识，但希望老师教育一下佳俊。

而当我找来佳俊求证时，他虽然一脸惶恐，却也直接承认了错误。面对他的真诚道歉，和小美家长的宽容大度，我思虑再三后，还是决定只单方面教育一下这孩子，并未将事情告知佳俊父母。其中原因，依然很沉重。

因为就在小美事件的几天前，佳俊在日记中用一连串的问句追问我"活着的意义"，他问我"为什么家长、同学、老师都不喜欢我？"说"感觉不到自己的价值"。读着他洋洋洒洒一千多字却字字在自我贬低的日记，我的心拧在了一起。这个成天嘻嘻哈哈到处惹事的娃，其实一样渴望着向上向善，只是找寻不到合适的方式，合适的途径。

所以那以后，我在努力为佳俊创设各种机会，期待用正向的强化帮他找寻到自我价值感。只是没想到，我的努力尚未发生作用，他就又惹事了。真真"哀其不幸怒其不争"啊！但我最终还是决定大事化小，我担心一旦告知家长，习惯了"棍棒教育"的佳俊爸妈不知道又会做出如何过激的惩罚。

可眼下，把这一桩桩一件件事情放到一起看，我清清楚楚地看到了问题的严重性：一边护犊一边暴烈的教养方式，极度自卑又找寻不到疏解点的孩子，还有复杂的生活环境导致孩子的行为偏差——佳俊父母以经营游戏厅为生，佳俊平时就在游戏厅吃饭和作业。

于是，我决定上门家访。面对面交流，家校双方除了言语沟通，还能借助非语言沟通达成情感的同频，这种亲切感和说服力，是电话和微信沟通都无法比拟的。

四、主动上门家访，开展家教指导

我打通了佳俊妈妈的电话，再次向她致歉，同时预约家访时间。

放下电话，我开始了家访的准备工作：

首先与各位科任老师都取得联系，翔实记录佳俊的各科表现，尤其孩子在校的尚佳表现进行了标注。其次，相关事件的文字材料整理到一起，并用红笔把需要重点与家长沟通的内容进行了标注。第三步，我还大体梳理了与家长对话的思路，尤其是重点要突破的几个关键话题。最后，我找了一本《海底两万里》作为上门礼。所谓伸手不打笑脸人，不管家长有理没理，我相信我的以德报怨，一定能带给家长情感触动，这能极大助力我对她的教育影响。

准备就绪后，我如约来到了佳俊家位于闹市区的游戏厅。

游戏厅开在一楼，霓虹灯显示着二楼是KTV，三楼是宾馆。走进游戏厅，虽然是工作日的下午，但依然能看见三三两两有人在玩桌球，另一边还有几台无人问津的游戏机，整个游戏厅内弥漫着烟味。

我暗示自己注意表情管理，然后跟随着佳俊妈妈的引导，微笑着坐到了吧台后面。一落座，我便再次向她表示感谢，又再次诚恳道歉。见我始终站在她的角度思考问题，佳俊妈妈连连摆手："老师这事不怪你。是我早上太急了，语气不太好，你别介意噢！"

我微笑着拍拍她的手背，通过短暂的肢体接触拉近彼此的心理距离："换成是我，看到孩子受伤，我也会着急的呀！"

随即又从笔记本中抽出了两个孩子的《说明书》，递到了她手上："抱歉此前我没有及时了解具体情况，没能及时跟你沟通交流，才导致了一场误会！"

佳俊妈妈接过材料，只一会儿工夫，就已经高八度嗓门吼了起来："看我今晚不打死他！他怎么做得出这样下流的事情来啊？凯凯挠他还是客气的！换作我会扇他几巴掌！"

佳俊妈妈的愤怒在我的意料之中，所以我便连忙翻开笔记本，把之前准备的孩子在校的优秀表现一一介绍给了佳俊妈妈。末了，我笑着宽慰她："你看，各科老师都很喜欢这孩子，其实他在校整体表现真的很不错的。"尽管我夸大的成分不是一点点，但若完全实话实说，只怕家长会越发尴尬和愤怒，家校对话便要走入死胡同，孩子今晚的处境也会很难看。

听了我如数家珍的介绍，佳俊妈妈皱到一起的双眉却并未舒展："但是他怎么会做出这种事情来啊老师？我们家教很严的！"

于是，我进一步对她的情绪进行接纳认同："是的是的！你很重视孩子的教育，我们几位老师也都常说起的！"

然后，她一边叹气，一边絮絮叨叨跟我讲了家庭教育中的各种付出，及遇到的各种困惑。我一边耐心倾听，一边不断跟随她的表情变化我的表情，同时不断在家访记录本上记录着。我知道她此刻最需要的，是尽情倾诉和一个能共情的人。

等她差不多把满腹的牢骚都发泄了出来，我又把表情调整到微笑状态:"你所讲述的这些问题,其实也是大部分家长都遇到的共性问题。这其实也是孩子长大的证明,每解决一个问题,咱们的孩子就成长了一大步!"我一边帮她泛化问题,进行心理松绑,一边尝试引导她的思路往"科学带娃"的理念上靠。

"老师啊,那你快教教我,我们到底该怎么做呢?"

见时机成熟了,我便与她分享了我的几个观点和建议:

第一,辩证看待孩子的"扯谎"行为,改变动辄打骂的粗暴教育方式。趋利避害是人的本性,孩子常会用隐瞒或歪曲事实的方式以求自保。因此遭遇此类事件,家长首先需要保持冷静:一方面冷静听取具体细节,理性分析孩子话语的真实性;另一方面也要冷静地与老师及时取得联系,进一步了解事情真相,方便家校合力共同解决问题,引导孩子成长。

第二,积极视角看待孩子的"摸蛋蛋"行为,补上"青春期教育"这一课。青春期孩子对生长发育的好奇心没法通过正常途径得到满足,就会以变形的方式呈现各种问题行为。因此建议父子间聊聊男孩发育这点事儿,还须给孩子买一两本写给青春期男生的书,帮助孩子在专业书籍中得到科学的教育引导。

在分享这一点的时候,我还把小美事件的材料拿给了佳俊妈妈看,一则向她证明补上青春期教育课的重要性,二则也借由这一话题,巧妙化解家长的尴尬和怒气。

第三,如果条件允许,建议改变孩子的学习和休息环境。我首先表示了对他们职业的尊重,又拿"孟母三迁"做比,强调环境对孩子成长的巨大影响。佳俊妈妈表示一定想办法给孩子换个环境。

第四,利用碎片时间,学习家庭教育。针对孩子当下自我怀疑自我贬低的心理状态,我给佳俊妈妈推荐了几个较为优质的家庭教育公众号,希望家长进行专业学习,学会如何给足孩子心理营养,帮孩子建立正向的自我认知,这对纠偏孩子"到处捣蛋"刷存在感的行为至关重要。

最后我还宽慰佳俊妈妈,不必为孩子成长中的问题焦虑,也不必担心此次事件是否会影响我对孩子的态度。我说:"在孩子的成长路上,我们是同盟军。家校同心，一致应对问题，孩子一定会成长的！"

五、变"问题"为"课题"，变"问责"为"三赢"

佳俊妈妈不住表示认同和感谢，同时也再次为早上的"语气不太好"跟我道歉。我也再次握住她的手："你看现在咱们不但找到了解决办法，还让咱们的心靠得更近了，同时也为我的工作指明了方向，这是双赢甚至三赢的好事啊！"

佳俊妈妈咧开嘴也笑了起来，说："孩子真的遇到了好老师哦！"

我也被佳俊妈妈夸得心花怒放。但我最后说的那番话，的确也是我的真心话：

一方面，当家长来问责，我们不妨顺势而为，将"问责"事件转化为家庭教育指导的最佳切入点，在家长情绪最激动、最积极投入主动作为的心理状态下，艺术化地帮助家长从"认知茧房"中突围，纠偏家长认知，植入科学的育人理念。相信这一刻骨铭心的经历，能助推家长深刻反思自我，获得主动学习和成长的动力。

另一方面，班主任在处理"问责"事件中的不卑不亢、主动反思、积极沟通和专业指导，不仅能极大优化家校关系，也能提升班主任的口碑和职业幸福感。

所以，家长来问责，其实不可怕。班主任通过系统化的思辨，专业化的沟通，让家长感受到班主任的真诚与耐心，努力和付出，尤其是对孩子的关心和在意，就能把每一次家校危机都变成机遇，把孩子的成长问题变成家校双方共同的课题，促进孩子、家长和教师三方的共赢。

罚站之后

一年级男生小A，父母离异，随母，成绩中下，爱调皮捣蛋。小A妈妈常爱问孩子"今天有没有人欺负你？"。一天因被小干部扣罚了小红花，小A回家找妈妈哭诉，还说"在学校里不快乐"等。小A妈妈联系班主任陈老师，询问缘由。班主任陈老师回复第二天会调查情况。但第二天调查到一半，早操时间到了，陈老师便让小A一人站在办公室门口继续回忆，然后带其他涉事学生和班级去做操了。

当晚，家长暴怒，电话责问老师"为什么罚站"。陈老师否认自己有"罚站"行为。双方言辞激烈，不欢而散。第二天，小A的母亲叫上前夫一起来校，并在一年级办公室与班主任发生言语冲突。班主任情绪很激动："你们夫妻俩就是来找茬的！"家长反击："你这个老师这样说话真是没水平！"

因我分管学校德育工作，陈老师给我打了电话，说和家长没法沟通了，请我出面处理。

一、真诚安抚，耐心倾听

我连忙宽慰陈老师，并建议她将家长请到我办公室，同时希望她暂时不要参与我与家长的对话，以免双方情绪激动使矛盾升级。

只一会儿，小A家长便虎着脸进了我办公室。我立刻起身，搬凳子招呼落座，并给他们泡上了茶，像招待客人般热情。一脸笑意一杯茶的以礼相待，意在帮家长降温熄火，平复情绪，创设和谐融洽的沟通氛围。

一番忙碌后，我也落了座，此时再看两位家长，脸色似乎略有缓和。

我首先请家长将具体细说一番，自己扮演倾听者的角色，身体微微前倾，目光真诚面带微笑地迎向两位家长。一则是希望进一步了解情况，洞悉家长的心理诉求，便于我做出综合判断；二则，通过非言语沟通技巧，让家长感觉到我的真诚与尊重，为下一步对话打下良好的心理基础。

通过一番倾听，我进一步了解到：小A的学习由妈妈负责，爸爸不管不问。小A妈妈秉持"快乐学习"的家教理念，对小A的学习关注也并不多。班主任陈老师曾多次与家长沟通小A的教育问题，但双方一直各持观点，多次沟通都不太顺畅。家长认为班主任因孩子成绩差，而对家长有意见，对孩子有偏见。这次"小红花"事件处理就是有失公允的表现，希望班主任和学校方面给个说法。

二、追根求源，自查自省

冰冻三尺，绝非一日之寒。很多家校矛盾的发生，眼前事往往只是一个触发点。唯有细细梳理，顺藤摸瓜，才能真正找对症结，对症下药。我一边耐心倾听着小A父母的讲述，一边将获得的信息飞快地在脑海里进行分析梳理。引发家校对立情绪的关键，主要在于之前家校沟通缺乏艺术性：

第一，家校沟通内容单一，缺乏技巧。

经陈老师自己描述"多次提醒家长要盯牢孩子家庭作业""让家长跟孩子谈遵守纪律问题"，以及家长反映"我现在都害怕接到老师短信"等讯息，可见陈老师大部分情况下与家长沟通的主题都是"告状"。殊不知，教师跟家长告状，无异于打家长的脸，反复告状，等于反复打家长的脸，不断否定家长的家庭教育。如此沟通，即便教师讲的全是事实，都有道理，家长也难以真正接纳教师的意见和建议，相反，只会日渐产生对立情绪。

第二，家校双方互相不认可，彼此挑剔多理解少。

班主任一直不认可小A家长的教育方法，不满小A家长对其家庭作业监管不到位，认为家长对家庭教育不懂装懂，对孩子的学习不负责任。而小A家长则认为班主任唯成绩论，看不到自己孩子其他方面的优点。家校双方都只站立在自己角度看问题，不能做到换位思考，无法在思想和情感上同频共振。

第三，班主任与家长地位不对等。

人与人之间的有效沟通，首先在于双方能平等对话。班主任和家长作为学生的成长合伙人，同样需要平等的地位，如此家长才会有话敢说，有话愿说。

小A妈妈因孩子成绩后进及调皮捣蛋，自觉弱势，因此一直抱着"惹不起躲得起"的心态，即使有不同看法和建议，也轻易不敢向班主任提出。一来二去，家长心中积怨越来越多，又没有及时化解，才会导致此次的情绪崩盘，矛盾激化。

而班主任陈老师面对小A及其家长，也是关心则乱，既"哀其不幸"又"怒其不争"，加之教师大多有"爱教育人"的职业病，面对家长，也往往习惯采用居高临下的教育者姿态。教师把自己端得越高，家校双方的心理距离自然也越发疏远了。

三、积极应对，勇于担责

家校矛盾的产生，问题往往不会只出在其中一方身上。而教师与家长相比，无论在教育专业知识还是教育技能方面，都更专业。因此，面对家校矛盾，教师更应摆正心态，勇于担责，用我们的专业特长来科学理性地处理问题，化矛盾为拉近家校心理距离、促成双方共同成长的契机。

因此，听罢两位家长的陈述，我立刻代表校方和陈老师，向家长表达了歉意。

首先承认让小A站在办公室门口"回忆事件"的做法的确欠妥，校方将就此事与陈老师进行沟通提醒。家长立刻表示："也不是要学校去批评陈老师。只要老师公平处理每一个有错的孩子，真站半天也没事。"我笑着夸赞家长的大度与宽容。

第二，我就陈老师沟通方式不够艺术性向家长道歉，并将事先了解到的陈老师平时热心辅导帮助小A的事例，一件件讲述给他们听。此举，旨在引导家长更加全面地来看待班主任，更加客观地看待问题。听闻我的一番介绍后，两位家长的脸色渐渐转暖起来。小A父亲说："也是我们自己不好，不主动跟老师联系，不去了解孩子在校的表现。"

小A母亲幽怨地看了她前夫一眼，对我说："我一个人带孩子，有时真忙不过来，我要靠这份工作来养活他呀！"然后眼泪就落了下来。

我连忙递过纸巾："我理解我理解！妈妈的确很不容易！"

擦了擦眼泪，小A妈妈继续说："一年级的孩子，知识那么简单，分数高点低点无所谓的。我最关心的是他在学校里开不开心。"

不得不说，孩子身上的大多数问题，其实都是父母自身问题的折射。小A调皮捣蛋，作业常不完成，不正是小A母亲家教理念的真实投射吗？作为典型的90后家长，在子女的教育问题上，一方面有他们自己童年生活的代入感，在对上一代教育行为的反思后，希望自己的孩子能比自己的童年多一点快乐。但另一方面，他们又误读了"快乐教育"的真正含义，以为降低要求便是给孩子快乐。殊不知，没有原则的民主和自由，是纵容，是孩子健康成长的绊脚石。当务之急，是教育引导家长。然而，如果只讲大道理，以对方此时的心态也未必能全然接受。

我便顺着小A妈妈的话进行引导："你的想法也对！来学校当然要开开心心的。但小A会为了一朵小红花回家跟你哭闹，说明我们小A还是非常在乎学习的！学习才是最能带给他快乐的事情！"小A母亲默默点头。

当双方的观点初步达成一致时，接下来的对话就顺畅多了。小A母亲也承认自己的确对孩子的学习疏于管教，并表示接下来一定多花时间，配合老师工作。

我连忙接过话题道："是相互配合！相互配合！家庭和学校，就像孩子学习的左右护法。我们一起发力，孩子才会有如神助！"至此，两位家长脸上也露出了笑意。

末了，为让家长卸下心理负担，我又宽慰和引导了一番，大意是请家长放心，沟通问题很正常，校方和老师不会因此对孩子有成见。同时表示欢迎家长今后继续多与校方联系，共同助力孩子健康快乐成长。

两位家长连声说谢，并请我转达对陈老师的歉意。

边送家长出校门，我边打趣说："其实我们要感谢今天的对话，让我们发现和反思了彼此的问题，也让我们家校双方的心靠得更近了！今后就是一家人了，要一起为了孩子努力啊！"两位家长连连说是，然后笑着走了。

四、修复关系，提升自我

送走家长后，我又及时向陈老师转达了家长的歉意，并明确指出，"罚站"一事，虽不是故意，但足以引起反思。陈老师眉头紧锁，不无担忧地问我："今后我该如何与这样的家长相处呢？"

我给出了如下建议：

第一，接纳理解，既往不咎，持续关注。

我与陈老师分享：家长来校沟通问题，是正当维权。即便真是投诉，我们校方也要认可并尊重家长这种权利。既往不咎，持续关注孩子，主动修复关系，家校关系由此将得到质的飞跃。

首先要接纳并理解小A母亲的特殊心理状态。离异独自带娃的女人，若非内心特别强大，多半敏感而自卑。既怕自己被人瞧不起，更怕孩子因此受伤害被轻视。每天都问孩子"有没有被欺负"，此番又叫上前夫一起来校，小A母亲的敏感与自卑，也可见一斑了。

与这样的家长沟通时，班主任更要将心比心，以一颗同理心，多站在家长角度考虑问题。平时要多关注多发掘孩子的闪光点，及时表扬，多多鼓励，让孩子感受到老师的关爱。孩子是家校之间传递信息的窗口。孩子的快乐，便是父母的快乐。赢得了学生，就等于赢得了家长。

第二，主动沟通，及时反馈，获得信任。

小A母亲最关心的，是孩子在校是否快乐。满足家长的心理诉求，是拉近家校关系的关键之一。我建议陈老师多与家长分享孩子的学校生活，多报喜多晒优，让家长看到孩子的进步，看到希望，特别是看见教师的真心与诚心。如此以双方共同的爱为突破口，赢得家长的理解信任和尊重，才能建立起畅通无阻的家校沟通绿色通道。

第三，多元沟通，引导参与，实现双赢。

全媒体时代到来，家校沟通方式日渐多元，特别是微信群、QQ群的建立，极大方便了家校沟通。但，带来的弊端也为数不少。家校沟通，不同的沟通主题和内容，采取何种沟通方式，也应量体裁衣，择善从之。

我给陈老师建议，报喜的讯息，可以短信文字，或纸质喜报，如小奖状小纸条等，让家长和孩子可以反复咀嚼，时时欢喜。而"报忧"的家校联系，则最好电话或面谈。隔着屏幕解读文字，不同心境不同站位下，往往会读出不同的味道，易引发误解。而电话或面谈，听声音观神色中，方便教师时刻关注到家长的情绪状态和心理反应，及时调整沟通策略。

除了讯息沟通，还可以采用"走出去""请进来"的方式："走出去"，就是走到孩子家里去。家访最能真实而全面地了解孩子和家长，方便教师随时调整教育策略，真正做到因材施教，有的放矢。"请进来"，就是以"家长义工"的名义，请家长走进班级，走进课堂，在亲身参与中体验教师工作的辛苦，理解教师虽竭尽全力有时也无法尽善尽美，见证教师的工作特色与管理才能。引家长变"干预"为"参与"的过程，就是引导家长从心理上对教师逐步接纳、认可并支持尊重的过程。等家长与教师实现了心理共融，再对家长进行家庭教育理念的指导，也能很快为家长所接受。

陈老师带着感激离开了我的办公室。而我的内心，也激荡不已：家庭与学校是人成长过程中的两个重要场所。家庭与学校的密切联系，教师与父母的共同参与，就像孩子的左膀右臂，缺一不可。但一个班级就是一个小社会，每位家长的性格、职业、教育背景、家教理念各不相同，家校双方意见相左，甚至引发矛盾，有时在所难免。关键在于，面对问题，我们教师必须持教育专业人士的专业素养，理性面对，说专业的话，做专业的事，透过矛盾事件对照自我，反思自我，完善自我。并由自我修正影响带动家长的成长，真正形成教育合力，同心同盟。如此，即便家校纠纷发生，也能变成家校双方共同的成长机会，真正实现共生共赢，真正共同努力，成就孩子的健康快乐成长。

第四辑

同事沟通
——构建和谐的氛围

不同类型科任，不同的相处之道

当教室地面有不少垃圾时：

A科任看见了，转身就跟同事抱怨："这个班级问题真是多啊，连个卫生工作都做不好！"

B科任看见了，立刻追究："谁是值日生？怎么工作这么不到位？立刻打扫！再这样，我不上课了，教你们怎么打扫卫生！"

C科任看见了，跨一步走过去："来，我们开始上课！"

D科任……压根儿就没看见……

上述描述，不是桥段，而是不少班主任在班级管理中都会遇到的真实画面。在相同的教育现场，不同科任教师因为个性特点、教育理念等的差异，后续行为也会大相径庭。也就是说，其中的关键因素，不是事件本身，而是其背后的变量——人。因此，班主任需要洞悉不同科任不同的性格特点和工作风格，掌握与不同科任沟通的不同策略，才能有效协调彼此关系，实现教育资源的最优化。

爱吐槽的科任：看见需要，满足需要

职场中，谁也不喜欢跟爱吐槽的人走太近，因为这种负能量会传染，与之相处久了，自己也会变得心烦气躁。但如果科任老师恰巧爱吐槽，作为班主任可就不能简单地避而远之了。那么，又该如何相处呢？

首先，承认"爱吐槽科任"存在的合理性。

学校其实也是一个小社会，教师的性格各异，行事风格差别很大，也是正常。我们没有挑选科任的资格，自然也就必须从内心真正接纳。唯有以悦纳的心态看待，我们才能从积极的视角理解这类科任的言行举止。

从心理学角度分析，爱吐槽的人往往比较以自我为中心，凡是对自己不利的，自己看不惯的，都认为是不合理的，不正确的。他们很少甚至不会反思是不是自己的问题。

如我早年曾遇到这样一位搭班老师，学生作业错误率高了，他就吐槽学生不认真不努力；家庭作业质量差了，他就吐槽家长不负责；课堂纪律成问题了，他又吐槽我的班级管理有问题……总之，无论是谁，但凡与他有工作交集的，就没有一个能在他的嘴里得个好名声。他的宗旨就是：我不开心我就要讲出来，我不能做沉默的羔羊。

其次，看见需要，满足需要。

如果换个积极的角度看待他：他的吐槽无非就是发泄内心的不满，或者想刷刷存在感，想要引发其他人的响应和关注。说到底，这样的吐槽对班级管理和学科教学也不会造成太大的不良影响。因为他吐槽的同时，工作依然是非常认真的。

于是我顺应他的心理需求，面对他言之有理的吐槽，我就及时回应，表达对他感受的重视，还会用笔记本记录他吐槽中不无道理的意见建议，并且采纳应用。如此看见他尊重他，他的内心得到极大满足，情绪及时疏解后，同一个主题的吐槽内容也就渐渐少了。

而面对他很无厘头的吐槽时，我会给自己心理暗示："他只是想刷刷存在感！所以，让他刷他的存在感，而我忙我的正经事！"然后自顾自忙碌，不会被他的消极情绪影响。他自觉无趣了，或者发泄够了，也就自然收场了。

强势的科任：看见"强大"，变成"强大"

还有一类科任老师，往往是眼里不容沙子的，他们虽然不是班主任，但是班级里大小事务，但凡他们目之所及觉得有问题的，就会直言不讳，甚至不与班主任商议就直接干预解决。

遇到这样的科任，如果班主任本身也很强势，那就很容易出现"一山不容二虎"的尴尬局面。而若班主任本身很弱势，那就会陷入班主任"隐形"的另一种尴尬局面。换言之，与强势科任相处，一旦分寸把握不当，教师之间的关系就会非常紧张，班级管理也会陷入一片混乱。那么，遇到强势科任，班主任又该如何与之相处呢？

首先，放低自己，看见"强势"背后的"强大"。

我们若以辩证的眼光去看待这些看起来很强势的科任，就不难发现，但凡行事风格强硬的科任教师，往往也有不俗甚至非凡的能力。因为自身力量强大，所以他们对自己的工作很挑剔，不能忍受任何缺陷，因此也会不由自主对身边的人和环境抱以高期待。而当外界无法满足这种期待值时，他们就会无视边界横加干涉，甚至不惜影响同事关系。

换言之，这样的强势，是先天性格里的东西，也是一朝一夕很难改变的。因此，作为班主任，我们更须有大局意识，不要奢望改变他人，而要学会改变自我——以包容和学习的心态与之相处，更多看见其能力所长，把动辄干预看成是对我们工作的激励和鞭策。

我曾与一位学科教学能力非常强的老前辈搭班。对于我的一些班级管理理念，他并不认同，于是居然在自己的数学课上代替我上起了班会课，指导学生如何科学做值日，怎么换座位更省时省力，等等。彼时年轻气盛的我对他的"爱管闲事"很有意见。但碍于他是老前辈，也就只能假装接受，还有模有样地向他表示感谢。

谁知，我假装的谦卑姿态，让他很是喜欢我这个"听话"的后辈，而且很喜欢在办公室只有我们两个人的时候，长篇大论地教我为人处世之道。无处可逃的我一开始也只能硬着头皮听，听着听着却越来越发现，他虽然不时透着炫耀的话语里，饱含着一位过来人的人生智慧。而他对我管理工作的横加干涉，很多时候恰是因为我自身工作的不到位，是一种恨铁不成钢的及时补位。慢慢地，我与这位前辈的关系发生了质的变化，我开始欣然接纳他的一切建议，及时对照自我，纠偏自我。

因为，我也悟到了与这类强势同事相处的第二个关键点：借力"强势"，把自己变"强大"。

比如，面对问题学生，我总是无计可施。但这位前辈却能以四两拨千斤之力，让再顽劣的学生也心甘情愿跟着他玩转数学。于是当我暴怒训斥学生遭遇他直接制止时，我不再纠结于自己的面子问题，而是以空杯心向他求助。而他分享的那些心得体会，在我照搬运用后，真的效果颇为明显。

而当我开始为自己的进步沾沾自喜时，这位前辈又语重心长地提醒我"要多读书多研究，把经历写下来"。他说这是最真实的研究，也是最快速的成长，并给我看他发表在各大报纸杂志的文章。

慢慢地，我再也没有了曾经的抗拒甚至厌恶，转而由衷敬佩这位已经满头白发退休在即但依然潜心教育的前辈。我在心底里暗暗跟自己说：他这把年纪了依然这样拼，年纪轻轻的我怎么可以选择躺平？

后来，我在他不断的质疑和干预中，也不断寻找着班级和个人的生长点，不断刀刃向内，自我精进，而我的成长，也的确是飞速的。

到了六年级时，这位前辈对我的质疑，早已转化成了开始在各种场合宣传我，真真应验了那句话——打铁还需自身硬！如果我们自身站得直做得好，那么即便面对强势科任，我们也有足够的专业自信和话语权，再强势的科任，也强不到哪里去了。

泾渭分明的科任：适度卷入，尊重界限

这里的"泾渭"，指分工。这类科任能非常出色地管理好课堂，教学

成绩优异，却不会在自己的教学工作之外参与班级管理，更不会主动提出意见建议，也不承担任何责任。他们的目标非常明确：上好课，教出成绩；至于班级管理，这是班主任的事情，与我无关。

我就曾与这样的科任搭班，毫不夸张地讲，即便他走进教室上课时，讲台一团糟，地面很多垃圾，课桌椅排得乱七八糟，但只要不影响他上课，他就不会管上一管。每次我公派外出培训，把班级交给他管理，第二天回校时，教室卫生一准糟糕，而他从来不会关注这些问题。甚至他还常把违反课堂纪律的学生直接"赶"到我办公室，要求我处理完送回教室……

因为他的心无旁骛，他的学科教学成绩是年段里最好的。而我则因与他无法协同配合，班主任工作负担更重了。

首先，适度卷入，真诚感化。

为了把他卷入班级管理中，我便常在班级管理遇到困难时，抱着笔记本跑去求助他；面对我握着笔一脸期待的表情，他也会勉为其难地表达一些想法。班级搞活动时，我也常邀请他参与；拒绝几次后，他也会因为不好意思再拒绝而前来参与一两次。面对被他送来让我处理的违纪学生，我总是一边致歉"是我管理不到位"，一边给他戴高帽子同时又把问题交还给他"数学教学我是门外汉，我的十句顶不上你一句"。而应对他偶尔代班不注重细节的问题，我则会提前委婉跟他打好招呼"咱班的卫生工作真是太令人操心了！明天还得请您多费心啊！"同时提醒班委特别关注。

一来二去中，他原本恪守的"本分"，被我"卷入"得渐渐模糊起来，个人利益与集体利益的边界也不再那么泾渭分明了。而他也在与学生、班级，及与我的更多交流互动中，慢慢变得更有温度起来。

其次，尊重界限，心存感激。

当然，像这样的科任，班主任对其的卷入也还是要注意把握一个度。因为对方对边界意识特别敏感，才会只专注于自己分内的事情。我们如果怀着协同管理的初心却忽视了对对方界限感的尊重，就很有可能在不断主动靠近中，给对方造成被"越界"被侵犯的错觉，最终好心办了坏事。

退一万步讲，即便这样的科任始终坚持自扫门前雪，但他如果能把自己门前的雪扫得干干净净，把班级成绩给你教得很好，不也已经很值得我们尊重和感激了吗？毕竟还有一类的科任，连学科成绩都未必能保证呢——

佛系的科任：尊重差异，顺势而为

这类科任占比很小，但几乎每所学校都会有。用一个好听一点的词形容，叫"佛系"，再流行且贴切一点，就叫"躺平"。这类教师年纪未必很大，但工作中没有冲劲，属于得过且过型，工作理念就是"差不多得了"：学生成绩好坏无所谓，不垫底就行；课堂纪律一团糟无所谓，不出事情就行；自身专业成长不考虑，熬到退休就行……

这类科任最初入职时，多半也曾有过雄心壮志，但后来或因年纪大了，或是看不到专业发展的希望，也有可能因为生活经历磨灭了斗志，或者身体原因变得消极，等等。

首先，了解成因，宽容以待。

如果遇到这样的科任，班主任首先要做的，就是悄悄了解导致其"佛系"的根源。张爱玲曾说过，因为懂得，所以慈悲。如果我们能洞悉他躺平背后不能为外人道的苦衷，也许就能多一分宽容之心看待这样的行为。

在宽容体谅的基础上，也可如上文所述，挖掘其长处，肯定其优势，想方设法请进班级管理现场，遇到问题能主动出面合作解决，让他们在班级中找到归属感和价值感。相信只要班主任以接纳和尊重为前提，真心以待，再冰冷的石头也能被捂热。

当然，也还有很大可能性，班主任不愿为此过多努力，或者努力了也并不能改变什么，这也都是正常的。班主任的心可以再大一点。

其次，顺势而为，时间思维。

我们必须承认，想要改变他人，并不明智。二八法则，放到哪里都成立。再好的学校里，也一定会存在"混日子"的老师。没遇到这样的科任，是我们的幸事。遇到了，也未必是我们的不幸。领导、家人都未能改变他，我们一个小小班主任想要影响改变他，谈何容易？只要对方不做触及原则底线的事情，不违背师德师风，我们的标准也可以稍微下调一些，否则就是在跟自己过不去了。

看见什么，什么就会放大；肯定什么，什么就会生长。这个道理，放到与科任相处中，也是适用的。与其成天烦恼于这类科任的不够尽职尽责，不如换个视角去看待，总也能发现其身上一两个优点长处，然后就人前人后多多夸奖他，兴许不仅能融洽科任关系和师生关系，也能在潜移默化中对他个人的成长和改变产生一些推动作用。

那为什么又要提到"时间思维"呢？就是还有一种情况，我们做出了很多努力，对方依然冥顽不灵，这种情况也是可能的。但毕竟人的经历各不相同，我们不曾走过他们的路，也就没有办法感同身受。但我们可以选择尊重，尊重现实，尊重差异，尊重其与我们截然不同的工作态度。然后在尽自己所能及时补位的同时，把这一切烦恼交给时间，想想我们有漫漫三十载教育生涯，与这样的科任相处的时间总归是极少的。就当人生多了不一样的经历吧，以人为镜，以时间为镜，做好自己分内事，问心无愧就好。

以上列举的，只是比较典型的几类科任，并不能以一概全。总之，无论与何种类型的科任相处，我们都要遵循以下几个原则：

首先，尊重人性，尊重差异。我们班主任不像其他职场人，一般不会频繁跳槽，因此无法选择工作环境和伙伴，也因此，遇到各种类型的科任，都是正常的。我们要摘除"喜欢"或"不喜欢"的主观偏见，以接纳和尊重为前提与各种类型的科任相处。

其次，大局意识，积极视角。班级管理是协同作战，班主任带好班育好人，离不开科任的支持配合。因此，班主任得愿意放低自己，肯吃亏，能吃亏，才能更多看到科任的优点长处，让科任对班级有认同感和责任感，齐心协力投入班级教育教学工作，最终受益的，不仅是学生，更是班主任自己。

  第三，善用资源，强大自我。无论遇到谁，都是命中注定的，也都是来渡我们的。不同类型的科任身上，一定可以挖掘到对班级管理和自身成长有用的资源——科任的长处优势，学一学用一用；科任的不足，以人为镜反观自我。以这样的成长型心态面对每一位科任，我们的内心就会生出很多温暖和善意，与他们相处的每一天，也会变得多姿多彩起来。而最终获益的，不仅仅是我们班主任，而是整个人际圈中的每一个个体，都会因为这样绿色优质的人际生态，而获得源源不断的滋养。

积极回应：巧妙化解与科任的"情绪摩擦"

班主任与科任的沟通，现实中大部分情况下双方都是友好且善意的，即便遇到问题，基本上双方也都是奔着解决问题去的。但也不排除一些特殊情况下，或者遇到个性强硬的科任，一着不慎，双方就很容易发生"情绪摩擦"，甚至最终擦枪走火。

那么，当面对科任的情绪上头时，或者很明显感觉到对方来势不善时，班主任又该如何既表明态度又巧妙化解对方情绪呢？

积极回应，也许是一条破解之道。"积极回应"，是人际沟通的一种技巧，就是主动地参与沟通，积极回应对方的情绪，它能让两个人的情感连接越来越紧密。本文所提出的"积极回应"，包含两个方面，首先指班主任对自身情绪的主动识别和回应，其次指对科任情绪的积极反馈。

策略一：积极的自我心理建设

虽然人是情绪动物，但作为班主任，班级管理的"大当家"，有责任和义务在与科任发生摩擦时发挥主动性，"忍"字当头，然后主动斡旋关系，给予对方积极和善意的回应，在矛盾激化前巧妙化干戈为玉帛。毕竟，一个好的科任团队，就是班主任的智囊团；而脱离了科任支持的班主任，即便有诸葛亮的才智，也多半会累得身心俱疲。

因此，日常当遭遇与科任的摩擦时，在发作前，请先忍耐几秒钟，想一想：我们是班主任！同时进行积极的自我心理暗示：以大局为重！小不忍则乱大谋！作为班主任，忍耐性也是专业能力的体现！

经常这样自我暗示，就能不断刺激我们的大脑，逐步把"产生摩擦→积极暗示→积极回应"变成一个自动化的大脑程序。有了这样的强大心理做基础，后续积极回应科任情绪也才可能真正实现。

策略二：肯定反射

处理完自己的情绪后，接下来我们要做的就是安抚好科任的情绪。一般来说，我们习惯性会脱口而出"你不要生气"或"这样的事情不必生气"。但我们也发现了，这样的安抚大部分情况下往往是无效的，因为这样说等于在否定对方的情绪，暗示他这样生气是不对的。

那么，该如何表达，才能让科任感觉到自己的情绪是被接纳被认同的呢？

我会首先使用"肯定反射"，就是在开口回应对方时，把回应的第一句话定位为给对方的一种肯定。换句话说，就是无论对方说了什么做了什么，我们接下来说的第一句话，都是对对方的肯定。这样的肯定，不是为了取悦对方，而是符合脑科学原理的沟通艺术。

人在陷入情绪状态时，大脑中的"防御系统"杏仁核会发出警报，随即释放肾上腺素和睾酮，让身体进入"攻击"或"逃跑"状态。而此时大脑负责决策和理性思考的前额皮质已经关闭。除非对方能主动识别自己的情绪，及时关闭"防御系统"脑区，否则陷入情绪状态就很难理性思考，这样的状态是沟通的大忌。

因此，通过"肯定反射"来帮助对方恢复理性状态，既是我们班主任对沟通现场把控力的体现，是我们专业性的体现，而从对方的角度看，更是我们友好和善、大局意识的体现。

那么，"肯定反射"具体可以怎么操作呢？

比如，当科任带着情绪来找你反馈："这个班级的纪律是越来越差了！简直没法上课。"

我们自然能听懂科任的话语里隐含着的攻击性，但如果顺着这样的思路往下想，我们脑区中的"防御系统"就也会被启动，一场"课堂纪律谁之过"的口水仗在所难免。

而如果以"反射肯定"的思维方式去处理，我们的第一句话回应就可以变成感谢："谢谢您告知我，如果不是您分享，我还不知道具体情况呢！"

或者变成共情："真是难为你了！这群孩子的确不好带！"

还可以变成主动担责："难为情难为情！纪律不好，我也有责任，您消消气！看我怎么收拾他们！"

……

这样的肯定式回应，主要目的是安抚情绪，为后面的沟通奠定正向的情感基础，让科任看见我们建设性的处理态度。伴随着肯定反射，接下来的沟通就会容易很多。因为无论是谁，也都很难拒绝一个在我们明显带着情绪时，既能拥抱我们的情绪，同时眼睛里能看到我们的闪光点的人，而那些满含善意的肯定，自然就如三九天的暖阳，融化坚冰，温暖人心。

策略三：先跟后带

"先跟后带"中的"先跟"，是指先对科任言语中的信念、价值观等部分内容进行认同处理，把焦点放在对方话语中与我们想法一致的部分，由此建立亲和感，也就是我们俗话说的寻找共同点。"后带"，就是认同之后的引导，即带领科任去我们想他去的方向，引导科任回归理性思考，选择更加合理的行为。这样的做法能让对方感觉到我们的尊重认同，也能为对方搭设台阶，消融潜在的冲突。

如我曾遇到一位脾气特别火爆的搭班老师。新接班不久，部分学生的规则意识也的确还不强，动不动就会惹到这位科任教师。

有一次我正在批作业，这位原本在教室上课的老师气呼呼回了办公室，把书本重重地往桌上一摔："这样的班级根本没法上课！谁爱上谁去上！"这矛头显然直指我这位班主任。

这时如果我跳起来反驳："为什么我的课上他们专心听讲，你进去他们就不遵守纪律了？你不该反思自己吗？"好了，办公室大战立刻爆发。

于是我立刻做好表情管理，一脸歉意地走到她面前，认同她的牢骚："王老师啊，这个班级真的不好带！这群熊孩子又惹事了是哇？真的辛苦您了呀！"

说着，我拿过她的水杯，帮她接满了水送到她面前："不过英语课还真的只有您能上，我现在就只认识26个字母了！"玩笑中，我通过"黑"自己抬高她的方式，一边继续疏解她的情绪，一边暗示她，属于她的课堂，还是得她自己去。

见我这样真诚，她不再牢骚了，只坐在那里板着脸一言不发。

我见她情绪有所缓和，便继续尝试"带"着她处理问题："王老师那您看这样行吗？要不我先去教室狠狠骂他们一顿给您出出气，等您什么时候气消了，什么时候再去给他们上课。"说着，我起身就要往教室走。

捧着茶杯的王老师叹了口气，喊住了我："算了算了！骂一顿能有用就好了！还是我去吧，谁让我摊上了这样的班级呢！"说着，她捧起了书本，俨然忘记了此前怒气冲冲时的那句"谁爱上谁上"。

我连忙继续堆着笑也起身送她："就知道您宠他们！"

策略四：偷换概念

我遇到过一位科任很喜欢说"反话"，一言不合就用"这样的好班级""你的得意门生""瞧他们能耐的"等反话来表达情绪。其实我也明白他不是故意针对我，而是他的性格使然，但有时这些话听起来真是有点不入耳。我也只能顺势而为，与他维持友好的关系，毕竟要以大局为重，以班级发展学生成长为先。

当我以包容的心态接纳他之后，每每遇到他气呼呼地说着"反话"来跟我表达情绪，我便会努力寻找他"反话"后面的正向心理诉求，然后用"偷换概念"的方式来翻译他消极语言中的积极信息。

"偷换概念"，原是指在思维和论辩过程中用一个概念去代换另一个不同的概念，而达到自己想要的表达效果，是一种常见的诡辩手法。在科任带着情绪来找我们时，偷换概念常能起到四两拨千斤的效果。

例如有一次我被公派外出培训一段时间，教导处就安排了这位科任代我的班主任工作，同时代一些课。于是他的情绪又上来了，一挂掉教导主任的电话，他就说道："小孙你可真是大忙人啊，得配个秘书了！"

我去解读他这"反话"背后的心理机制，很可能是他把我的被外派培训理解为我被学校"特殊照顾""有特权"，觉得我"捞到了好处"，而他的利益却受损了。

如果我反驳他，就等于正中他下怀，给了他发泄情绪的正当借口。于是我顺着他的话语进行"偷换概念"："是呀！我又要像只'颠狗'一样到处跑了，连自己的班级都管不好！好在有您帮我管着班级顶着课，不然班级就要乱套了！真是辛苦您啦！"

我假装听不懂他的话里有话，而是偷换了"大忙人"这一概念，把这场对话变成了"自黑"和"感恩"，最终换回了他的嘿嘿一笑，说："你这只'颠狗'也不容易，我也不容易啊！希望你以后少出差！不然我可真吃不消。"在我的再次感谢中，这场对话也算愉快收场。

如上所述，在面对说话爱"夹枪带棒"的科任时，及时替换掉对方的消极观念，就等于给了双方一个台阶下，能将沟通引向积极的有建设性的方向。当然，"偷换概念"这一沟通方式不适合经常用，否则会被误以为是抖机灵，反而不利于双方关系建立。

策略五：积极的暂停

"积极的暂停"这一理念来自正面管教，原指在教育孩子时，如果孩子正陷入生气、伤心、沮丧等情绪状态时，为了帮助孩子大脑从"原始脑"切换到"理性脑"，大多数情况下需要给他一段时间的冷静。活用到与科任的沟通中，"积极的暂停"其作用一样是为了让对方冷静和恢复理性。

具体来说，这样的"积极的暂停"主要有两种具体做法，一个是"改变场合"，另一个是"改变时间"。

先说说如何通过"改变场合"来实现"积极的暂停"。

班主任与科任相处的场合主要集中在教室或办公室。而这样的公共区域对于双方矛盾处理，其实是非常不利的。因为相比独自经历情绪事件，有"观众"在场，很多时候因为"假想观众"和"面子问题"等因素，个体会放大情绪体验。因此当科任带着情绪来与我们沟通时，首先需要考虑当下场合是否有利于化解矛盾消解情绪，如果不是，要果断换场合，才能规避掉不利因素。

比如有一次科任因课堂纪律问题派学生把我喊到了教室里，并当着我和全班同学面怒斥违纪的那名学生："这就是孙老师的得意门生！"

满脸怒容的科任老师，一脸不服气的违纪学生，还有一班"吃瓜群众"，以及无端受牵连的我，场面很是尴尬。于是我立刻先用"肯定反射"这一策略安抚科任情绪："感谢您的信任，第一时间联系了我！"

同时我也意识到，如果在教室里处理这一问题，非但影响学生正常课务，而且当着全班同学的面，违纪的学生肯定碍于面子不会服软，科任出于要"杀一儆百"的心理，自然也不会自降火气，冲突非但无法解决，还很有可能升级。

于是我又立刻征求科任意见："您看是我把这惹事的熊孩子领走狠狠教育惩罚一下？还是您先回办公室休息一下，这里交由我处理？"最终通过"换场合"的方式把冲突中的两个当事人分离开，让冲突事件及时暂停了下来。

科任在我带走违纪学生后平息了怒气，继续给学生上课。而被我带走的孩子也在与我的二人对话中，很快回归理性，既认识到了自己的问题，还在我的引导下，给科任写了一封道歉信。一场师生冲突因为及时"换场合"，给了彼此台阶下，也给了双方回归理性的时间，最终得以及时化解。

再说说如何通过"改变时间"来实现"积极的暂停"。

这一做法其实在各类体育赛事中非常常见，意识到选手在比赛中状态不佳时，教练常会喊暂停。这不仅是一种技术指导和战术调整，更是一种心理战术的应用，能通过暂停打乱对方节奏。节奏一变，战局也就有可能发生变化，很多时候就能因此占据主动权，甚至直接影响比赛的结果。

在科任带着情绪来与我们沟通时，如果一时间不知道该如何处理应对，就可以用"改变时间"的方式来进行积极的暂停，为自己赢得时间，把握沟通的主动权。

如我曾遇到过一位特别爱找我"告状"的科任，她所任教学科的大事小情动不动就要找我说道一番。当然，如果从积极的视角看，这是她工作认真负责的体现，也是她对我的信任。但有些时候，面对她无休无止的"告状"，我也难免会有情绪，或者有时真不知道该如何应付。每到这样的时刻，我就会采用"改变时间"的方式来进行积极的暂停，等到我调整好自己的情绪状态，或者想好了正向回应的对策后，再与她进行沟通。

有一次，她因与一学生家长发生矛盾找到我，情绪非常激动，要求我出面解决这个问题。

从内心深处来讲，我非常不想参与其中，因为这位家长很"难搞"，且这起家校矛盾的来龙去脉我并不清楚。如果带着抗拒心理加之不掌握一手资料，就贸然与科任开展对话，基本上这样的沟通就是低效甚至会产生反向作用。因此，我选择了用"改变时间"的方式进行积极的暂停。

在宽慰了科任的基础上，我告知她"接下来我有课，得准备一下。之后还有个视频会议。等会议结束，我来找你，我们一起想办法！你看这样可以吗？"我既表明了当下不沟通的具体原因，也与科任约定了沟通的具体时间，并用"我们一起想办法"结尾，表达了我想与科任共同进退的积极态度，也就比较顺利赢得了她的配合。

利用这段"暂停"的时间，我给自己做了积极的心理建设，又以表扬孩子为由与该家长取得了联系，及时了解了冲突的来龙去脉。待到由我主动发起与科任的对话时，我已经有了较为成熟的计划和预案，这场家校矛盾最后也得以顺利化解。而这位科任也因为我能站在她的立场考虑和处理问题，与我的关系越来越和谐，后来的搭班过程变得愉快了很多。

上文所介绍的"积极回应"策略，单项或组合灵活应用，对于班主任化解科任情绪，消解彼此情绪摩擦，在我的实践被反复证明，的确有很好的效果。但一定也有读者朋友会质疑：一定要这样做吗？班主任这样也太憋屈了吧？有时为什么不可以以牙还牙震慑对方呢？

当然可以，但是然后呢？作为班主任，我们在班级管理和学生教育这一盘棋中起着牵一发而动全身的关键性作用，如果我们不能有大局意识，遇事随性甚至任性，就很可能因一次任性而以"蝴蝶效应"之势产生一连串巨大的副作用。

而如果我们秉持"关系建设者"的自我定位，就会有意识地把与科任的每一次摩擦都升华为优化双方关系的机会，真实实现合力育人。

当科任与学生发生了矛盾

作为班主任，尤其带毕业班，每一届我都会遇到科任与学生发生矛盾的事件。遭遇这样的问题，班主任作为中间人，的确不好做。如果维护科任训斥学生，很容易导致学生表面悔过内心反感加剧，甚至有时会直接激化矛盾；如果替学生解释开脱，科任又会觉得班主任在"护短""偏袒"，也很容易引发科任对班主任的误解。

那么，当遭遇科任与学生发生矛盾了，我们班主任又该如何做好"老娘舅"呢？

一、安抚科任情绪，表明自我立场

这一天课间，我正在教室里批作业，数学老师气呼呼推门进来："小言我是没法跟他沟通了！你跟他说！"说完这些，她又气呼呼离开了教室。再看教室门口，比数学老师高了半个头的小言微驼着背，不知所措地站在那里。

"究竟发生了什么？一向好脾气的数学老师怎么气成了这样？但你一向也是懂事的孩子，我知道你一定不是故意气老师的！"我一边宽慰小言，一边引导他，"那你能写篇小作文，把事情的来龙去脉告诉我吗？我得了解具体情况，才好想办法帮你啊！"我以商量的语气跟他说。他立刻答应了。

"小作文"，是我们班学生在犯了有点严重的错误时必须接受的一种惩戒方式。孩子犯错性质有点严重的情况下，如果立即采取师生面对面谈的处理方式，有时教师难免情绪上头，孩子那边也带着紧张防备的心理，就不太可能静心分析认识自己。而以小作文的形式还原事件，边回忆边复盘中，孩子的情绪能得到调节，也有可能进行冷静反思，进行一番自我教育。而我也能透过孩子的文字，更加清晰地了解事件始末，特别是了解孩子的内心真实想法，从而寻找到更加适当的应对和处理策略。

这边安排好小言写小作文，我便立刻去敲响了数学老师的办公室门。不能晾着数学老师不管不顾，否则她会觉得我不给力甚至不支持她工作。我得先把她的情绪安抚好，再在耐心倾听中获得有用信息，方便下一步更加科学艺术地做好这个"老娘舅"。

我一进门，数学老师便气吼吼像连珠炮般对我说："这孩子最近真不知道怎么了！第一单元还考了90多呢，最近作业突然就不认真做了，该写答案的地方就胡乱画圈。我今天早上叫他来问问情况，他还一脸不乐意。我担心他是不是坐后面不专注，就让他坐讲台边上听课。然后是好看了，这节数学课他干脆不听课不动笔了！你说这孩子到底是怎么了啊？问不得训不得了！"

我边听边想，明白了个大概。数学老师没明说，她让小言这身高已经超过170cm的孩子搬到讲台边听课，除了担心他不专注，其实还有惩罚他不认真作业的意思。她本意是让小言"知耻而后勇"，却没预见如此举动会激起这"正青春"娃儿的逆反情绪，以"不做作业""不听讲"作反抗。

想到自己此前没有及时告知数学老师，这孩子在家最近多次顶撞家长的情况，我心里有点过意不去，便连忙向她致歉："是呀是呀！这小子最近脾气是很大的！他爸爸和爷爷前几天都给我打电话，说孩子最近应该进入青春叛逆期了，在家跟大人又跳又吼的，我忘记把这事跟你说了，都是我不好！"

我故意把"青春叛逆期"这几个字说得特别重。数学老师听了，脸色一紧："怪不得脾气那么大！那倒也不能怪他的。激素水平不一样了，不是他自己能控制的！"

我连连点头称是："要不怎么说你老带毕业班呢，到底是经验丰富！所以他在你这里还是很收敛的，即便情绪上头了，到底也还是控制住了，说明对你还是非常敬重的！不过这头荷尔蒙旺盛分泌的小倔驴，的确是难管的！你辛苦了！"

数学老师听我这样又是夸赞她又是感谢她，连连摇手："没事没事！我也理解他的！这事就算了！"

"哪能这么算了呢！这头倔驴，我非得好好治治他！我正罚他写检讨书呢！"我继续添油加柴，必须让科任感受到，无论发生了什么事，我始终是站在她这边的。

"算了算了！他最近发育头上（方言，指刚进入青春期）不一样，脾气大就脾气大吧，我们不能跟他一般见识的。你也不要去罚他了，等下他又要犯倔了！"到底是自己的娃，转眼间，数学老师已经站到了孩子那边教育起我来了。我听得开心不已，连连点头并再次道谢。

二、倾听学生想法，纠偏不合理信念

等我安抚好数学老师，小言也已洋洋洒洒写了三大张的小作文：

> 今天上课数学老师让我拿着书来讲台边上做，我不服啊，我生气啊，我干啥了？就坐在前面！我怨啊，根本无心听课，老师讲了啥我都没听进去，我就这么在那里发呆。老师让我做练习，我也是一笔未动，因为我根本不会，课堂作业本也是如此。
>
> 后来下课了，老师把我叫到办公室，又问我作业的事。我一直"嗯嗯嗯"。她又问我爸妈工作。
>
> 问这个干什么？数学老师这种做法让我很不理解！让我到办公室里询问我作业是怎么回事，我理解。的确是我作业做得不认真，该挨批。但询问我家庭状况我就很不理解。问我爸妈几点下班还说得过去，但问职业什么的太多余了！我不明白我作业做得好不好，跟我家

人职业有什么关系？也许是想了解了解我？

但我也在写这个小作文的时候知道我错在哪了，无非就是不认真，不尊重。我对老师的回答总是"嗯嗯嗯"，其实是太紧张了。我也有时顶撞老师，还有就是对课本不尊重，我常爱在课本上涂鸦，这些就是我最大的缺点。

……

读着小言的文字，我的心头一阵阵猛颤。有点潦草的字迹里，处处透着这孩子的敏感和防备。数学老师的每一句话，甚至每一个眼神，他都在进行分析解读，而且还是带着敌意去解读：老师把他请到讲台边听课，是故意针对他羞辱他；询问他父母的工作，是数学老师别有用心……

我仿佛隐隐看到有很多很多的负能量，包裹缠绕着这个孩子。心疼的感觉如潮水般涌了上来。这个被领养的孩子啊，真的像极了一只小刺猬。他明明那么渴望被温暖，但总是轻易地竖起满身刺，以试图保护自己脆弱的心灵。心疼他的同时，我更明白，这个孩子真正需要的，不是大道理，而是心灵的松绑，是思维方式的纠偏，是帮助他换个角度看见生活的美好。

准备充分后，利用课间休息时间，我把小言请到了我的工作室。拿出图一，我请小言认真看，然后问他看到了什么。

他告诉我，一头母狮正在吃一只小狮子。

图一

我："是不是很震惊？虎毒尚且不食子，这头母狮怎么可以如此凶残？"他点点头，眼神凝重。

"那么，我们眼睛看到的是不是真相呢？"我边说边拿出了图二，又问他"你又看到了什么？"

他愣住了，盯着图，没说话。

"你看到了什么？"我追问他。

"母狮叼着小狮子。"他轻声说。

图二

我把两幅图都放到了他的面前："你明白了什么？"

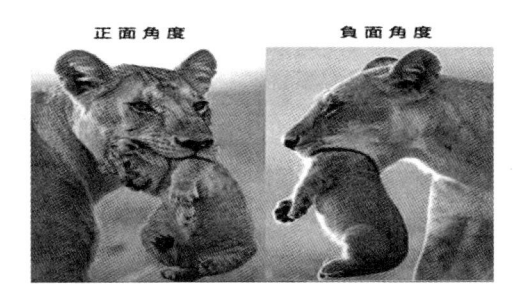

图三

他看看图，又看看我，表情有点复杂，依然没说话。

"我把这两幅图打印出来送给你，是想告诉你：我们眼睛所看到的，很多时候不一定是真相！我们看世界的方式，取决于我们站立的角度，和我们内心的观念。"我边说，边把后面两句话写在了图片上。尽管我知道他也许听得似懂非懂，但我必须要尝试引导他慢慢懂得，换个积极的角度看世界，有多么重要。

我又拿出事先打印好的表格放在他面前，然后带着他一点一点分析他和数学老师之间的误会。

换个角度　天地自宽

事件	我以为	真相
打听我爸妈的工作。	她想打探我隐私，感觉她看不起我爸妈的职业，看不起我。	她是想了解我父母是否有时间关注我家庭作业情况。她在想办法帮助我。
让我坐在讲台边听课。	她故意让我在同学们面前出丑，她是跟我对着干。	她想用这种方式提醒我，要好好反思自己最近的表现，找回第一单元时的学习状态。

续　表

事件	我以为	真相
把我带给孙老师处理。	她好像很讨厌我的样子，她把我交给孙老师，是想让我受到翻倍的羞辱。	她是想让孙老师一起帮忙想办法来帮助我。

当我们合作着，一件事一件事地剖析他自己的想法，再一步步去分析数学老师真实的意图时，我明显感觉这孩子说话的语气轻松了起来。特别是说到数学老师是拿他没辙了，找我一起想办法去帮助他的时候，他的嘴角甚至浮现出了一抹隐隐的笑意。

缺爱的孩子，会从他人的细节里去寻找自己的价值感。如此敏感的孩子，我们几位老师之前与他的相处，真的太随意太不用心了。我边思索边自责着。

我把那两张图，和那张表格，送给了他："下次遇到困惑的事情，可以尝试着换个角度看问题，也许你会发现，忽然就天高地阔起来！当然，孙老师这儿，随时欢迎你来坐坐，聊聊天！"

他还是没有说话，只是双手紧紧握着那图和那表格，似乎正尝试从中获得什么力量一样。

三、共商化解之法，获得真实成长

我个人很喜欢瑞士学者埃蒂安·温格的一个观点：学习不只是获取知识，也不只是积累事实和信息，学习是对人的塑造。这一观点其实也适用于当下事件。

在观念被纠偏后，小言对世界的看法就会改变——即思维方式的改变，理解自己与科任的方式也会改变，但这种改变是否真实发生，关键是有没有用具体的行动来助推观念的改变。

于是，对话的最后，我决定再打一张感情牌："刚才数学老师特地观照我，让我不要训你不要罚你，说她其实很理解你很喜欢你！这下好了，原本我想为这事狠狠惩罚你的，可是数学老师给你撑腰啊！她不让啊！我太难了！"

小言搔搔脑袋，不好意思地笑了。

我又假装摇头叹气："数学老师可真不容易啊！自己被气个半死，还要照顾你的情绪！那么她自己的情绪谁来照顾啊？！"

"老师，我想去跟数学老师道歉！"

"男子汉！果然有责任有担当！"我立刻给他戴上几顶高帽子，同时也必须再推他一把，"但是，你打算怎么跟数学老师说呢？道歉也是有门道的哦！"

于是，在我的一步步引导下，小言把我当成数学老师，边模拟道歉场景，边总结道歉"门道"，最终得出了如"道歉的话要真诚""体态语气要大方""在老师情绪比较好的时候去道歉""借助道歉信为诚意加分"等道歉小技巧。

然后又在充分准备之后，诚意满满地敲开了数学老师办公室的门。而目送他背影的我，内心又一次沉甸甸的。

我始终相信，任何危机，也都是契机。当科任与学生发生矛盾，作为班主任，除了努力做好"老娘舅"，化解双方矛盾，更重要的价值在不露痕迹中，引导矛盾双方都看见自身不足，从而获得实实在在的成长。这样的成长，无论对于科任，还是学生，包括班主任自身，都将受益无穷。

科任的课堂纪律出问题，班主任怎么办

如果科任教师的课堂纪律出了问题，班主任该怎么办呢？这是一个老话题，但凡有科任不能很好地管理课堂纪律，班主任就避不开这个话题。但究竟要不要管？如果要管，又该怎么管？还是要具体问题具体分析的。

一、所有科任的课堂纪律都成问题，怎么办？

如果学生只在班主任的课上安分守己、遵守纪律，其他的课上纪律都成问题，那么班主任首先要从自身的管理角度找原因了。具体来说，可以从如下角度去思考：

第一种情况：是否班风学风存在问题？

除班主任外的每门课纪律都不好，一定程度上能说明班主任在对班级学习风气培养方面是不够到位的，敬畏规则、热爱学习、尊重科任的教育也是有所欠缺的。如果班主任善于管理，班风优良，学生好学有礼，那么不管是哪位老师来上课，课堂纪律都不会差到哪里去。

如果是此类班风学风导致的纪律问题，那么班主任需要做的事情就多了，因为这已经是整个班级大系统出了问题，需要班主任自身先进行系统学习，明晰优良班风学风建设的基本元素，在提升自我认知水平的基础上，再联动家长、科任等，分析班级具体情况，进行有针对性的系统干预和改革。

第二种情况：是否存在班主任过于严厉，而其他科任老师则相对温和的科任组合？

一般来说，被高压政策管理的学生，往往并不能被真正培养出规则意识，相反，他们的顺从和安分只是为了自我保护而表现出来的假象。儿童好玩好动的天性被压抑到一定程度后，就会在班主任看不见的地方变本加厉地反弹，比如在其他好说话的科任课堂上纪律失控。

　　如果是这样的情况，班主任首先需要改变自身的管理模式，并通过与科任及学生的多方对话，师生、师师共商课堂纪律改善策略，尤其是在倾听科任的意见建议中调整自我管理的尺度，最终与科任形成较为一致的管理标准，帮助学生掌握和谐统一的规则，减少不必要的内耗。

二、部分或个别科任的课堂纪律成问题，怎么办？

　　上面分析的，是除班主任任教的课外，班级其他的课都存在纪律问题，通常情况下其实并不多见。我们班主任最常碰到的，是其中部分或个别科任的课堂纪律出了问题。那么，这样的情况班主任又该怎么办呢？

　　第一种情况：科任老师重教书轻育人。

　　现实中的确不乏一些科任教师，把育分看得比育人重要，一遇到学生课堂上违纪等问题，不管大事小情，都习惯推给班主任处理，认为这是班主任的事，与自己无关。殊不知，这相当于把自己的教育权交给了班主任，在学生心目中的威望也自然会大大降低。久而久之，学生就会眼中只有班主任，没有这位科任老师了。

　　我也曾遇到过这样的科任。A老师除学科教学外的一切班级事务，他都不会管上一管，甚至连升旗仪式他也从不出席。而如果有学生经常不完成作业，或者课堂上违纪了，他就会一嗓子把娃吼到我办公室交由我处理。于是三天两头可以听到他的大嗓门，时不时我办公室会有被他赶出来的学生。但偏偏他又教龄比我长，教学质量还比我好，真是说不得动不得，又不可能让领导给我换科任。那该怎么办呢？

　　我理性分析，所谓观念影响行为，A老师如此行事风格，其实不能简单上纲上线定性为"工作态度"问题，他在学科教学上的严谨和投入，是有目共睹的。问题关键很可能是观念偏差，即在这位科任的认知中，德育工作应属于班主任职责范畴，他与我分工明确，各司其职，没有半点毛病。殊不知这样的责权不明缺乏沟通，让管理出现了"真空地带"，管理效能自然大打折扣。

但另一个角度来讲，行为也会反过来影响和改变一个人的观念。因此当时我为纠偏 A 老师的观念，做了这些努力：

第一，平时多与 A 老师闲聊杂谈，也常买些水果请他共享，逐步建立不错的私人关系。这是后续工作顺利开展的情感基础。

第二，班级活动主动邀请 A 老师参与，为学生与 A 老师之间搭建起情感互动的桥梁，美化双方形象，让 A 老师在与学生的更多接触中产生对班级和学生的正向认同，潜移默化中把他卷入班级各项事务中，他对班级投入的时间精力多了，责任感和归属感自然也就产生了。

第三，班级取得点滴进步，及时与 A 老师分享，并感恩他的支持和付出，将功劳记在他的头上。这样的归功有时实至名归，有时则是一顶顶高帽子。但人都爱戴高帽子，戴上了就会从内心希望自己的言行与美誉相匹配，自然对我们班也会更加用心一点。

如此师生互动多了，学生对 A 老师多了敬重，自然也就少了违纪行为。而走进班级上课，发现学生越来越明事理爱学习，A 老师自然也越来越喜欢我们班，曾经的吼叫也变成了时不时的夸奖，一切都朝着良性方向发展着。

第二种情况：科任教师较年轻，对于课堂管理经验不足。

很多年轻老师对学生和家长有莫名的畏惧情绪，想管不敢管，或者在处理学生违纪问题时不够坚决严厉，导致学生规则意识模糊，就会不把科任老师的话当回事。

这样的老师往往自身性格也比较随和，因此和这样的年轻科任相处，班主任首先要多一些尊重和包容，切不可颐指气使，以资历压人，或者抬着前辈的身份轻易否定人。年轻缺乏经验，不是错，很多时候只是时间问题。我见过不少年轻时管不住班级的老师，后来成了教育教学的骨干。也因此，对于这样陷入职业困境的小年轻，我们更要多一点耐心，然后真诚相助。

首先自然也是与其以建立优质的关系。只有关系近了，年轻科任在遇到困惑时，才会信任我们，愿于敢于和我们交流。如果我们端着前辈架子，本就陷入困境的年轻科任更不敢轻易开口，我们也就很难发现违纪问题的关键，只能待在外围有力无处使，这对三方都是不利的。

其次，如果科任开口，就真诚相助，倾囊相授。用共情帮助对方卸下心理包袱，用换位思考体谅年轻人的成长困境，再以"过来人"的经验给到对方关键性的点拨和引领，最后还要以鼓励为主，引导他们以"时间思维"看待这一问题。毕竟像"管理课堂纪律"这样的实操技能，师范学校很少甚至不会教，更多需要科任教师在岗位上通过实践、探索、体验、反省和觉悟中逐步提升，真正一入行就能驾轻就熟的，是极少数。

再次，如果对方闭口不提，只自己独自努力，那就"曲线救国"。课堂纪律出问题，除开科任自身原因，还有学生的观念和意识问题，以及前面提到过的班风学风问题。科任自身原因，科任不开口求助，我们很难介入干预，否则反而影响与科任之间的人际关系。但学生和班级方面的问题，则是我们可以也有必要艺术介入的。

我曾与一位性格特别柔和的年轻女教师搭班，且称她为B老师。B老师任教的学科纪律问题非常大，学生不听讲说小话的很多，但她一直默默承受，更从来不会跟我告学生状。我要顾及她的面子及自尊心，就不能太明显地出面干预。于是我以"综合素质测评"为由，在取得各位科任的认可后，全面启动了对每一科课堂纪律的评价记录行动，经由班干部的及时记录反馈，我就能实时掌握学生动向，揪出"头号玩家"。

对于这违纪行为最严重的孩子，自然是不能直接施以重典的。尽管从眼前来看，重罚之下，其他孩子的确不敢不就范。但由此被罚的学生和B老师的梁子也算结下了。于是我反其道而行之，每次被"抓捕归案"的孩子，我会邀请他写不少于400字的"观察材料"，即借用语文课学到的场面描写和细节描写，把B老师精彩授课的场景描绘下来，并且要在全班朗读这份材料。

如此，在 B 老师课堂上违纪就成了学生的"甜蜜的负担"，说"负担"是因为 400 字的材料不好写，而且写得不好还得重写。说"甜蜜"是因为当着全面同学面朗读这份材料，其实就是一次班级核心价值观的重建，不断引导学生从积极正向的视角去看待 B 老师，自然就能拨开障目之叶，以欣赏的眼光看待 B 老师，班级舆论也越来越倾向于对 B 老师的认可和喜爱。如此，违纪情况越来越少，课堂纪律也越来越好，毕竟在非常重视同伴认同的年纪里，很少有哪个孩子愿"冒班级之大不韪"引来舆论攻击。

第三种情况：技能课的纪律问题。

技能课的纪律比文化课差，是普遍现象。一方面是学生自身对非考试学科的不重视，第二是授课教师相对要求不如文化课老师高，教学方式、教学环境与文化课相比更为宽松，第三是学生与老师接触较少造成了情感疏离，也会影响课堂纪律。

现实中，如果我的科任本身对课堂纪律没有意见，且学生也是有底线的活泼，那么一般我也不会特别干预。

但如果科任明确表示有意见，或者纪律问题已经影响了学生正常学习，那么我会一方面担任"老娘舅"的角色，通过各种途径拉近师生关系，同时也会如上文所述的各种方法，做好任课老师的坚强后盾，培养学生对学科和科任老师的正向情感。

如有一次，班级大部分男生因体育课经常公然违纪，被体育老师告到了我这里，且体育老师表示，我们班男生的纪律一向不好，他已经忍无可忍。

首先，倾听心声，安抚情绪。一方面，我特地跑到体育老师办公室，以向他道歉之名，倾听他的怨气，帮助他疏解情绪。另一方面，我也没有立刻惩罚学生，而是请他们以作文的形式，把违纪问题具体真实描述下来，表达真实想法，能方便我站在学生视角看待问题，也帮学生跳出自我看待违纪行为，引发反思。

其次，主题演讲，明晰利害。针对学生流露出的对体育课的消极情绪，我组织学生开展"运动改造大脑"主题演讲赛，一方面推荐学生阅读同名书籍，一方面建议学生向体育老师求取演讲资料。演讲当日，还邀请体育老师担任演讲赛评委，为师生情感交流和思维碰撞搭建平台，也在潜移默化中纠偏学生观念，同时引发体育老师对自身教育教学方式的反思。

第三，自我暴露，分享成长。利用班会课，我向学生展示了自己从一身疾病到坚持跑步这十年中的变化，以亲身经历深化他们对运动的正向认知。

第四，组织活动，养成习惯。我联合体育老师，将六年级体测中的"一分钟跳绳"和"仰卧起坐"作为每日家庭作业，并组织了师生共同参与的阶段性比赛，在活动中培养学生对体育运动的积极情感。

这一系列的主题活动，让体育老师看见了我对他的尊重和配合，很好保护了任课老师的教学热情，同时也逐步培养了对体育学科的情感。

第四种情况：班主任自身的评价尺度问题。

现实中也存在一些非常优秀的班主任，自身教育教学成绩都非常突出，学生在他面前表现得乖巧听话，因此在得知个别科任的课堂纪律完全另一种状态，班主任就会质疑科任的管理能力，甚至出手干预。

个人认为，这样的做法非常欠妥。

因为课堂纪律问题其实是个没有固定标准的问题，不同性格不同教育理念的老师，对课堂纪律的理解自然不同。尤其是一些年轻老师，自身性格活泼灵动，崇尚新事物新理念，主张学生个性的张扬与解放，对学生课堂纪律的要求就相对会宽松一些，这也是教育开放性多样性的体现。只要本质上不影响学生学习，班主任就不应干涉，而要尊重，要悦纳。否则就是越界，也违背了教育常识。

所以，综上所述，科任老师的课堂纪律出问题，班主任要不要干预，要如何干预，是个很具开放性的问题，不能一概而论。班主任在处理此类问题时，还须因人而异，因时因地而异，具体情况具体分析。如此方能真正与科任成为"教育合伙人"，同心同德呵护学生健康成长。

不过更须特别说明的是，班主任的目光不能只停留于"问题解决"视角，而要跳出问题看问题，以全局思维看待科任的课堂纪律问题，在平时注重班风学风建设，搭建平台涵养学生与各位科任的师生关系，培养学生对每一门学科的积极情感。如此，才是班主任专业性的真正体现，也是指向班级、学生、教师共同成长的真正要义。

赞美同事，是个技术活

作为教师，赞美学生是我们习以为常的事情，因为我们都知道教师的赞美不仅能培养学生自信，激发学习内驱，更能让师生关系更加和谐，最终这份赞美能反哺教师自身的职业幸福感。

但我们却很不习惯开口赞美同事。一方面是因为中国人内敛、谦逊的传统文化根深蒂固的影响，使我们往往喜欢更含蓄的情感表达，不喜欢更不习惯把赞美挂在嘴上。另一方面是在不少人眼中，赞美他人就是拍马屁，是刻意迎合他人讨好他人，难免会给人留下刻意、恭维的印象。

但如果从心理学的角度去看，其实成人的内心深处和学生一样，都渴望来自外界的认可、鼓励和赞美，这是每个人最基本的心理需求。特别是随着社会的不断发展进步，职场中会赞美已逐渐被公认为是一种很重要的职场软实力。善于赞美别人的人，往往在同事中更有人缘，也更受人欢迎，这对优化工作环境，提升工作效能，是非常有好处的。

说到这里，可能有读者也许会说，赞美别人又不是什么难事，不就是说人好话吗？但其实赞美也是一门技术活儿。

一、赞美同事，真诚是底线

美国成功学大师卡耐基说过："如果你是发自内心的赞美，那么人们将把你的每一句话视为珍宝，终生不忘；即使你自己早已忘到九霄云外了，但别人仍然会铭记在心。"但反之，如果你的赞美不真诚甚至带着虚假的成分呢？也是同理，你说完自己早就忘记了，别人却还会铭记在心，并且从此很难再给你发"好人卡"。

我刚入职时，同办公室有位特别能说会道的前辈，和他交谈之后，我常会觉得整个人都是飘的，因为他夸起人来真是一套又一套。但不知道为什么，听说这位前辈人缘并不好。

有次早自习时，他从走廊那头走来，隔着老远就向我竖起大拇指。我内心自然充满了期待：这回又要夸我什么呀？等他走近了，凑近我耳根子说："我刚才走了一圈，你们班的早读纪律是整个年段里最好的！"

他这话一出口，我立刻笑开了花。还有比夸赞自己的班级更能让班主任高兴的事吗？我向他道了谢，迈着欢快的脚步走向教室。

没走几步，忽然想起了忘拿了教本，我转身想回办公室，一抬眼却瞅见这位前辈正凑在我隔壁班班主任张姐的耳边嘀咕着什么，然后两人相视欢笑起来。这镜头，这表情，这动作，怎么这么眼熟？

也不知怎的，我忽然就生了八卦之心。待这位前辈离开走廊后，我立刻就向张姐打听。

张姐是老江湖，仿佛一眼看出我的心思："他是不是也这样夸你们班了？说你们班早读纪律是年段里最好的？"

我惊得嘴巴都合不拢了，天哪，居然还有这么"高情商"的！这样说话有什么意思呀！

张姐笑了："小年轻，看着点，学着点，有时也要防着点哦！"

从此以后，再遇到这位爱夸人的前辈时，无论他夸了什么说了什么，我都会多个心眼打了折听，而且也终于明白了他人缘不好的真正原因。毕竟，谁都更喜欢和真诚的人交往，谁也都不愿意听虚假的夸奖。

有一句话说，你怎么对待这个世界，这个世界就怎么回馈你。如果想通过赞美他人赢得好人缘，一定要发自内心地欣赏别人的长处，赞美肯定别人的时候也不要夸大其词，否则很容易弄巧成拙，对后续的工作产生源源不断的负向影响。

二、善用"温莎效应"

受中国传统文化影响,面对面赞美他人有时是带着一定风险性的。有的同事可能会觉得我们只是客套,不会当真,也不排除有的同事会认为我们有所企图,或觉得我们过于八面玲珑,反而留下不好的印象,导致事与愿违。

因此,面对有些性格比较古板、不喜被人直接赞美的同事时,可以用"温莎效应"来传递我们的欣赏之情。

"温莎效应",是指比起直接传达什么,从第三方的角度间接传达的可信度会提高的一种心理效果。活用到同事关系中,如果我们想赞扬一位同事,又不便对他当面说出或没有机会向他说出时,可以在其他同事面前适时地赞扬一番。一般情况下,背后评价人的话语都会很快就传到本人的耳朵中。而且传话的人,往往除了传话,还会适当加上自己评论,这能让我们的赞美更具可靠性、信赖感和诚意。

就比如说,我个人比较喜欢在与家长的沟通中,适时穿插几句对科任教师的赞美,同时我还常会在与年段长、分管领导的对话中赞美科任的优势和努力,也会在学生们面前赞美科任……这样的赞美,拐几个弯之后,最终一定会回到科任的耳朵里,但赞美的效果早已放大了N倍,我与科任的相处和合作,自然非常融洽,最终受益最多的,也是我这位班主任。

三、做赞美的"搬运工"

我特别喜欢"农夫山泉"的广告语——"我们不生产水,我们只是大自然的搬运工",因为它牢牢抓住了人们注重健康的心理诉求,把其"天然、健康"的品牌形象深深植入万千消费者内心,可谓教科书级别的广告宣传。其实,在同事间的赞美之术上,我们也可以向农夫山泉学习,有时也可以做一做赞美的"搬运工",一样能让赞美的效果翻倍。

做赞美的"搬运工",意思就是当听到 A 称赞 B 的时候,我们要做个有心人,在心里默默记一记,然后有机会的时候口头说给那位被赞美的 B 同事听。这样,A 对 B 的赞美,经由我们的口,放大了赞美的效果,就成了一种广而告之。这里获得快乐的,就不仅仅是被赞美的 B,还有赞美人的 A,以及我们自己。

和八卦相反,这样的赞美讯息传递者,就像一只报喜鸟,自然更容易赢得人们的好感。

如听办公室同事说起王老师家女儿获了省级大奖,午餐见到王老师时,我便把这份赞美传递了过去:"王老师,恭喜你噢!办公室老师们都在夸你教女有方,把孩子培养得这么优秀!快点分享一些育儿经让我们学一学吧!"然后一顿午餐时间,王老师把如何培养女儿对数学的兴趣介绍得一清二楚,而我也听得受益良多。她开心,我也获益。这样的搬运工,做得太值太划算啦!

四、"感受+细节+提问"赞美法

前面我们所聊的几种赞美方式,使用起来是比较随性的,更多应用于普通同事之间,在非正式的交流中满足他人自我认同,优化彼此关系。但对于领导或前辈等比较尊重的人,赞美就特别要注意方式方法,否则很容易被误认为"拍马屁",说不定还拍在了"马腿上"。

这里分享一种比较实用的赞美方法:感受+细节+提问。具体可按照如下三个步骤进行:

第一步:表达真实感受

如年段内一位默默无声的老教师,仅用一个学期时间,就把原本处于年段中下位置的班级带成了年段第一,于是在年段聚餐时,我瞅准机会就向她表达我的真实感受:"我真是太佩服您了!"

这位老师谦虚地笑着回应我:"运气运气!"一般来说,这次谈话到此就结束了,我的赞美,更确切地说,我发自内心的敬佩之情,她是否真的接收到了呢？还真不一定。于是我还要跟进第二步——

第二步：讲述具体细节

"不，这不是运气！这是你的努力付出换回来的！我看过你们班的试卷分析，孩子们基础部分做得非常好，说明你日常抓得很到位！"

听我这样一描述，她的笑容中多了一丝小小的得意，但嘴上依然说着"运气运气！"

第三步：提出相关问题

我又接着提出疑问："运气来自努力和实力！你快教教我，我该怎么抓基础，才能提升基础部分的得分率呢？"这是我真实的困惑。

听到我这样真诚求教，这位平时话很少的前辈一下子打开了话匣子，滔滔不绝地跟我分享了不少小妙招。

那次聚餐中，我们的互动非常愉快。此后，不太愿意主动与人交际的她，与我成了忘年交，对我的语文教学帮助也很大。

这样的三步走赞美法，赞美的同时，体现的是自己虚心求教的态度，因此常能给自己敬重的人留下美好而深刻的印象。

上面说了这么多赞美同事的方法，并不是提倡大家为了赞美而赞美，把赞美当成投机取巧的一种手段。真正高质量的赞美，最重要的还是自然和真诚，是发自内心对同事对他人的欣赏，并很愿意把这种欣赏用得体的语言表达出来，在快乐他人的同时，自己也获得真实而快乐的成长。

做高"拒商"教师

最近接触到一个词,叫"拒商"。顾名思义,所谓"拒商",就是在别人提出违背我们内心意愿的要求时,坦然拒绝的能力。

工作中,我们难免会遇到同事或领导想让我们做而我们却并不想做的事情。现实中有一些"老好人",因为不懂拒绝,而让自己陷入无尽的烦恼之中。还有一些人为了维护自己的边界感,习惯生硬地拒绝他人,又会让同事觉得他不近人情,也会影响人际关系。

那么,日常工作中,该如何优雅体面又不失分寸地拒绝那些自己内心不想做的事呢?

一、重构对"拒绝"的认知

我们不懂拒绝,是因为我们对"拒绝他人"有错误的认知:

中国人讲究人情礼节,很多人在拒绝别人时,往往自己会内心不安,担心让别人没面子,也丢了自己的面子……而且果断拒绝他人,就有可能让对方生气,为关系破裂埋下伏笔。有时,一次拒绝甚至可能惹恼对方,导致后面失去机会甚至付出代价……

如果你很认同我的观点,那么很抱歉,我要告诉你的是:这些都是错误观念!

事实上,当一个人向我们开口提出要求的时候,其实他心里已经预备好了两种答案,一种是答应,一种就是拒绝。所以,我们的拒绝,其实也是对方预料之中的答案。当我们不能或不想答应时,干脆利落地拒绝,反而能让对方及时找到更适合的办法。

而且，拒绝是我们的权利，适时适度的拒绝，能让对方明晰与我们相处的边界，这对一段关系的健康发展是很有必要的。因此，我们无须因拒绝他人而感到自责，相反，这是尊重自我也尊重关系的明智之举。

同时，我们还须把"人"和"事"进行分离，必须明白，我们拒绝的是"事情"，而非提出要求的那个"人"。换句话说，我们拒绝他人并不会得罪他人。如果因为拒绝他人而得罪了人，很多时候可能是我们的拒绝方式有待商榷。

二、答应别人前，首先考虑自己的感受

"自私"在我们传统的认知里，是一个贬义词。因为我们从小就被教育要助人为乐、无私奉献、不求回报。但我却以为，在与同事相处时，保持合乎常理的"自私"，其实是一种职场人际智慧。

作为教师，尤其是班主任，我们自身的工作量本就非常繁重，如果还不懂适度拒绝，必然会让自己陷入人情世故的负累中身心俱疲。所谓万事皆有度，过犹则不及，生命中的任何关系都要有底线和原则。

所以，当同事向我们提出要求时，我们首先应该考虑自身的感受和需求：

我为什么想拒绝这次聚会？为什么想拒绝这次求助？

是身体原因？是有事冲突？还是很纯粹地就是更希望把时间留给自己独处，而不是耗费自己的休息时间来满足他人需求？

倾听自己内心的声音，是很重要的自我对话，它能帮助我们摆脱因拒绝他人而产生的自责感，悦纳自我的真实感受。就如心理学家弗洛姆说的："爱人，当从爱自己开始。不懂爱自己的人，绝不会真正爱他人。"不背负他人过多的期望，好好做自己。一个人唯有与自己相处好了，才能有力量真正去帮助他人，温暖这个世界。

三、"诚实相告＋换位思考＋替代方案"法

当我们想要拒绝他人时，最习惯性的一个理由就是"忙"。同事请我帮忙看篇案例，如果我留言"现在忙，忙好了再说哈！"办公室约周末聚餐，如果我托词"最近实在太忙了！"科任让我考虑一下班级座位调整问题，如果我告诉她"忙好再说！"如果你是我的同事，我的科任，你会怎么想？

你一定觉得不太愉快了对吧。因为用"忙"做拒绝理由，其实就是在暗示你"我眼前的事情比你的事情重要，我不愿意为你花这个时间"。而在上下级关系中，如果面对自己力不能及或不想做的工作，用"忙"来拒绝，则会给领导留下没有担当不思进取的消极印象。一个忙字，说的时候轻巧巧，其后果可是有点严重的。

那如果真的是因为忙才拒绝，除了说"忙"，其实我们还可以这样说——

一次，某政府负责家庭教育指导的领导联系我，想邀请我给他们辖区的小学祖辈家长做一次"隔代教养"主题家庭教育指导讲座，而且明讲了是有讲课费的。但当时我确实手头事情很多，且这个主题我手头没有现成课件，如果要讲，至少要花费2天时间备课，这势必影响我手头上另一项工作的进展。一方面是慕名而来的政府领导，另一方面是完全被打乱的工作节奏，在短短几分钟交流的过程中，我做出了自己的选择——合理取舍，做好精力管理。

那么我该如何对这位领导说出拒绝之词呢？如果我也用"很忙""没时间"，会不会落个"小老师耍大牌"的口实？又或者一个电话找我的顶头上司告一状？

于是我是这样拒绝那位领导的：

"很感谢您的信任，这样有意义的课程您能想到我，我很荣幸！但是很抱歉，我手头上正有一个课题要交稿，时间也在17号（即讲座同一

天）。如果我接了您的讲座邀约，势必会一心两用，最后我担心讲座质量会不高，如果影响你们活动的效果，我会很内疚的。您看这样行吗，我给您推荐一位在祖辈教养方面非常有专业话语权的讲师，相信她一定能讲得比我精彩很多！"

最后，我又主动提出可以帮助联系这位讲师。事情的最后，我推荐的讲师对我感激不已，而被我拒绝的那位领导不仅主动加了我微信，还一次次向我表示感谢，说讲座很成功，也期待下次邀请我去讲。

至此，一次原本可能影响关系甚至得罪领导的拒绝，变成了增进彼此关系的纽带，其中最关键的因素，是我既将具体的理由诚实地告知对方，又站在对方立场替他们思考"担心讲座质量不高""影响活动效果"，让对方感觉和"同意"相比，我的"拒绝"才是真正负责任的表现，更加合情合理。

尤其是，我还为他们提供了一个替代方案，一位水平比我高的讲师，让他们收获了意料之外的惊喜。

这样由"诚实相告＋换位思考＋替代方案"组成的拒绝，非但不会让对方心生芥蒂，反而会更加信任和喜欢你。

那么，如果不是因为忙，而是因为自己确实没能力或者不想做，又该如何拒绝呢？

四、"夹心面包"法

这种方法有点类似于人际沟通的"三明治"效应，就是在拒绝他人时，分三步走：第一步先真诚表达感谢；第二步据实陈述无法接受的理由，获得对方的理解；最后再致以言语或物质上的歉意，予以对方心理安慰，让对方尽管被拒绝却依然能产生积极的心理体验。

如同事聚餐是每个单位团建活动的常规动作，但我很宅，很不喜欢参加这些聚会。所以有时我就会选择听从内心，拒绝办公室或年段的邀约。那么该如何委婉拒绝呢？

有一次，正好是三八节，年段里又组织聚餐。偏巧我爱人也约我吃饭。家人与同事之间，毫无疑问我会首选家人。但这样一来，整个年段就只有我一个人不参与聚餐活动了。

于是我是这样拒绝年段长的——

首先，我以幽默的语气真诚表达赞美："段长辛苦了噢！为了咱们女同志过个节，你舍小家顾大家，不愧是我们年段的头号男神啊！"这一番话听得段长心花怒放。

我又接着如实交代："我爱人上上周就约了我，要给我过三八节，所以这次我要'重色轻友'啦！"

段长一边笑一边无不惋惜地说："那这样的话，我们这次聚会就不圆满了呀！就缺你一个！"

于是我连忙开启"夹心面包法"的第三步——表达歉意："真的难为情啊段长！为了表达我的歉意，让聚会圆满，我给姐妹们订花！"

最后，三八节那晚，我如期赴约；而同事那边，因为有我请花店为每位女教师精心包装的鲜花助兴，聚餐的仪式感更浓了，大家纷纷在年段群里对我表示感谢。我的拒绝参会，非但没有影响同事感情，反而让关系升温了。时隔很久后，有同事还提起此事。大家早已淡忘了当时我请假这回事，倒是对我送花的行为津津乐道。

当然，这样辅以物质上致歉的方式，偶尔为之，效果是最好的，就像惊喜，既能达到优化关系的效果，又不会让人产生对下一次的期待感。更多时候，真诚地在言语上致歉，也能取得对方的谅解。

五、温和共情＋坚定说"不"

当他人向我们提出请求时，内心多少会有顾虑和担忧，毕竟开口求人不是容易的事。因此，无论最终我们是答应还是拒绝对方，在此之前，都要做到耐心地倾听对方，与之共情。

如有一次，我的一位同事因孩子分班的事情找到了我。我深知这不是我能帮上的忙，但依然耐心倾听他的讲述：原来这也是他的亲戚托了他很久的事情，他知道难办就一拖再拖，实在没办法了才来找我。

在了解了他的具体情况之后，我对他的处境表示了理解，我告诉他，若是我易地而处，也一样会两边为难。我的共情，很快化解了这位老前辈坐在我面前的尴尬与局促。

但光有共情只能解决求助者的情绪问题，却无法解决现实问题。因此我很坦诚地表示，我自己孩子当时也是电脑抽签编班的，政策面前，一点办法都没有。

因为有了我的耐心倾听和共情做对话基础，我的坚定拒绝并未让这位前辈脸上有不悦之色。

六、非语言暗示拒绝法

之前分享的都是通过言语拒绝别人的方法，但有些时候的拒绝，却是很难开口的。例如，办公室里经常会有同事们一起扎堆聊天，特别是女同事多的地方，从孩子说到老公，从家长里短说到八卦新闻，一聊起来就刹不住车。聊就聊吧，有时他们还爱拉你入伙，时不时来问你一句"你说气人不气人？"

气人不气人？当然气人！我这里正文思泉涌，你那里婆媳矛盾也正白热化，我参与，非我本意，费我时间；我不参与，显得我清高孤傲，不通人情世故。那我又该如何遵从内心得体拒绝参与这样的闲聊呢？

这个时候，肢体语言就派上用场了。

最简单的做法，就是用"微笑+摇头"表示拒绝。同事一看我摇头，就明白我不想参与话题，再一看我是微笑着的，也就不会为此想多了。

有时，面对盯住我说个不停的同事，我会用频频看手表暗示对方我正忙，或者边听边有时点头表示附和，同时自顾自做自己的事情，只偶尔抬头与对方的眼神接触。这样对方把想讲的讲完了，也就会识趣地离开了。以前我做行政管理工作的时候，这招用来对付那些上门各种"找关系"的社会人士，特别管用。

　　类似的用来表示拒绝的肢体语言还有很多，如想拒绝与对方的继续对话时，可以通过转动脖子，用双手按压太阳穴，用手指揉压眉心等动作，或拿出手机、书本等翻看等姿态，把拒绝的意图传递给对方。

　　总而言之，班主任很忙，余生很贵，愿每一位班主任都做高"拒商"的自己，遵从内心，懂得拒绝，用有限的时间过高质量的教育人生。

当遭遇强势同事：苛责他人？强大自我！

近日，看到某杂志就"年轻班主任遭遇职场强势同事"话题征稿。几乎在读到话题的同时，我脑海里立刻闪现了19年前我初入职场时，因班级琐事而被临班的资深班主任当着我的学生面指着鼻子臭骂的一幕。我也依然能清晰地记得，自己当着学生面号啕大哭的情形。那种委屈劲啊，以及那种恨不得满身长嘴攒够了脏话骂回去的冲动啊，至今想来，依然触目惊心。

真是这位资深班主任太强势太霸道了吗？还是另有隐情呢？在19年后的今天，再回望曾经的人际关系血泪史，我很想分享两点想法。

一、尊重常识，调整预设

心理预设，是指人们对某事某物的发展变化提前预设了结论。人际关系中，教师个体的心理预设合理程度，直接决定着其人际关系的品质程度。入职初，我就曾带着不恰当的心理预设走进团队，后来也就导致了本文开头的"狗血淋头"戏码：

首先，高估自我。2004年入职时，我满身满心都是大城市姑娘"下嫁"小县城的优越感，外加携着"奖学金获得者""校园小说家""优秀实习生"等荣誉头衔去的，潜意识里总觉得自己高同事一等。特别是深受"教师越老越空"观念影响，更是觉得自己新鲜出炉的大学生，在专业方面怎么说都完胜那些民办教师出身的老教师们啊。观念如此，我日常的言行举止中自然也会表露出趾高气昂，人际隔阂也就一点一滴中积水成冰了。

其次，低估工作难度。在师范时，我读书并不算用功，但毕业实习时依然获得了实习导师们的各种高度赞誉，让我信心满满自以为天生就是做老师的料。特别是我在文学方面的功底，更是让我对自己的学科教学踌躇满志。但当我依然以"并不算用功"的态度投入工作，真正遭遇复杂多变的教育现场时，理想与现实的落差常常让我总是野蛮用力，常常恼羞成怒。

如此，当我漠视人际交往常识，无视教育教学常识，自负自卑交织中如刺猬般竖起满身刺时，还会有几位同事愿意靠近帮助引导我呢？尤其是学校里那些既勤勉踏实又慧眼如炬的前辈们，自然看不惯我这个一不知天高地厚、二不肯勤勉努力的晚生后辈。

二、反求诸己，专业成长

在我所受的应试教育中，脑海里烙印下的更多是"多考一分干掉千人"的竞争思维，而诸如"向内归因""反求诸己""合作共赢"的思维模式培养，几乎是没有的。于是带着这样的传统的片面的思维走进职场，我最初看自己的本学科同事、平行班班主任，始终怀着一种"不是你输就是我赢"的对手心态。直到后来在现实中处处碰壁，常常鼻青脸肿后，我才渐渐意识到：我是什么样，我看到的世界也就是什么样的，我看到的所谓"人性的恶"，只不过是我狂妄又自卑内心在同事们身上的投射罢了。

而当我痛定思痛决定开始刀刃向内时，我的世界也在悄悄发生着改变。

首先，专业阅读，修炼情商。我买来了能买到的几乎所有情商培养类经典书籍，每晚阅读、摘抄，甚至背诵，又利用碎片化时间听各种人际沟通的线上培训课程，还观察研究身边前辈的为人处世方式。当这些有价值的内容通过我的实践、反思、提炼渐渐被我纳入自己的心理结构时，我居然已渐渐成了区域内"班主任关系学"领域的"老手"，被请着到各校去做经验分享。

其次，专业成长，强大自我。在人际关系的修炼上习得的自我成长模式，让我们看到了下笨功夫产出的巨大效益，激发了我源源不断的学习动力。原先在班级管理上只会用蛮力的我，也就如法炮制开始在这一领域下笨功夫。在时光流逝中，依托"阅读+实践+写作"模式，我在班主任专业化发展的道路上也走得游刃有余，甚至能辐射带动区域内的班主任成长了。

而最让我受益的，是这种"反求诸己"思维模式带给我的内心丰盈和平和。不仅仅在人际关系上，这种凡事首先刀刃向内的思维模式也影响了我的教育教学工作风格：再遇到教育中的"痛点难点"，我不会再像从前那样怨天尤人，而会从自身找原因，向专业求出路，用专业化思维思考和行动，努力将一个个教育问题都当作微小课题来研究，在问题中不断成长自我，强大能力。

更有意思的是，当我将专注力从对外界的抱怨对同事的不满，转移到向内在自我和专业成长的求索时，曾经那些对我不太友善的长辈同事，居然不知从何时起，也开始用欣赏的眼光赞许的言语与我交流了。最让我动容的是，曾经那个当着我全班学生面指着我鼻子骂我的老前辈，在退休后再遇见我时，居然拉着我的手跟我说："你的优秀让我这个老元通（校名）都觉得骄傲！"

于是，在"被当着学生面指着鼻子臭骂"事件19后年的今天，当我再回忆起那一幕时，没有怨恨，只有感恩。如果没有曾经走过的那些弯路，如果没有遇到过的那些"强势霸道"的老前辈，我又怎么会看见自身的短板，意识到自我的粗鄙，然后开始内生式发展？

而当我在这些人际障碍面前含着眼泪爬起来时，我也终于明白了极其重要的一项人际关系哲学——弱国无外交！

因此，与其苛责环境怨怼他人，不如要求自我强大自己。

有一句鸡汤文说："你若盛开，清风自来。"我用我个人的成长史来回答：确实如此！

沟通设计：让职场沟通既有效度又有温度

在职场中，您会像备课一样去精心设计与同事的每一次正式沟通吗？

想到这个问题，缘起于我近日遇到的一件小事——

前几日我病了，有点严重，甚至好几天连碰手机的力气都没有，于是就错过了及时交一笔费用给一位同事。

最初意识到已逾期时，我内心是不安的，毕竟不能因为我的个人原因影响同事的工作进度。但转念一想：几十块而已，同事估计已经替我先垫付了，毕竟对方也知道我这几天病休在家。

想到这里，我立刻打算去好好谢谢她，顺便还钱给她。谁知，我刚打开微信，就看到同事一句留言："孙老师，你的费用记得交一下！"咦，剧情与我预想的不一样噢，不过也对，的确是我的问题。但是呢，就隐隐感觉哪里有点不对味。

究竟哪里不对呢？我想了一下，就笑了，因为我想起了自己。早年我做行政时，有一次也这样催同事交费，结果被同事在工作群中回怼："不是我不记得！是我忙起班级里的事情，压根不知道这件事！你还怕我欠钱不交怎么着？小年轻做了领导，要先学学怎么说话做工作！"

一长串的留言看得我如鲠在喉，只能一脸委屈看向同办公室前辈："×老师说话怎么夹枪带棒的？我就催他交个费而已啊！"前辈引导我："那你去看看自己有没有先'夹枪带棒'了呢？"

我回头去读自己的留言，这才恍然大悟，原来问题出在自己身上！我的留言是："×老师，你的×费还没交！"一句没头没尾的催缴费内容，硬邦邦冷冰冰，不管不顾对方实际情况。这样的文字到了正忙得焦头烂额又脾气火爆的×老师眼里，就成了"催债"，自然火气上来了。

但其实，很多时候我们并无恶意，只是表达方式不当而已。而问题的关键就在于，当我们表达一件事情的时候，即使动机和价值观是正向的，但如果方式不够友善，别人就无法了解到我们真正的动机和价值观，而只能从行为中推断我们的动机和价值观，并由此产生反应。所以，就算动机没有任何恶意，也难免会因为沟通方式的不当而产生误会，进而让别人出现错误的判断。

而在遇到对方看起来不友善的行为时，自我保护是人的本能。同事之间，如果一方言辞生硬，遇到个性随和的同事，不会与你一般见识，却也会在心里给你默默发一个"差评"。而若遇到个性强硬的，就会启动攻击对方的自我防御模式，比如早年这位回怼我的同事，又比如今天被催交费而心生不悦的我。

所以，在与同事交流工作时，我们就特别需要注重沟通技巧，认真准备和设计我的沟通行为。具体来说，我会分如下四步设计我的沟通行为：

第一步：了解沟通对象

尽管都是教师，但就像世界上没有完全相同的两片树叶，也不会有性格特点、行事风格、教育观念等完全相同的两位教师。因此在与同事沟通前，我会先分析一下，沟通对象是位怎样的老师？即将沟通的这件事，他大致会持怎样的立场？甚至包括他目前的身体和精神状态如何，都需要做一定的分析了解。

比如后来再催交费时，遇到与我关系很不错的小年轻同事，我可能会发条语音去喊她："催债啦！催债啦！"一番嬉笑之后，工作顺利推进，同事感情加深。

而若是不苟言笑的老前辈，我则会主动揽责："×老师，真是难为情，我记性不好！是不是您已经交费了，我给忘记登记了啊？"这样的低姿态就不会触发对方的情绪机关，也能很顺利推进工作，并给对方留下做事谦卑有礼的好印象。

第二步：确定沟通目的

即在与同事沟通中想要达成的目标，如果能细化则更好，分得越细越具体，后续沟通就可以更加步骤清晰，目标明确。还是以催交费为例，如果我的目的简单定位于"完成收费"，那么后续工作势必也会跟着简单粗暴起来。但如果我进行细化分解，就可以变成"完成收费"+"拉近关系"，基于这样的沟通目的，我后面再开展对话时，就会变得有温度很多。

第三步：预设沟通步骤

就是根据沟通目标，对沟通中要表达的信息进行合乎逻辑的排序，让信息内容既有效传递，同时又保证沟通的艺术性和科学性。

在时下的工作中，运用钉钉、微信沟通是工作常态。在这样只读其字不闻其声更不见其人的沟通中，很容易引发误解。因此在线上沟通中，尤其是在与一些比较不太好说话的同事对话时，即便我心头再着急或再不悦，也会首先给对方发去一个微笑或者大笑的表情包，辅助说明我对对方的热情和友善，再把沟通的实质性内容包裹在各种沟通话术中，最后还不忘以"抱抱""送花""比心"之类表情包结尾，画一个有人情味的句号。

第四步：选择沟通方式

沟通的方式可以分直接沟通和间接沟通，线下沟通和线上沟通，即时沟通和择机沟通等，其中每一个细节，又都需要精心设计。例如线下沟通，是到对方办公室？还是请他来自己办公室？或者选择僻静方便私聊的场所？这些看似无关紧要的细节，很多时候恰会影响沟通的走向，成为沟通成败的决定性因素，因此都需要我们周全考虑，合理选择。

说到底，所谓"沟通设计"，其实就是遵循了人际沟通的基本常识：沟通对话时，眼里要有"事"，更要有"人"。"人"才是沟通成败的关键，在与同事的沟通中，唯有真正把对方的个性、好恶、利益诉求等，均放入自身的考量体系中，才有可能避免工作的机械推进，让同事之间的沟通语言变得既有温度，又有人情味。而"人"的问题解决了，把"事"办成自然也就是水到渠成的事情了。

第五辑

自我沟通
——厚植成长的土壤

班主任专业成长的底层逻辑

近几年，特别是我的第一本专著出版之后，越来越多的同行对我的班主任专业成长历程充满好奇。尤其是熟悉我的人，都知道我入职的第一个 10 年是真真的"一穷二白"：除了语文学科教学成绩还不错之外，唯一的荣誉，是一个县十佳班主任，甚至连评一级职称，也是勉强过关。

但自 2014 年起，在我已近中年之时，却忽然人生"开挂"，不仅获得了包括全国少先队辅导员风采大赛一等奖在内的国家省市级荣誉 40 余项，发表了 200 多篇专业文章，更是受邀担任了国内权威杂志的封面人物、专栏作者、专访人物等，同时还出版了自己的教育专著。毫不夸张地讲，我的专业成长，至少在我们县域范围内，算是"中年逆袭"的典型代表。

其实，何止同行同事们好奇，很多时候连我自己都不敢相信：两个 10 年，一样的我，前后怎么会有如此巨大的反差？换句话说，第二个 10 年，我究竟做对了什么呢？

我尝试梳理了几个具有一定普适性的路径和思维模式，暂且叫它们"班主任专业成长的底层逻辑"，以供同样有专业发展诉求的一线班主任借鉴参考。

底层逻辑一：先做再说，能解决 80% 的问题

古语有"万事俱备，只欠东风"，也有"三思而后行"，意思是，做一件事情前，要周全考虑，然后再行动。这样的观点当然没错，而且在现实中，我们也往往习惯于在做一件事情前思前想后，估量成功的概率，预测

失败的后果。

但其实，如果在做之前想太多，怕东怕西，最后很可能就一直停留在想的阶段，不但浪费了时间，还消耗了我们的精力。

我的职业生涯第一个10年，就是在这样的反复内耗中度过的。初入职场的我和几乎所有职场新人一样，满怀豪情壮志，甚至在工作第一年，就请师父（当时学校给安排的导师）帮忙，想申请加入由学校骨干力量组成的学科中心组，憧憬着好好一展拳脚。

但随着时间的推移，尤其是在遭遇一次次职业困境，同时又被连续剧、逛街、各种聚会绊住了手脚之后，我越发怀疑自己：

我到底要不要变优秀变强大？我能成功吗？

现在的生活状态不也挺好的吗？

其实不是我不想努力，是现实不给我机会！

真的是这样吗？我真的愿意一辈子就这样了吗？我到底要不要挑战一下自我？

……

这样的内心拉锯战，几乎每过一段时间就会上演一次。我越去想，就越感到心累。这种累，来自对自我的失望和对未来的恐惧，但又控制不住自己不去想这些人生命题，就好像常常这样追问自己，就可以证明自己依然有一颗上进的心。可是，除了不断追问不断质疑，我一直没有行动，也根本没有意识到应该先行动起来再说。而这样无休止的内耗，终于让我越来越心神劳累，一步步走向了职业倦怠。

直到2014年，入职整整10年之后，在"是否要辞职转行"这个现实命题的无数次拷问下，又在各种机缘巧合下，我才真正意识到：眼下已经是最坏处境！于是我第一次抛开那些无休止的前思后想，开始撸起袖子埋头苦干。

至今依然清晰记得，我所撰写的第一篇德育论文《家校联动 合力育人》，在学校教科研负责人王陈华校长的指导帮助下，前后经历了8次修改，从第1稿到第8稿，真真是脱胎换骨的变化。这一次不再思前想后地埋头打磨，也真正实现了我教育科研"从 0 到 1"的突破，拿了县级二等奖。

此后，我依然照着写作第一篇论文的姿态，不去想结果，而是把原本用来追剧、逛街或聚会的闲暇时间和精力，都用在了一篇又一篇论文或案例的实践和写作上，一步步实现了"从 1 到 200"的飞跃。

所以，后来有同行问起我，班主任专业发展如何起步，我总喜欢用脸书创始人扎克伯格办公室里的那句标语回答他："Done is better than perfect."

是的，完成比完美更重要！因为人生不像做菜，很多时候不能也没有办法等所有材料都准备好才下锅。正如《晏子春秋》中所言："为者常成，行者常至。"

所以，如果您也和当初的我一样，既想有所发展，又正处于徘徊焦灼状态，那么我想告诉您：

不用想太多，没有具体的实际行动，再周密的计划再好的方案都是零。比想更重要的是做，在读书、思考、实践和写作的过程中，一边做，一边改进，一边解决问题，慢慢地就会摸索出适合自己的专业成长路径，一步步走向自己曾经只敢在梦里想想的专业发展高地。

底层逻辑二：相信时间的复利

当我们决定为自己的职业理想而行动，并已经开始上路时，大部分人都会遇到一个很现实的问题：

就比如，你学习了 13 篇文章，闭关了 3 个星期，最终写出来了文章，却连县级三等奖都评不到，或者压根儿没有一家报纸杂志录用。这个时候，你该怎么办呢？

又比如，你相信了专家说的"专业阅读的力量"，但读了三五本书之后，发现自己的教育现实依然是一地鸡毛，你又该怎么办？

是抱怨评委没眼光？是怪怨专家是"砖家"？是承认自己不是那块料？

还是……

我想先和您聊一个词：时间复利。

"复利"，就是通常来说的"利滚利""利上加利"。而"时间"，是个太老生常谈的话题。但著名科学家爱因斯坦曾说："世界上最强大的力量不是原子弹，是'复利+时间'"。

竹子头四年才长 3 厘米，从第五年开始每天以 30 厘米的速度疯狂生长，只用 6 周的时间就能长到 15 米。竹子最后的飞速成长，其原因就是：时间复利。

但是在这个看视频都要倍速播放的全民焦虑时代，我们已经习惯了"短期主义"，那些能"直接上手""快速变现"的事情和方法才能吸引住我们的目光，一旦短期内无法见到效果或遭遇失败，我们就会陷入焦虑的心理状态，无法保持冷静和全身心投入，在怀疑、抱怨中直接放弃。

所以，在一两篇论文不被认可，或者三五本书读了没产生实效之后，很多人就停止前进的脚步，而忽略了事物发展的本质规律，漠视了"唯有量变才会引发质变"的常识。

拿我自己来说，2014 年刚起步时，那种困难带来的痛苦至今依然历历在目。对着电脑憋了几天，只憋出来几行字，且不堪入目。翻阅了几十篇文章，觉得他们讲得都有道理，自己也是这样想这样做的，但要变成自己的语言梳理下来，就是瞠目结舌不知从何说起了。

我前面讲到过，我的第一篇获奖论文，前后改了 8 稿。同时我更是读了至少几十篇同主题文章，花费了将近一个月时间写作。但从结果看，这样的付出和最后一个区区县级二等奖，显然是不成正比的。面对这样的投入和产出比，愿意坚持下去的人，肯定有，但未必多。因为真的很辛苦，见效也真的不大。

不过我当时只认定了既然决定试一试，就继续试下去。后来一篇接连一篇的获奖，奖次越来越高，最终能在中文核心期刊发表，我如今回过头去看，再次感叹时间复利的巨大力量。

因为在那个虽然很难但咬牙坚持的过程中，尤其是一边写作一边与导师、与编辑老师、与教育专著的对话过程中，我也一步步淬炼了自己的核心观点把握、谋篇布局、文字驾驭等等能力。在翻越一座又一座叫作"困难"的山头时，我的专业研究和写作能力也在一点点得到提升。所以才有后来的能一年在省级以上正规刊物发表近 20 篇，一年写作 20 万字，以及个人专著的出版。

此刻，我想我已经基本上回答了本部分开头那些问题。

是的，只要方向正确，量变是一定会引起质变的，如果质变未发生，往往说明量的积累还不够。譬如说，当你把查资料的 13 篇扩展为 30 篇呢？又譬如，当你去读上三五十本相关主题的专著，再回过头来看教育难题呢？只要你敢去愿去这样投入时间，复利就在那里等着呢。

人生不是百米赛跑，而是一场马拉松。我们所投入所期待的专业成长，也是一个漫长的周期，它是由很多小的周期组成的。所以，不要急，不用拼命冲刺，只要找准自己的节奏，一步一步发力，相信时间的力量，相信复利的力量，总能到达我们想要去的地方。

底层逻辑三：及时反馈，让自律变成一件快乐的事

前面讲的"时间复利"，说到底，就是坚持长期主义。而长时间坚持做一件事情，在大部分人看来，是一件很不容易的事情。于是，每当我把自己的成长经历分享给同行时，总会有老师问我："你是怎么做到如此自律的？"

在回答这个问题前，我们先来聊聊本问题的核心概念——自律。

网上关于"如何变得自律"的答案成百上千，但当我们遵循很多成功学的套路，逼自己去执行早睡早起、读书打卡、每日写作 1000 字等等事项时，却发现自律是一件如此艰难的事情。

于是，我们一边与过去固有习惯进行斗争，一边也会排斥甚至否定真实的自己，陷入各种负面情绪中，反而变得越来越拧巴，越来越不自信。是的，但凡那些需要我们去忍耐、戒除、强行压制的，都很难长久，因为

那并非自己内心真实的渴望。

其实，那些成功学里的自律招数，也许真的有用，却是极具个人经验色彩的，并不具有普适性。真正的自律，首先一定来自我们对人性本能的了解及尊重。

人的本性是趋利避害的，是贪图安逸追求快乐。每当我们在玩游戏、刷短视频，或大吃大喝时，大脑就会给我们一个及时的正向反馈，让我们的大脑产生多巴胺这种物质，让我们觉得很快乐。某种行为会让我们觉得很愉悦，很放松，我们就会为了追求快乐而去反复执行这一行为。

而阅读、写作之类行为短时间内见不到成效，因此也就无法为大脑提供及时的愉悦感，因此给人感觉就很枯燥乏味。令人无法心生愉悦的事情，又要让人长期地做下去，自然就是一件逆人性的事情。

因此，自律的最核心要素，不是逼自己去做什么，而是要顺应人的本性而为，主动去构建及时的正向反馈，让人能乐呵着甚至享受着去做，就能把一件事情很好地坚持下去了。

比如我一开始尝试专业阅读的时候，的确也经历了"捧起书本就想睡觉"的阶段。于是我就给自己定下了"一周内读完一本书，就奖励自己买一件新衣服"的奖励机制。爱臭美的女人，新衣服是快乐的代名词啊。一周后，我如期读完一本书，也如约买下了一条心仪已久的裙子。穿着用阅读换来的新裙子，自我感觉颜值都提升了。后来，我又变换着用"晒朋友圈获赞""发布公众号展示""写成书评投稿发表"等各种方式给自己的阅读提供及时性的正向反馈，并在这样不断得到正向强化的过程中，逐步把阅读变成了一种生活方式。

再说说我在专业写作上的"自律"。2020年，我有了自己的公众号。说到底，其实也不是因为我自律，而是在这之前，我喜欢把文章发布在朋友圈，得到了很多圈友的点赞和评论，获得了无法用文字描述的快乐。于是我就想，如果我开设公众号，我的文章就能有更多的人读到，也就能获得更多的点赞和转发。个人公众号由此诞生。

接下来的事情就变得很水到渠成了，在"写作→发布→获得点赞、评论、转发→投稿发表→成就感满满→继续写作"这样的正向闭环中，我尝到了专业写作的甜头，也就把专业写作这件事情坚持了下来。

不到两年的时间，我积累了 30 多万字的教育手记，其中 15 万多字公开发表，并被长江文艺出版社大教育书系编辑老师相中，顺利出版了我的第一部个人教育专著《一间自由生长的教室》。而第二本专著，更是在这样的正向反馈机制推动下，用时 7 个月完成。

所以，说到底，我能自律，是因为我在专业阅读和写作这些事情上不断帮助自己获得正向反馈，让自己不断体验获得感和成就感。这些不同形式的快乐，助推着我一步步把自律也变成了一种习惯。

底层逻辑四：一次只凿一口深井

等逐步自律起来之后，把我们的时间和精力投在专业发展的哪些地方，就又是一个很值得探讨的话题了。

法国作家罗曼·罗兰曾说："与其花许多时间和精力去凿许多浅井，不如花同样的时间和精力去凿一口深井。"这句话其实已经非常形象地来回答了这个问题。

这是因为，班主任的专业知识涵盖心理学、教育学、管理学、神经科学、营养学等等太多领域，班主任工作内容涉及班级文化建设、学习力培养、问题生转化、家庭教育指导、班会课设计实施等等太多板块，而一线班主任的时间精力又被大量的事务性工作占据，因此想在班主任专业的方方面面均"挖掘"成长，显然是不现实的，更是不科学的。

而早年的我，就曾吃过这样贪心的亏。

那是在 2014 年，我对班主任专业发展没有多少认识，只是很单纯地认为写论文参赛就是专业发展。于是但凡学校里组织的各类比赛，我均报名参加，每次都会思考：什么主题最热门？哪个主题获奖率更高？在这样功利思维的引领下，"蹭热点"成了我教育写作获奖的不二法门，屡试不爽。

几年中近 100 篇的论文案例获奖，让我以为自己已经在班主任专业发展上小有所成了。直到 2018 年的那次浙江省班主任基本功大赛败北，我才真正意识到，此前到处"蹭热点"，让我没有真正深入班主任专业的任何一个领域：每一次，该篇论文写成了、获奖了，我就该问题的所谓学习研究也就止步了。下一次下一篇，我早去蹭下一个热点了。这样零敲碎打的所谓研究，毫无体系，不成章法，就像挖井，每次我只挖了几铁锹，还未真正看见井水汩汩，就着急忙慌奔着下一口井而去……

也是从这一年开始，我才真正意识到，想要专业发展，必须摒弃功利性，耐得住寂寞，深耕于自己的痛点难点，才能真正在某一领域形成自己的专业知识体系，成就自己的专业特长。

2020 年，我深耕于品牌班级建设，大量阅读，不断实践，坚持写作，出版了《一间自由生长的教室》。

2021 年，我专注于家庭教育指导能力提升，在自己沉浸式学习研究的同时，带领工作室小伙伴一起研发了 50 节家庭教育指导微课，受益 10 多万家庭。

2022 年，我聚焦班主任的沟通能力提升，阅读 40 多本沟通主题的书籍，自费数千元并利用碎片化时间学习线上课程，在实践纠偏的基础上，为第二本书的写作积蓄能量。

曾经的"蹭热点"，让我的每一次学习和写作都浅尝辄止，不成体系的知识和技能无法真正内化为我所用，甚至连个杂家都算不上。后来几年的聚焦一点持续发力、深耕细作，帮助我慢慢练就了自己专业上的核心竞争力。

所以，如果你也想在班主任专业成长上有所收获，那么，就行动起来，从一次只凿一口深井做起吧！相信加上"时间复利"，加上"快乐的自律"，你也一定能做出属于自己的品牌和特色，在成就自我的同时，推动学生和家长的发展。

教育职场中的"深度思考"

假期中，读完了前香奈儿全球 CEO 莫琳·希凯的自传式文集《深度思考》。这本书很好读，故事性的叙述，非凡的人生，很吸睛。但最吸引我的，不是她的人生如何精彩，而是由书名带给我们教育人的职场思考：

思考一：大脑走得越远，现实中走得越稳

莫琳 16 岁时，她大脑中想的是去法国生活，用她对于美的独特感悟，发现美，创造美。于是她从高中起就为之努力，最后稳稳地成为"新一代香奈儿女王"。由此，我联想到了教师的"职业发展规划"问题。

的确，教师是个铁饭碗，与其他很多行业相比，我们少有失业和下岗的后顾之忧，也因此，很多时候少了职场进阶的目标和动力。

而且，这本身也就是一个悖论。因为也很难简单地用"职称""论文"之类评价一个老师究竟是不是"好老师"。也因此，求稳求安，成了很多老师的职业人生目标定位。

我如此表述，丝毫没有否定这类老师的意思。求稳求安中，认认真真教书，勤勤恳恳育人，何尝不是一种与世无争的风骨。

但这里的"无争"，指的是对名利的看淡，却不能理解为对专业发展的无所欲求。可以毫不夸张地讲，面对日益多元丰厚的校外优质教育资源，和后喻文化时代的新新人类学生，教师进行自我专业能力的更新迭代，是应对瞬息万变的教育大未来的几乎唯一途径。

我跟工作室的学员就曾这样讲：人生，本来就是求上得中，求中得

下，求下则不得。你既已选择了出发，那么，如果你还只是站在当下看自己的当下，就会限制住自己未来的无限可能性。

如何破局？发展愿景导航！

首先，你得清楚你要去哪里。

我鼓励学员制定"135成长规划"，即一、三、五年的发展目标。同时要求他们要有"终点思考"意识，即站在职业生涯的终点——退休那一刻去思考，你希望自己成为一个怎样的教师？然后你再往前推，在50岁的时候，你要发展到哪一步？40岁？35岁？给定自己一个清晰的发展路径图，心中有目标，眼中有方向，前行的脚步才会稳健。

然后，你要计划好你想怎么去，会遇到哪些坎坷险阻，你又打算如何克服。

真实的成长必然是带痛的。那一页一页埋头啃读下来的专业书籍，字斟句酌敲击出来的教育文章，是你用原先逛街、追剧、淘宝等等娱乐休闲的时间换回来的，说不苦，肯定是假的。但没有这些苦着苦味的积累，专业发展这个词，也是无从谈起的。毕竟，"一万小时定律"，其实就是"天才"的代名词。

我告诉学员，如果你不清楚自己该如何去你想去的地方，那么，让你的大脑带领你脱离当下，走到你向往的名师大咖的世界里去，去读他们的书，听他们的讲座，看他们的课，甚至模仿他们的成长路径。如此，你自会明白，没有一种苦是白吃的，没有一滴汗是白流的，所有今天看似笨拙的勤奋与踏实，都会在岁月里酝酿成能量，源源不断地滋养你职业生命的芬芳。

且相信：当你的大脑走得远了，现实中的脚步必然会矫健起来。你就会像那太阳一般，每天都是新的。

思考二：放低自我，跳出自我，多维视角看问题

莫琳·希凯的职场之路，其实很坎坷。初入欧莱雅的工作，是将欧莱

雅的系列美发定型产品推销给各大超市。离开欧莱雅入职 GAP 后，则负责整理过时饰品的货架。应该说，她的职场起点很低，与 20 年后的香奈儿全球 CEO 有着天上人间的差距。

究竟是什么过人之处，使得她能一路扶摇直上？

我反反复复翻读，甚至去百度了她的其他相关资料，最终把答案聚焦在——多维视角，即，放低自我，善于跳出自我，站在不同视角看待问题，审视自我。

这几天听全国知名班主任、杭州春晖小学田冰冰校长的讲座，一个案例很触动我：

2020 年疫情后复课前，田校长团队为开学工作做了周密部署。但开学当日，依然有家长因没有绿码而无法进校接孩子。

听到此，我不禁想：这样的事情，恐怕任何一所学校开学当日都会遭遇吧。偌大学校，上千家长，一两个人没做到也是正常。

但在田校长眼中，"极个别家长没有绿码没法接孩子"这件小事，值得整个团队坐下来"复盘"：家长没有绿码肯定不是故意为之，问题出在哪个环节？所有环节一一铺开，一一审视，问题跃然眼前——线上家长会每家一人参加，会议内容繁多，校方没有画重点特别提醒家长，导致家长间信息传递不到位，负责接送的祖辈家长并不清晰接送要求。

隔着手机屏幕，我对田校长的"多维视角"心生敬仰：能放低自我跳出自我，站在教育事件的不同当事人角度，去了解不同对象不同人物的思考方式，看到自己看到的，想象别人看到的。这不恰恰正是教育名家与普通教师思维方式的差异所在么？

正是在自身视角与他人视角的完美切换中，田校长团队发现了自身管理中的疏漏点。而太多太多的教育事故，起因不也往往只是一处小小的疏漏么？他们深谙此道，也因此，这一小小事件成为田校长讲座的素材，用以警醒全国的同行。

至此，我想我读懂了田校长如此"复盘"背后的另一种"多维视角"：在行政管理中，管理视角与教育视角，两者缺一不可。

作为行政管理者，单从"管理视角"出发，管好了，理顺了，事情解决了，任务也就完成了。所以，若单以此视角看问题，田校长所描述的事件，于行政管理中的纷繁诸事而言，真是芝麻绿豆一般，真不必大费周章去追根求源反思复盘。我想一般学校也都不会去多走这一步。

但如果从"教育视角"出发，解决问题就不是本质目的了，指向学生、家长、学校的发展才是真正诉求。正如田校长案例中的事件，唯有通过层层复盘，管理者们才能跳出自我看清问题的真相——雪崩的时候，没有一片雪花是无辜的。教育事故的发生，没有一方是完全没有责任的。而作为教育的主体，学校当主动揽责主动反思，谨慎谦卑地对待每一次或大或小的事件，将其作为学校、教师、学生和家长成长发展的契机。

其实，无论是行政管理者，还是班级管理者，或者仅仅是学科教师，如果我们都能习惯于时时切换思维角度，常常更加多元地看待问题，也许很多时候，很多问题也就不成问题，反而会成为我们成长的阶梯。如此，在成长自我中成就学生，也就不是一纸空谈了。

思考三：生命中所有的遇见，都可以成为导师

莫琳此书重点想展示的，是她的职场进阶之路。但在本书的第一二章，她依然不吝笔墨地描绘了她的高中和大学时光。而在后面的职场经历部分，她不止一次地回溯这段高中和大学时光。她说：形形色色的人，都可以成为导师。

至此，我在想，放到教育职场上，又何尝不是同理呢？去翻看名师大咖的成长之路，谁没有几页"血泪史"？

读到此，甚觉亲切是不是？训学生怼家长怨领导，伤心往事一件件一桩桩，原来名师和我们一样，也经历过这么多坎坷啊。

那怎么后来走着走着，怎么我们这里依然风起云涌，而那些名师早已修炼得云淡风轻？

美国心理学家波斯纳认为，教师的成长＝经验+反思。这一观点能很

好地解释上面的问题。

教育中的每一天，我们都在不断遇见，遇见好学勤奋的孩子，遇见捣蛋惹事的娃娃，遇见勤于研究的同事，遇见强势难搞的家长……

如果，每天我们都能抽出一些时间，来复盘一下当天中的疑问点、矛盾点、兴奋点，将日常教育中的那些特别的遇见，当成小微课题来研究，查一查相关资料，翻一翻专业书籍，理一理教育经验，写一写案例反思，变一变教育策略……

天长日久，我们所获得的，将不仅仅是教育经验的增值和扩容，还有教育信念的更新和迭代，最关键的是，能修炼成教育胸怀的平和和豁达。

如此，我们未必能成为"名师"，却一定能成为"明师"，在自己教育职场的一亩三分地里，谈笑间，教育问题灰飞烟灭，教育生涯活色生香。

"边界意识"加持，化解班主任情绪压力

如今，谈"边界意识"成了一种时髦。"边界意识"是心理学上的一个术语，通俗来讲就是指自我界限，清楚明白自己和他人之间的权利与责任。

但是，班主任的工作有边界吗？

的确，我们得时刻"在线"：无论上班下班，家长电话必须及时接；不管课内课外，学生的问题总跟我们搭边；还有线上+线下，各种通知、文件、信息不断对我们"狂轰滥炸"……用"日理万机""夜以继日"来形容班主任工作，真真一点都不为过。这种持续不断的、多样化的、无界限感的需求，让太多的一线班主任身心不堪重负。

因此，我坚持认为：班主任特别需要"边界意识"，这是班主任在对自我工作的职能、作用、价值、意义等的深刻认识基础上的教育自觉——

有边界意识的班主任，他知道自己能力和职责的边界，知道自己能做什么不能做什么，该做什么不该做什么，知道什么重要什么不重要……换句话说，有边界意识的班主任，他懂得尊重和保护自己的利益，也懂得尊重和保护他人的利益，因此能工作不盲目，内心不焦虑，也就能避免很多由外部矛盾或内部冲突引发的负面情绪和心理压力，从而赋予琐碎繁杂的班主任工作以个人独特的积极视角解读，内心安稳笃定。

下面跟大家聊聊我在这方面进行的一些思考和探索。

一、借助"行为窗口"模型，为他人设定界限

班主任的工作性质决定了我们必须身兼多职，如果不为工作关系中的"他人"设置边界，那么即便我们是千手观音，也会在一直为除了自己以外的每个他人服务中身心俱疲。

为他人设定界限，指的是外部界限，关乎我们的教育观、师生观、家校观等，即班主任要清楚地知道自己与他人的责任和权利范围，既保护自己的个人空间不受侵犯，也不侵犯他人的个人空间。只有这样，各种关系才能和谐，工作也才能科学且高效。

但是对于班主任职业来讲，边界其实是非常细的一道线，它的位置常常不易把握。为此，我尝试把美国著名心理学家托马斯·戈登博士创立"行为窗口"模型创生运用于职场人际，就是将他人某一具体行为划分为"可接纳的行为"和"不可接纳的行为"两大类，结果以一个矩形窗口展示出来。其中被列入"可接纳"的部分，一般不会让我们产生被越界被冒犯的心理不适感，而那些"不可接纳的行为"，则我们需要重点分析并为他人设立界限。

下一步，我会继续活用"行为窗口"模型，将"不可接纳的行为"这个矩形再分割为"我的问题"和"他人的问题"。

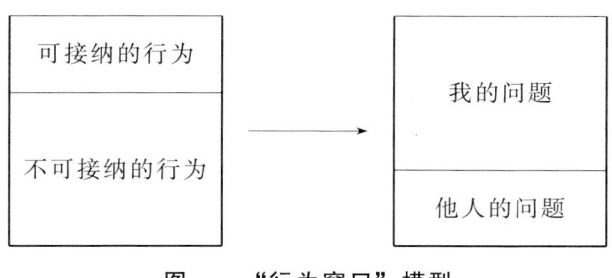

图一　"行为窗口"模型

如此，我就能引导自己从被冒犯和内耗的情绪中走出来，把注意力集

中在分析问题上：如果是"我的问题"，那么我需要系统思考"是什么？""为什么？"以及"怎么办？"从而追根求源解决问题；如果是"他人的问题"，那我则只需把该交接的交接，该转介的转介，该交还的交还，该放下的放下。

这样的思维模式，其实非常符合大脑的工作原理：

脑科学家研究发现，大脑中的负责情绪的杏仁核和负责理性思考的前额皮质不会同时工作。在遇到问题时，大脑负责防御的情绪脑（杏仁核）会本能地首先启动，而负责理性思考的前额皮质就会停止工作，因此陷入情绪状态的我们常常疲惫且低效。心理学把这种疲惫叫作心理性疲劳，也就是俗称的"心累"。

而训练自己一遇到问题就立刻开启"行为窗口"模型应对问题，其实就是逼着自己跳过了情绪脑的管控，直接进入理性思考状态。长此以往，大脑中的前额皮质就会像人体的肌肉一样，越用越发达，而情绪脑因为没有用武之地，也会慢慢退出我们的工作主场。如此，心就不会累。心不累了，身体的疲倦感也就不容易造访了。

基于这样的认知，每接一届新班级，我都会在与学生、家长和科任的多形式对话中，将我工作中的界限亮给他们，并取得他们的认同和配合，从而让我减少了能耗，提升了效率。

1. 为学生设定界限，赋权也赋责

在班级管理中，我会根据"行为窗口"模型去思考哪些事情是我的事，而哪些事情是属于学生的事。我的事，我必须尽心尽力，否则就是失职；而学生的事，我若越界去代办，则就是我的不专业了。

如在接班初期，我会着力引导学生共商共建并逐步完善班规，形成"违纪→写说明书＋问题解决方案书→交班主任批阅→依照班规处理→存档留观一周→进一步教育处理或销档"的闭环式问题行为处理流程；在学生矛盾纠纷处理上，我也设立了经过专门培训的"突发事件应急处理小组"，并形成了"发生冲突→自寻良策→提交应急小组（圆满解决）→班主任处理"的处理流程。如此一来，大部分违纪事件都只需照章办事即可，无须我再大动肝火或兴师动众，学生也能在这样的处理流程中得到很好的自我教育；而孩子们之间一些鸡毛蒜皮的小事，也不会再动辄闹到我这里，反而能依靠他们自身及同伴的力量得到有效解决，并在这个过程中得到能力的提升。

为学生设立界限，学生的事交还给学生做，既能让他们知道他们的问题是"他们自己的问题"，他们的成长其他人无法代劳，也能让班主任自己从琐碎杂事中解脱出来，这样的双赢，何乐而不为？

2. 为家长设定界限，让家校关系更绿色健康

在与家长的相处中，我也会亮明家校关系的责权边界。

首先，我告知家长，我不在早上七点前和晚上九点后接家长电话和回复信息，除非情况特殊。我跟家长坦诚：老师也是普通人，也有家庭也需要休息，晚九早七之间的时间，是我的私人时间。休息好照顾好家庭之后，我才能有更充沛的精力投入工作，也才能在你的孩子身上倾注更多优质心力。

其次我还告知家长，我不加家长微信，除非情况特殊。孩子在我班里时，我们就是纯粹健康的家校关系，我会全心全力培养你的孩子，我和你是教育合伙人，我会有多种方式开展家校互动，能让你及时准确了解孩子在校情况。但我们尽量不要有生活上的私交，以免导致亲疏有别，影响我工作的公平性，甚至影响孩子的健康成长。

又如，班规制定后，我会发在群里请家长过目："一旦孩子违纪，我会严格按照孩子们商议制定的班规实施惩戒，没有惩戒的教育是不完整的！如果家长对其中条款有疑义，请提前告知；若无，孩子受罚后，请家长配合我跟进教育，家校合力纠偏孩子行为！"

这样看似缺少人情味的界限，因为我立足学生教育视角的有言在先和严格执行，反而更能在家长心目中树立我的专业话语权，更能得到家长的理解、配合和敬重。甚至临近毕业时，不少家长来问我"您初中还能带咱们班吗？"这也很好地证明了，适度的家校边界，其实是对家校关系的保护和尊重，是班主任工作专业性的体现。

3. 为科任设立边界，补位不越位

班主任与科任的关系，是一种非常微妙的关系，相处得法，1+1＞2，而若界限不明晰，"吃力不讨好"也是常有的。因此，我在日常工作中也很注意与科任之间的边界感，既责权明晰，又分工合作，努力做到补位不越位。

例如有一次，教龄近20年的搭班老师因多名学生经常不完成作业而找我，希望我出面联系家长。经了解，这些孩子唯独这门课不完成作业，我意识到这其实是"科任（学生）的问题"。

学科之内，是科任老师的地盘。如果由我联系家长，看似我很负责，实则在削弱科任老师的学科威信，更剥夺了科任的成长机会。长此以往，发展受阻的是科任，丧失学科情感的是学生，那我这样的大包大揽又有什么意义呢？这样的越界代劳，与"捧杀"又有什么区别呢？

于是，我请这几个孩子写了"说明书"，并进行了教育引导。但最后在与这位老师沟通时，我却是这样说的："感谢您信任我！我批评过他们了。但这门学科我是外行，所以我的教育方法未必对症。而您专业呀，我的十句顶不上您的一句，所以这些'熊孩子'还是需要您来多费心呀！"

而这位科任也并未因此对我介怀，此后学科教学中遇到问题，依然会主动与我联系。而我也会在明晰界限的前提下，竭力做好配合工作。我们一起有商有量，最终我们班这门课的成绩进步很大。

二、运用"心理自助工具"，为自己设定界限

为自己设限，指的是内部界限，即与自己的关系的调节，是对时间、想法、情感、行为和冲动等的自我约束和健康管理。相比于为他人设定界限，其为自己设限是更有难度的事情，因为了解自己本就是很困难的事情。

我尝试将一些心理自助工具实践运用于自我边界设置，发现效果很好。

1. 情绪日记，正视内心需求

被踩了界限，我们很多时候碍于情面不愿表明立场，而情绪却会跑出来提醒我们自己被越界了。所以，情绪其实就是我们的边界。我们的生气、愤怒、难过、失望，都是身体为了保护我们而制造出来的。一味压抑情绪，它们无处可去，就会往身体里走，我们就会带着一大堆情绪走来走去，自己过得不好，也没法与他人相处好，甚至最终影响身体和心理健康。

"情绪日记"是我常用的一种疏解情绪的方法，通过书写能让身体想对我说的话清晰地呈现在我的面前，我就能及时正视它的需求。

时间	情绪和感受	事件	身体想说的话	我该如何处理

如这段时间，我的爱人公派留学不在身边，班级里一些孩子调皮捣蛋，总惹我不高兴。而当我运用情绪日记表格进行梳理时，我立刻明白了身体真正想表达的信号：

我一个人承担起了所有家庭事务，此外工作上除了带班教课，还有工作室活动的举行，外出讲学的邀约，书稿的撰写，以及随时会冒出来的学员各类比赛辅导，等等——我产生负面情绪的真正根源，其实是过大的工作和生活压力。

与自己的情绪深度对话后，我很快接纳了自己的情绪，也知道了自己能力和心理承受能力的边界在哪里。于是我的大脑就开始重点思考如何进行自我调适了，我也在这个过程中进一步理解了"有舍有得"的人生智慧。

2. 戒断法，让心灵回归安宁

有一段时间，我每天都会为"刷手机"问题而内耗：一方面我无法自控，甚至在教室时，我都会经常掏出来看一看；另一方面，我又为这种像吃垃圾食品一样的恶习极大消耗了宝贵时间而自责不安。"工作＋刷手机＋工作＋刷手机"反复切换模式带来的大脑疲倦，自我否定带来的心理疲惫，让我一度陷入自我怀疑。

利用"情绪日记"自我对话后，我明晰了自己在手机使用上的内心界限：我希望自己能合理管控手机使用，把更多精力投入到工作和学习中，否则我就会产生负面情绪。

于是我尝试运用了心理学中的"戒断法"来帮助自己守护内心边界。

戒断法的一开始，我主动把手机放进了办公桌的抽屉里。这种抽离让我多少有点不适应，因此我采用了"渐进式"的方法，通过设置由20分钟到30分钟逐步增加戒断时间的闹钟，一步步逼自己不碰手机，专注于工作。

在这场逐渐克服手机依赖心理的自我挑战中，我既看见了自身潜在的心理能量，也在成功戒断中获得了内心的安宁与充实。

3. 积极的心理暗示，为工作赋予意义

2015年，因不堪班主任工作的繁琐，我选择走向管理岗位。但在成天围着各类制度团团转后，我又开始怀念跟学生在一起的简单快乐。2022年，我辞去了前途大好的校级职务，重返一线班主任岗位。时隔七年后，一线班主任的工作量已更甚从前，但曾经那些让我"不能接纳的行为"，如今我都已能坦然甚至欣然接受，我找寻到了七年前从不曾有过的职业幸福感，这里的关键，我理解为是我内部界限的拓宽。

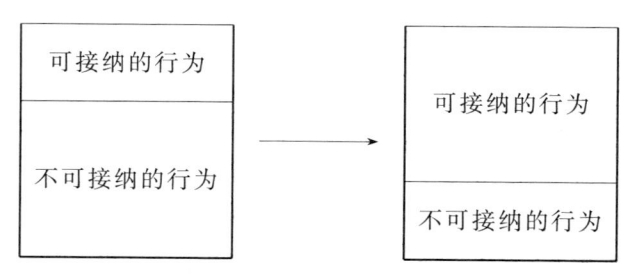

图二　"接纳边界"的拓宽

这是因为在管理岗位的多年锻炼，改变了我的认知方式和思维方式，我能站在更高更广的视角洞见班主任工作琐碎背后的巨大价值和意义。

当然，我的个人经历很难复制，但其背后的机理却值得思考：同样的任务，视角不同，带给我们的心理体验也就完全不同了。因此，想要乐呵地去从事班主任工作，我们不妨转变思维，通过积极的心理暗示，赋予其积极意义，由此，就能无限延展我们的内部界限，帮助我们悦纳当下，享受当下。

比如，疫情期间的体温打卡是班主任们"脑壳痛"的工作，总有家长掉链子，日复一日的"催催催"，催得班主任自己都不好意思了。一开始我也觉得烦恼，但也很快意识到自己的情绪根源在于我对事件的接纳度太低了。于是我就给自己积极的心理暗示：催打卡是为学生的健康负责，我在做很有意义的事情！

当我转变心态再催家长打卡时，方法居然也变得丰富起来，我甚至还把"发喜报"与"催打卡"无痕整合，既建立起了积极的家校关系，体温打卡问题也在不知不觉中轻松解决了。

又如，我现在所带的班级中问题学生有好几位，我的工作难度自然就加大了很多。我就又总是给自己积极的心理暗示：学生的问题行为就是我的成长契机。怕啥，见招拆招"打怪升级"呗！如此一想，我内心界限便又拓宽了不少，我关注的焦点，也早已变成"通过这个事件，我能积累什么？学生能学到什么？"我由此获得了有效的自我驱动，而我的班主任工作，也变得有趣且有意义。

当然，班主任的边界意识，绝不仅仅只限于上文中提及的部分，这是一个很大的概念，也是个亟须我们深入思考的概念。其实，不止班主任，理想的教育生态中，需要人人都有边界意识。而班主任作为教育生态中的关键环节，需要从自身做起，具有耐心、敏感、克制、清醒的边界意识，有乐观的态度和积极恰当的行动能力。班主任能自觉地认识到这一点，无论是对其个人生活还是促进专业化发展，无论是对教育管理的科学化还是维护其个人的心理健康，都具有重大而深远的意义。

班主任的"松弛感",从做好时间管理开始

不知从何时起,"松弛感"成了热门词。几乎全网都在讨论"松弛感"从何而来,如何养成"松弛感"等等,这说明在快节奏生活状态下,人们开始关注自我的内在感受,关注日常生活带给自己的满足。

但是在与同事闲聊中,大家却纷纷表示,我们当班主任的谈"松弛感",是一件很奢侈的事!用"旋转陀螺"和"亚历山大"来形容班主任的现状还差不多吧?

的确,作为学校工作的重要力量,班主任背负着学生成长、自身发展、学校提升、社会进步等多方责任,除了要兼顾教学任务、教改实践,还得完成学校安排的各项工作,处理班上的突发事件,同时还要参加各种培训迎接各项检查填表……每天被一堆事情推着跑,每天的神经都绷得紧紧的,怎么可能松弛得下来呢?

因此,在一介小小班主任无力改变外部环境的现实语境中,我不想去探讨社会、学校及家长该如何给班主任"减压",而是想来一场自我关怀,结合个人学习、观察及实践所得,聊一下班主任如何从管理好自己的时间和精力做起,让自己每天的工作变得顺畅、松弛。

一、梳理记录,让一天的工作量可视化

我曾陷入这样的窘境:感觉每天都忙得焦头烂额,可是回头想想却又不知道自己一天到晚究竟在忙些什么。尤其是手头事情多了之后,只感觉一团乱麻无从下手,于是便心烦气躁地能做一件算一件,或者干脆由着它

拖延到第二天。而这份拖延，又成了第二天的压力源。如此循环往复，真真不胜其烦！

后来，我开始尝试将时间管理书籍上学到的"制定一日计划"运用于工作，并已保持了四五年，也的确受益良多：

每天下班前，我会在手写记事本上罗列次日要完成的工作，第二天到办公室后再补充完善。接下来这一整天，我基本上就会按照笔记本上的记录逐项处理。

也许你会问，每天那么多事，早做晚做都是我的事，何必再花这个时间精力去一一写下来？

首先，梳理记录，能让我一天的工作量可视化。

班主任工作繁琐复杂，千头万绪，仅以我 2023 年 5 月 8 日的一天工作事项为例，这一天，我需要处理的大小事务就有十多项。如果没有一一梳理，太多待办事项积压在心里，就很容易引发我内心的焦躁。于是一早到校后，我先花上一两分钟记录了如下一天待办：

1. 批好一份练习卷。
2. 面批好作文草稿。
3. 班主任工作室活动方案拟定，相关安排对接。
4. 差旅费报销材料整理。
5. 与 5 位学生、5 位家长沟通。
6. 安全平台完成情况查验。
7. 专业阅读半小时。
8. 提醒学生出刊新一期展板。
9. 备两节语文课、一节午管、一节晚托课的内容。
10. 上两节语文课，午管和晚托。
11. 安排换座位。
12. 完成 1000 字写作。

"写"这个动作会带给我一种控制感，既能帮我摆脱"一团乱麻"的心理负担，也能确保我不把重要的事情遗忘。尤其是一天工作结束后，看着一项项待办事项被我一一落实并打钩表示已完成时，那份获得感和充实感是很具力量的，内心会很安心，觉得自己这一天忙得有意义有价值。

其次，梳理记录，能帮我节省脑力消耗。

对于教育工作者来说，其实每天的体力消耗只是很小一部分，而那种挥之不去的"疲惫感"更大程度来自脑力和心力的消耗。因为人类大脑是极其耗能的，它的重量只占人体的 2%—3%，却会消耗身体 20% 以上的能量。而且人类大脑不能一次性处理太多的信息，太多的信息会让我们的大脑觉得负荷过大，从而产生疲累状态。乔治·米勒在《奇妙数字 7±2》中提到，人类大脑短期记忆无法一次容纳 7 个以上的记忆项目。换句话说，我们经常是被超负荷的信息压垮的。

因此，想要保持松弛感，就得想办法节省脑力。而我的笔和笔记本就好比我的大脑外挂，原本占用我大脑空间的部分，由它们来替我分担。如此让大脑偷个懒，把能节省的脑力节省下来，才能保持饱满的状态，从容应对工作。

当然，我的纸质笔记本记录方法其实比较原始，主要是想留存起来，日后回忆翻看更有质感。若仅从便捷的角度考虑，我推荐大家使用智能手机上各大 App 提供的技术工具，既方便随身携带，也能随时修改增删，且很多都是免费的。

二、要事优先，保持对工作的掌控感

刚开始尝试将一天的待办事项进行梳理后，我总是习惯性选择把容易的事情先处理，那些有难度的事项则总想着"等下再说"。于是，留到后面的都是困难的紧急的，每一天的后半段时间总过得特别忙碌紧绷，心情自然也好不到哪里去了。

后来我尝试着遵循"普瑞马法则"做事，即遵循"先难后易"的原则，把当日最重要的最有难度的事情安排在优先处理的位置。

而这样的安排，其实也符合大脑和身体的节奏周期。一天中大脑思维最敏捷的时间一般在早上和上午，尤其是上午八点到十点。这个时间段内，人的精力已上升到旺盛期，对各种信息的处理能力很高，记忆力也增强。把最有难度和最重要的事情安排在大脑功能最活跃的时候，既能优化效率，也能取得很好的效果，这样的高效工作也能带给我精神上的愉悦和满足。

当然，这里还需要重点思考的是何为"要事"？

我把它理解为一个阶段中最重要的事。这里的"一个阶段"我主要从当下和长远两个维度考量：第一，放在当下看急需完成的事，不完成会影响到当天工作的；第二，放在长远看非常重要的事，比如影响我个人专业发展的。

还是以 5 月 8 日这一天的待办事项为例，根据要事优先的原则，我会做如下进一步细化安排：

首先完成"专业阅读半小时"事项。读书无疑是影响我专业发展的重中之重，而晨间课外阅读对孩子而言也是人生大事。于是每一天的早上 7：20—8：00，我都会进教室，在与学生的相互陪伴影响中，非常惬意地完成了这项对大部分班主任来说非常艰难的专业阅读任务。

当天我共有四节课，我计划利用其中一节课讲评试卷，另一节课组织基础知识复习，午管和晚托安排班级事务及作业辅导。因此我得利用大课间和第一节课的时间批好试卷，备好课。

作文是学生们的"老大难"，而面批是孩子们最喜欢的方式，我一个个单独指导，既鼓励又鞭策，帮助他们获得个性化的成长。此项工作我计划安排在每节课下课，全班 45 位同学，每节课下课交流 6 篇，一整天下来就能很好地完成任务。

与 5 位学生、5 位家长沟通是我的每日常规。优质的师生家校关系，是教育的先决条件。这份细水长流的工作，可以与其他工作整合进行。与学生的交流，和作文面批整合；与家长的交流，在批阅试卷时及时反馈沟通。

每天1000字专业写作也是我雷打不动的常规。写作事关专业成长，但相比前面几项工作，放到当日来看，就没那么紧急了，因此我安排在了下午的空课时间进行。

如此一梳理排序，这一天最有难度也最重要的工作已经安排妥帖。而剩下的这些待办事项，则可留到其他工作完成之后，因为相对而言，这些工作不需要高专注度，即便在下午大脑已经处于疲倦状态下时处理，也能轻松应对。

最终，此前罗列下来的一日工作，经按"要事优先"原则进行排序后，形成了我基本上会严格执行的一日待办：

1. 专业阅读半小时。
2. 批好一份练习卷。
3. 备两节语文课、一节午管、一节晚托课的内容。
4. 上两节语文课。
5. 面批好作文草稿。
6. 与5位学生、5位家长沟通。
7. 完成1000字写作。
8. 班主任工作室活动方案拟定，相关安排对接。
9. 差旅费报销材料整理。
10. 安全平台完成情况查验。
11. 提醒学生出刊新一期展板。
12. 安排换座位。

三、合理预估，让时间跟着事情的节奏走

最初我进行每日工作梳理排序后，常常发现预想与实际出入很大，不

少工作没法按计划完成。为了达成计划，我常不得不加班加点，饿着肚子干活，神经就又紧绷了起来。

后来我发现，我的这些紧张焦虑，主要来自对时间的估算不足：我的一日计划是以时间为标准倒逼自己的行为，如 5 月 8 日在校上班 10 小时，这 12 件事情必须完成。结果我以为半个小时能批改好的试卷，批了一个小时还没完成，眼看快上课了，我还没备课呢！于是我就陷入了被动内耗的状态，自然焦虑不安，情绪烦躁。

而科学的计划制定，应该是以自己的工作节奏为标准和起点，再去合理安排取舍，如果我意识到以自己的工作速度 5 月 8 号没有能力处理完这 12 件事情，那么有些不那么重要紧急的，当天我就不给自己安排了，或者干脆安排给科任、学生等去做。如此就能让事情跟着我的节奏走，工作就会变得顺畅而松弛了。

而这里的关键，就是知道自己的能力极限，即能对自己处理一件事情所需要的时间做出比较准确的预估。

苏联昆虫学家、数学家和哲学家柳比歇夫，是这一方面的顶尖高手。他一生共出版了 70 多部学术著作，内容涵盖科学史、农学、遗传学、昆虫学等众多领域。除了研究昆虫，他还自学了英法德等外语，并且对宗教、数学等也颇有研究。你也许在猜测，能取得如此丰硕的成果，他一定是夜以继日废寝忘食的工作狂吧？而事实上，他每天的工作时间却只有 4 小时，每天能睡够 10 小时。这位时间管理大师的诀窍之一，就是他能准确预估每一个项目需要花费的时间，所以才能在特定时间内精准完成任务。

当然，我们也无须像柳比歇夫那样，一丝不苟地每天记录自己都将时间花在了哪些事务上，由此精准化培养自己的时间预估能力。但我们也可以学着他的思维模式，在一些重要事项的实施中，有意识地记录时间，让自己的时间可视化，长此以往，也能提升自己的时间预估能力。

比如我一开始写作的时候，总是信誓旦旦今天在校要写好一篇文章。但到校后，总有各种事件分散自己的注意力，再加上受个人思维品质和写作能力的制约，往往计划中"今天"的事情，需要好几个"今天"才能完成。

后来，我开始有意识地记录时间，观察自己集中精力的情况下，一个小时能写多少文字，由此推算，一篇文章计划多少字数，需要多少个小时。再把这个时间放入到当天的整个时间系统中去考量，做出合理的规划。慢慢地，我基本上能较为准时地完成任务，这种掌控感带来的满足和自信，也就一步步涵养了我的内心，让我在写作这件事情上变得松弛起来。

四、并行时间，让单位时间无限增值

所谓"并行时间"就是同时做两件事，当然前提是两件不需要都高度专注的事情，因为我们的大脑注意力容量有限，如果同时聚精会神做两件事，大脑会崩盘，最终可能一件也做不成。这里的两件事，指的是把一件需要高专注度的事和一件只需低专注度的事件搭配进行。

比如老师们总是说"知道阅读有好处，但想看也没时间呀"，而我的阅读时间中，除了每天早上，还有很大一部分就来自"并行时间"：

我常在上下班开车的路上听拆书节目，一来一回，每天路上的 40 多分钟，基本能听完 2 本新书推荐。这样一年下来，我光听书就能听至少一两百本。又如我习惯随身携带书本进教室，在课间陪伴学生，或课堂上学生作业时，我会习惯性看上几页，这样一天下来也能积累几十页。这些零碎时间单看没有什么价值，但并行利用加上积少成多地发酵，就让我连续多年完成了"一年听完 100 本书，读完 50 本书"的目标，也成为助推我的专业不断成长的阶梯。

总的来说，松弛感，并不是一种简单的状态问题，而是一种不断与自我对话自我沟通的能力问题。而时间和精力管理，只是其中一种基础能力，却也是至关重要的能力。在做好精力管理，掌控自己的工作节奏之后，就能在工作上积极进取，但精神上又可以处于足够松弛状态。在这样的状态下，我们继续去提升自己的工作能力、不断学习成长的能力等，就能真正成为一个松弛而优秀的人。

专业阅读，时间哪里来

最近几年，我一年的专业书籍阅读量在 50 本以上。读书带给我的好，自然不言而喻。这些年，无论是教育教学工作能力的提升，还是班主任专业化的飞速发展，无不得益于我的海量阅读。

总有人问我：你的时间哪里来？

于是我总结了一下，发现我的阅读时间，大概这样来：

一、统筹规划，分解目标

自 2019 年起，每个新年来临之际，我都会给自己定年度目标，其中就包括阅读目标。如 2023 年，我的目标依然是读完至少 50 本书。

50 本书是什么概念？垒起来大概一米高！想着就觉得是个挺大的数字。最开始给自己定"一年 50 本"这个目标的时候，我也担忧：太苛责自己了吧？

后来，我读到了一个故事——

日本马拉松选手山田本一是矮个子，但却屡屡在世界级比赛中夺冠。而他取胜的秘诀就在于"目标分解"：在每次比赛前，他都要乘车把比赛的线路先熟悉一遍，并记录下沿途的醒目标志。然后比赛时，他就不再只盯着 42 公里后的终点处，而是关注眼前要战胜的一个个"醒目标志"。如此一来，40 多公里的赛程，就被他分解成这么几个小目标轻松地跑完了。

当然，这个故事也许只是杜撰，但我的确从中受到了启发：

如果我把一年读 50 本书进行分解呢？一年大约有 50 多星期，就等于我每星期要读完 1 本书。还是感觉任务艰巨了点。

那再分解目标呢？一周有 7 天，一本书一般 200 多页，那么，我只要一天读完 40 页，一周就能轻松读完 1 本书。

而我的阅读速度在一分钟 1.5 页左右，也就说，我每天花 30 分钟，就能读完 40 页书。

如此一算，我如释重负。一年 50 本书，真不是难事。

事实上，自从 2019 年起，我每年达成的 50 本书年度目标，就是把大目标分解成每天至少 30 分钟阅读时间，最终都轻松达成了。这大概就是时间的奥秘吧，聚沙成塔，其力量是巨大的。

二、合理安排，有舍有得

虽然每天阅读 30 分钟，听着不是难事，毕竟一天有那么多时间。可真的要去抽出这半个多小时来，其实真也不容易。都有工作有家庭，有课要上有作业要批，有杂七杂八的班级事务要处理，回家还要管娃料理家务，真的，我们都很忙很忙。那么，忙碌之余，阅读时间哪里来？

马克思在他的《资本论》及相关文本中，揭示了时间的本质及构成。在马克思看来，人的时间分成三块：工作时间、生理性时间、自由时间。

"生理性时间"，指的是人吃喝拉撒睡的时间。除开生理性时间，想要进行阅读，我们能利用的，只有工作时间和自由时间。

(一)"工作时间"的阅读

工作时间，简单来说，就是在单位的上班时间，我是这样合理安排挤出时间进行阅读的：

1. 借助手机备忘录

我有个习惯，每日工作都要写在手机备忘录上，其中就有"阅读"一项；然后，我会把当天想读的书籍放在办公桌上。如此一来，工作时间的阅读便也成为我工作的一个部分，是必选题。

2. 运用"时间管理四象限法则"

然后，我会按照"时间管理四象限法则"，将一天的工作进行梳理排序，分成"紧急且重要""紧急不重要""重要不紧急""不重要不紧急"，这样一分类，其中每日阅读放在"重要不紧急"一项中。这样一安排，既能及时处理重要的工作，也能顺理成章将每天的阅读作为一项常态化工作来进行。

3. "低头族"的"偷梁换柱"

我是个不折不扣的低头族，曾经有过几分钟就想摸一下手机的偏执，而且相关调查显示，我们低头族平均 3.5 分钟就会去碰一次手机，很多完整的时间块就这样被碎片化了，被消磨在刷朋友圈、翻各种 App 等中了。快乐倒是快乐的，但就真的变得"特别忙"，忙到明明放在案头的书被冷落了一整天。

后来，我在时间管理专业书籍上学了一招：将手机放在唾手不可得的地方。就是每次想刷手机的时候，我还得经历一番折腾——拉开抽屉，打开包，掏出手机，合上包，关上抽屉……

人是最怕复杂最怕麻烦的动物，看个手机都如此不爽气，算了算了，干脆不刷手机吧，反正书就在唾手可得的地方，那就读上几页书吧。

如此，仍旧是个低头族，只是，读屏变成了纸质阅读，内心却真真安宁了很多。

(二)"自由时间"的阅读

除开生理性时间和工作时间，其实特别是女性，在自由时间里其实一点都不自由。我也是。"好妈妈""好妻子""好女儿""好儿媳"的角色，不是那么好扮演的。但用一句最老掉牙的话来说，时间就像海绵里的水，只要愿挤，总还是会有的。

为了让自己能腾出时间来读书，我也动了一些脑筋：

1. 举目四处都是书

好像很多名家也有过类似的建议，就是在家里尽量多一点地方放书，让取书看书成为举手之劳。我就听了信了，也这么干了。

在我一百平的陋室里，床头柜上有书，化妆台上放了书，客厅茶几上堆着书，书房桌上一摞书，甚至餐桌上也时不时丢着一本书。

其实如此未必杂乱，倒是真的方便了不少，也就多了很多随便一坐随手一翻的时刻。

当然，家里的书柜也是一个接一个地添置着，目前已经10个了，累计藏书有两千多册。其中很多其实还没看过，都是贪心惹的祸，买的速度远胜看的速度。但带来的好处是，每当闲下来的时候，想想花了那么多钱买的书，不去翻翻看看有点对不住自己的血汗钱，于是也就习惯于闲下来了就看书打发时间了。

2. 外出尽量带本书

这个习惯我养成了也才两三年。虽然以前就想这么干，但是一直不敢。怕啊，怕人家觉得我装啊。毕竟人是环境的产物，从众心理人人皆有。在我生活的周围世界，在公共场合看书的人是极少的。在公众场合拿着本书看，会不会被视为哗众取宠的存在？我可不想做"异类"！你看，我书没看几页，内心戏倒是一部又一部。

后来年纪大起来了，脸皮厚起来了，也就索性豁出去了，管别人怎么看我呢！在不妨碍别人的前提下，想看书就堂而皇之地看呗！于是，大部分情况下，外出前，我都会随手带上一本书，然后在陪儿子兴趣班的时候，在车里或餐厅等人的时候，在出差的路途中，读上几页，品上几段。一则，很好打发时间，二则，也总有新收获的喜不自禁。

其实，真的"豁出去"，外出时带书、看书，也就没啥可觉得尴尬的了，尤其是，很多时候我看累了猛一抬头，迎上的往往是旁人不无欣赏的目光。这种感觉，挺赞的。

慢慢地，一本又一本书，就被我在这样的公共场合中读完了。

3. 固定阅读时间

为了陪伴孩子阅读，也为了完成自己的既定目标，每晚七点到八点这段时间，大部分情况下我都会进行阅读。一壶茶，一瓶花，一双人，一本书，倒也自有一番韵味。

从今年开始，我尝试每天五点多早起。敷上一张面膜，捧起一本书，读上几页，用文字的馨香唤醒一天，虽目前还看不到面膜敷在脸上的什么实质性效果，但晨起阅读带来的收获感，却是让好心情真真实实伴随了一天又一天，自我感觉甚妙。

每天早上的洗漱时间，和上班下班途中，我习惯于听书，手机上有很多软件可供选择。其实我觉得自己是偏向于视觉型学习的，听过的往往印象不深。但听书的方便之一在于，可以反反复复听，哪怕我并不擅长听觉型学习。天长日久中，上班下班时，来来回回中，这种以听代读的偷梁换柱，帮我积累了一年一百本书的听书量，倒也真的收获了不少东西。

说到底，究竟有没有时间读书，表面上看，是需要时间管理的本领，而实际上，是需要控制心灵的艺术。在这个喧闹纷扰、遍地诱惑的时代里，为人师者，更需要一颗耐得住寂寞的心，在抵挡低级快乐的同时，以书为伴，提升自我，修炼身心。而一旦习惯了每天抽时间去阅读，喜欢上每天都有新知进账的满足感，读书，其实也就和一日三餐一般，必不可少，妙不可言。

如何写出一篇可用稿
——《中国教师报》谈写作栏目采访

《中国教师报》：

一篇文章写完，教师往往有三种选择：一是将其保存在电脑或笔记本中，二是投给报刊，三是在自媒体网络平台发表。对教师专业成长而言，这三种方式都不可或缺，自由写作更畅快，投给报刊能得到专业认可，发在自媒体可以扩大辐射面。特别是在不少教师不会写、写不好的情况下，发现自己坚持写作的方式和缘由已是可贵。

任何一篇优质文章的出炉都需要反复推敲、修改，而不管指引教师完善一篇文章的是编辑、师长还是对自我的严格要求，"打磨"文章的过程都能使教师的思想观点不断深入提高、语言表述逐渐准确规范。

没有任何一件事可以随随便便做好，写作亦是如此。那些纠结的过程，取舍的两难，最终会成为教师专业成长的重要养料。

《中国教师报》：投稿前，您对拟投稿报刊的定位、栏目需求等做过调查吗？提高中稿率有方法可循吗？

孙亦华：首先是知己知彼，我会先翻读心仪杂志的多期文章，了解该刊物的定位，厘清栏目设置、具体投稿要求等。再或对标自身写作能力及风格，将存稿做修改润色，或按征稿要求进行主题性写作，或选择该杂志近期内未涉及的有价值话题进行写作。

其次是屡败屡战。若被退稿，我会抱持"这家不要，还有别家；多投几家，总有希望"的积极心态，结合第二家刊物的具体要求对文章进行微调后再投稿。如不中稿，那就再修改再投向第三家……我的不少文章就是经历屡败屡战终得录用的。

《中国教师报》：您身边写作的老师多不多，他们也会投稿吗？促使您投稿的契机是什么？您印象深刻的成功或失败的投稿经历是怎样的？

孙亦华：写作，对于早年的我及我身边的不少老师而言，可能理解都偏狭隘和功利，即教师写作就是写论文，写作的终极目标是为了获奖、评职称，写作的终极行为也大都止于获奖。

直到 2017 年，我加入了嘉兴大市级的班主任工作室，由此看见了教育写作对于学生和教师自身成长的现实意义，自此开始尝试更多形式的教育写作，并一一投向各大报纸杂志。

2018 年，在我的投稿接连被《班主任之友》录用后，班刊陈雪娇编辑推荐我担任封面人物，但须提供一篇能代表我个人教育主张的大文章。彼时，我的德育实践尚不成体系。陈编建议我先将正在实践中的劳动教育做得更扎实系统，再梳理提炼成文字。在后期写作过程中，从文章框架的梳理建构，到小标题的调整，再到案例的选择，包括文字的修改润色，她又全程指导着我。半年后，我不仅携家校联动劳动教育主题文章登上了该杂志 2019 年 3 月刊的封面，同时还写出了多篇主题衍生文章，并发表在其他德育正规刊物上。

又如本次受邀笔谈，也是因为我坚持投稿，受到了本报刘亚文编辑的关注和认可。这些投稿经历告诉我：好文章是做出来的；只管努力做教育，贵人会在前方等你。

《中国教师报》：投稿失败后，您有反思过，或者与编辑探寻过原因吗？在投稿成功的经历中，您认为文章的哪些"特质"得到了编辑的认可（比如思想的高度深度、语言表述、故事的情感穿透力、文章布局等）？

孙亦华：于我而言，退稿并不是投稿行为的终结，因为研读编辑老师们给出的退稿建议，能帮我不断明晰被退稿的主要原因：

或因文章的主要观点较为常规，方法呈现不足，难以给人清晰的借鉴；或因案例累赘，导致读者审美疲劳，而结果仓促，致使主题不够突出；又或因观点的解读过于生硬，难以自圆其说。

从退稿中不断积累经验，我投稿的命中率也日渐提升，并且形成了一定的文章特质：

首先是文笔自然流畅，故事真实可感，文章具可读性。其次是常通过极为日常的教育小事表达新的教育思考，能带给读者一定的启发。第三是融专业知识于故事表达中，一定程度上能帮助读者获得"道"与"术"的兼修。

《班主任之友》在2021年10月刊的导读中这样评价我："孙亦华老师有敏锐的问题意识，往往能在极为日常的题材中提取出新的教育立意。"另一位编辑老师也曾这样说："对教育敏锐的问题意识和随时随地的思考，确实算是你一个比较明显的风格。"

《中国教师报》：在接到编辑的修改意见时，您内心是抗拒的还是兴奋的？从您的某篇文章修改经历出发谈一谈，修改稿件中遇到了什么难题，如何解决的？重新构建、删减、补充完善一篇文章的原则或方法是什么？

孙亦华：我习惯性用成长型思维来看待退稿问题，每次退修经历，我都看成一次绝佳的学习机会。

例如，某德育刊物"融合教育"主题征稿，我从"心理干预""同伴互助"和"家校联动"三个维度，将陪伴某阿斯伯格综合征学生的成长历程梳理成6000多字。编辑老师建议我删除前两版块4500多字的内容，只立足"家校联动"视角作详细描述。删除自己的文字犹如割肉，但我也收获了有舍才有得的谋篇布局之道。

在补充完善家校联动策略时，为了凸显个人教育行为的专业性，我大段引用理论。编辑老师否定了我"掉书袋"的晦涩表达，引导我运用清浅俗白的文字分享实操技能，带给读者好读好懂又好用的阅读收获。

这样的修改经历多了，就渐渐悟出了一些个性化的文章修改之道：重构文章，我会基于原文，先校准文章核心观点，再围绕主题重新搭建文章框架；删减文章，我会先直接删除自觉可有可无的信息，再细读余下文字，如此就能很快去粗取精；补充文章，一般我聚焦在对更关键更重要细节的完善，和蕴藏于细节中的管理实践理论的丰富，以带给读者"信息增量"。

《中国教师报》：从"原稿"到"出版物"，您在与编辑交流和修改稿件的过程中有什么收获？保留作者个人倾向与符合报刊定位，您是怎样平衡的？

孙亦华：每一次经历反复修改并成功发表一篇文章，我收获的不只是看得见的"出版物"，更是在与编辑交流中获得的，关于教育写作的科学性与艺术性层面的深度体认。

当然，有时也会遇到个人想法和编辑意见不符的时候。此时的平衡，有时表现为在深入解读编辑意见之后，将自己文章中与编辑意见高度吻合的部分提取出来，结合实际进行修改，以实现彼此想法的"双赢"；有时则是在尊重教育现实的情况下，根据刊物定位调整文章内容，以实现平衡；而极少情况下，编辑给出的修改建议将较多改变我的核心观点或者行文风格，我也会如实表达我的见解，并在"共赢"前提下最大程度地争取保留自己的本色表达。

《中国教师报》：作为编辑，我们每天收到大量的读者投稿，这些稿件的共性问题往往是文章立意经不起推敲，或表述拖沓、思路不清。您在写作的前、中、后期做了哪些准备？减少这些问题，您有什么建议？

孙亦华：这个共性问题，我早几年也有。后来我逐步减少了这些问题，主要可能因为做好了三件事：

第一，专业阅读。阅读，实践，思考，写作，是我专业成长的闭环。

一般来说，这种基于专业阅读和草根实践写成的文章，既能符合班主任学的基本理论，也能经得起读者的实践推敲，因此受编辑认可度也较高。

第二，同频共振。在写作中，有时会遭遇卡壳，有时也会纠结于如何取舍。此时，我便会跟我的爱人或我工作室的小伙伴进行头脑风暴，也表达，也倾听。由此产生新的思考，获得更开阔的思路。

第三，读者视角。写作时，我常会自问"我的核心观点是什么？""我想从哪几个维度阐述？""读者能从中获益什么？"……成稿后，我常会请身边高手做第一批读者，就文章内容向我提问，在论文答辩式的对话中，我跳出自己看自己，多维视角看文章，使文章质量获得提升。

《中国教师报》：师生故事是教师写作的重要素材，师生间每天都会发生无数故事，在您的记忆中是否存在来不及写下的好故事？什么样的故事值得写，选择的标准是什么？

孙亦华：以教育科研的视角来看待教育日常，师生间的好故事太多了，如某次我邀请某学生帮忙发作业本，却遭遇学生回答"我没空"事件，又如晨间跑操总有学生溜号事件等等。只可惜限于个人时间精力有限，有时是惰性思维作祟，使得不少类似好故事没能及时记录。

在我来看，但凡那些能拨动我们心弦的小事件，只要我们"知识在场""技能在场""理念在场""情怀在场"，就都是值得选择和写作的。比如一次，我因事迟到了半节课，待我进班后，孩子们用自律表现和如花笑容欢迎我。这件寻常小事带给我心灵的震撼却是巨大的。因此当我透过事件表象去反观自我，和学生进行角色互换后，再来研判我们习以为常的教育行为时，就生发出了很多值得一线教师思考的观点。后写成文章发表于某教育报刊上，还引发了由《中国教师报》组织的专题讨论活动。

《中国教师报》：不少教师通过微信公众号或微博、博客展示自己的教育叙事、成长感悟，您在这方面有什么经验故事可以分享？自媒体时代，教师向报刊投稿的必要原因是什么？互联网和报刊这两个平台对提高教师写作水平、促进专业发展具有什么不同价值？

孙亦华：我有个名为"走在孩子后面"的个人公众号，文章成稿后都会在公众号上推送。一是分享自己对教育的所思所行，二是倾听来自读者的不同声音，三是借用公开承诺效应来推动自己不断写作。但公众号发表的门槛极低，很难全方位衡量文章质量。

而由量到质的飞跃，个人观点是离不开向专业的报纸杂志投稿：一则能借助编辑老师的修改或退稿建议，获得专业指导；二则若发表，也能收获更高位更具专业度的认可。所以，向不同的专业刊物投稿，等同于为自己寻找到了多位专业写作的隐形导师。

所以仅就我个人而言，微信公众号的展示，和专业杂志的投稿，都是缺一不可的写作进阶法门，一个增量，一个提质，双管齐下，成长就会是飞速的。

《中国教师报》：文章发表是教师写作的终点吗？您是如何找到和保证写作时间的？您身边能够坚持写作的老师多吗？在繁忙的工作中，一线教师如何找到写作动力、保持写作热情？

孙亦华：这几年里，教育写作已经成为我的生活常态，借助手机语音文字转换软件，写作行为随时随地都在发生。而我自觉自发的写作行为，并不是为了抵达诸如"发表"之类的某个"终点"，而是为了享受写作本身带给我的快乐。

不过，在我身边能够和我一样坚持写作的老师其实并不多。毫无疑问，很多老师和我一样热爱教育工作，但可能还没有体验到教育写作带来的复利效益——因为不断书写，使我们保有着对教育日常的热情探索，对教育本真的理性思考，和对教育情怀的恒常浸润。由此，便又更加乐于将日渐理性且深邃的思考诉诸笔端，在分享中成人达己。

后　记

　　班主任与教育各方的沟通，是班主任工作中必须正视的问题和必须面对的压力。要相信，不擅长沟通只是暂时的，畏惧沟通也是正常的心理状态。只要我们积极地进行专业阅读、草根实践，不断提升沟通能力，就一定可以缓解眼前压力，破局当下困境，甚至能够通过与各类教育同盟的优质沟通，将很多问题化解于萌芽状态。这样不仅能助力班主任工作的优质高效，也能助推我们自身的专业成长。

　　在本书的末尾，请允许我占用部分空间，向这本书形成过程中的每一位重要他人，表达我最诚挚的谢意。

　　要感谢我的孩子们、家长们，以及可爱的同事们。有你们的陪伴，我的职业人生才更加精彩。也因为有你们的参与，我才能写出这么多的沟通故事。当然，为了尊重隐私，所有案例中的人物，我均用了化名；其中部分环节，我也均作了艺术处理。

　　要感谢长江文艺出版社的陈欣然编辑。这已经是我们的第二次合作了。2021年11月，我接到了欣然的电话，一年后，我的第一本专著《一间自由生长的教室》在"大教育书系"出版，目前已经四印。这段经历，也成了我和她的独家记忆。此次的这本《智慧沟通，有滋有味做班主任》，更是缘分的延续。

　　还要感谢我的导师们，许丹红、严昕、叶惠玉、陈燕萍、刘红娟……没有她们时而挥着"小鞭子"导航，时而手捧"鸡汤"助力，时而又提供舞台赋能，哪里会有我这样年过四十的老阿姨，却依然如刚入职的新人般对工作充满激情？

感谢我的学校领导，尤其是校长吴国。在我毅然辞去副校长后，他不仅理解我，而且更加支持我，给了我特别自由开放的成长环境，更给了我无尽的信任和包容，让我在滨海小学工作得舒心自在。

最后，要感谢我的家人。

我的父母公婆总是很能理解我的忙碌，常常用他们自己的方式，让我有被捧在手心里的温暖；我的爱人既要负责学校管理，又要专注于自身专业成长，但他依然主动承担了大部分家务，保障了我充分的写作时间，也给了我很多专业上的支持和鼓励；我的儿子是我最好的学习伙伴，很多周末里，他学习，我写作，我们彼此吐槽，又相互鼓励，很美好，很治愈。

还要感谢我的读者朋友们！也无比期待这本拙作可以抛砖引玉，引发更多一线班主任朋友对班主任沟通能力的关注和研究，并向我提出宝贵建议。我们碰撞思维，由此产生更多的智慧火花，一起点燃和赋能包括我在内的更多班主任们。我会和大家一起努力，向"智慧沟通，有滋有味做班主任"这一美好目标，无限趋近！

孙亦华

2023 年 10 月 23 日

图书在版编目（CIP）数据

智慧沟通，有滋有味做班主任 / 孙亦华著. -- 武汉：长江文艺出版社，2024.1
（大教育书系）
ISBN 978-7-5702-3357-1

Ⅰ.①智… Ⅱ.①孙… Ⅲ.①班主任工作 Ⅳ.①G451.6

中国国家版本馆 CIP 数据核字（2023）第 208308 号

智慧沟通，有滋有味做班主任
ZHIHUI GOUTONG, YOUZI YOUWEI ZUO BANZHUREN

责任编辑：陈欣然	责任校对：毛季慧
封面设计：青枝图文	责任印制：邱 莉　王光兴

出版：长江出版传媒　长江文艺出版社
地址：武汉市雄楚大街 268 号　　邮编：430070
发行：长江文艺出版社
http://www.cjlap.com
印刷：武汉中科兴业印务有限公司

开本：710 毫米×970 毫米　1/16　印张：19.75
版次：2024 年 1 月第 1 版　　2024 年 1 月第 1 次印刷
字数：283 千字

定价：48.00 元

版权所有，盗版必究（举报电话：027—87679308　87679310）
（图书出现印装问题，本社负责调换）